ISSN 0913-9427

2022

学校教育研究

37

深い学びをどう実現するか〈3〉

日本学校教育学会 編

は じ め に

　世界中で猛威を振るっている新型コロナウイルス感染症（COVID-19）は，変異株の出現等によって，相変わらず終息のきざしが見えてきません。2020年から長期にわたるコロナ禍により，学校の教育活動が様々に制約されていますが，その一方で，感染予防や公衆衛生に関する対策は従前より格段に浸透してきています。また，遠隔方式による学校間連携，オンライン授業，ICTの一層の活用など，これまで課題とされていながらも進捗が遅れていた教育活動やその方法に関して，新たな教育活動の方法が開発されています。

　機関誌『学校教育研究』第35号・36号・37号を担当した今期編集委員会は，まさにコロナ禍との戦いの編集作業でしたが，3年間にわたり一貫して「深い学び」を実現する方法について探究し，その理論と実践の紹介に努めてきました。「深い学び」に焦点を当てた理由は，今期学習指導要領が掲げる「主体的・対話的で深い学び」を実践しようとする場合，「深い学び」とはどのような状態をいうのか，その実現方法や検証方法をどのようにすればよいかなど，学校教育にとって根源的な問いが内在しているとの問題認識に立ったものです。理論と実践を架橋する本学会が射程に入れるべき課題として，重要な位置を占める問いであるという認識に基づいたものです。

　今後，社会がポストコロナとニューノーマルの時代に移行していくに際して，学校教育においても「主体的・対話的な学び」に基づいた「深い学び」の実現に関する課題が，一層重要性を増しているのであり，今こそ探求すべき課題であるといえます。

　そこで，第37号では前号までの成果を踏まえつつ，さらに「深い学び」の実践を拡大，浸透させるための条件を明らかにすることを目指しました。特集テーマとして，「『深い学び』を実現するための学校経営―カリキュラム・マネジメントと教員研修の提案―」を設定し，理論および実践的側面からアプローチしています。特集論文では，「深い学び」を実現するための校内研修や検証方法，教科等横断的な指導，また，「個別最適な学び」や「協働的な学び」との関係などについて，「深い学び」を実現するための条件を

多面的に明らかにし，今後向かうべき方向を提案しています。

　第37号の構成として，第1部では，本特集テーマに関わり大きく5つの視点から論究していただきました。第2部は自由研究論文5編，第3部は実践的研究論文2編，第4部は実践研究ノート2編を掲載いたしました。いずれも厳正で慎重な審査を経て掲載に至ったものです。全体の論文投稿本数等につきましては，編集後記をご覧下さい。そして，第5部は岩手大学で実施された第35回研究大会の報告です。コロナ禍による活動の制約の中，関係者のご尽力により日程を1日に短縮しオンライン方式で行った研究大会の概要を報告しています。研究大会の主催者が新しい方式による開催に積極的に挑んだことは，今後の参考になるところが大きいと思われます。

　そして，研究余滴は青木一会員，黒羽正見会員，三村隆男会員にご執筆いただきました。図書紹介につきましても3冊の申し込みがあり，機関誌編集委員会で検討のうえ，それぞれの紹介文をご執筆いただきました。ご寄稿いただきました各位に厚く御礼申し上げます。

　最後に，原稿執筆者をはじめ関係各位のご協力のお陰で，機関誌『学校教育研究』第37号を刊行できましたこと，論文投稿者の皆様および関係各位のご協力に心より御礼申し上げます。

　2022年8月

機関誌編集委員会

『学校教育研究』第37号　2022／8　目次

はじめに…機関誌編集委員会

第１部　深い学びをどう実現するか〈3〉

第２部　自由研究論文

第3部　実践的研究論文

第4部　実践研究ノート

第5部　第35回研究大会の概要

●研究余滴

●図書紹介

第1部〈特集〉

深い学びをどう実現するか〈3〉

『深い学び』を実現するための学校経営
──カリキュラム・マネジメントと教員研修の提案

「深い学び」の実現に向けた授業研究と
カリキュラム・マネジメントをつなぐために
─NPDLの「ディープラーニング」の取り組みに着目して─

埼玉大学 **北田　佳子**

はじめに

　2017・2018（平成29・30）年改訂の学習指導要領で打ち出された「主体的・対話的で深い学び」の実現に向けた授業改善と，「カリキュラム・マネジメント」の取り組みは，いまだ多くの学校で十分実現しているとはいいがたい状況にある。その原因としてさまざまな問題が考えられるが，本稿では特に，「深い学び」の実現に向けた授業改善の中心となるべき校内研修としての授業研究（以下，授業研究）が，カリキュラム・マネジメントと上手く連動して機能していないという問題に焦点化する。そして，この問題の解決に向けた示唆となり得る「ディープラーニングのための新しい教育法（New Pedagogies for Deep Learning）」（以下，NPDL）という取り組みを紹介し，「深い学び」の実現のために，授業研究とカリキュラム・マネジメントを有機的に結びつける方法を探りたい。

　詳細は後述するが，NPDLとは，世界の教育改革を牽引してきたマイケル・フランらが中心となり，1993年に始動した国際的なネットワークである。2022年6月現在，17か国の約1,800校でNPDLの理念に基づく教育実践が推進されており，近年，日本のいくつかの学校も加盟をはたしているようである[1]。もちろん，NPDLが提唱している「ディープラーニング」は，上述の学習指導要領の「深い学び」と同じものではない。フランらの近著の監訳者である松下佳代は「監訳者解説」のなかで，両者の一番大きな違いは教科教育への言及の多寡にあると指摘している。学習指導要領の「深い学び」は，

各教科等の特質に応じた「見方・考え方」を重視しているのに対し，NPDLの「ディープラーニング」は教科教育に関する言及が少なく，その実践事例の多くは日本の「総合的な学習の時間」に近いため，「ディープラーニング」と既存の教科との関係がわかりにくいというのである[2]。確かに，NPDLの事例は教科横断型の実践が多い。しかしながら，NPDLでは，「ディープラーニング」と国や自治体等が定める既存のカリキュラムや教科との関連を重視しており，「ディープラーニング」の導入は決して何か新しくやるべきことが増えたのではなく，既存のカリキュラムや教科と有機的に関連づけることで，子どもたちの学びを深めていけるものであると強調している[3]。これは，「深い学び」の実現とカリキュラム・マネジメントを関連付けることに苦慮している多くの日本の学校や教師たちにも重要な視点である。

1．授業研究とカリキュラム・マネジメントの連動の難しさ

2016年12月に出された中央教育審議会答申（以下，「2016年答申」）では，「深い学び」の実現に向けた授業研究とカリキュラム・マネジメントについてどのように論じられているのだろうか。同答申では，日本の授業研究が国際的にも高い評価を受けているとしつつも，「授業研究の対象が一回一回の授業における指導方法という狭い範囲にとどまりがちであり，単元や題材のまとまりを見通した指導の在り方や，教科等横断的な視点から内容や教材の改善を図っていく視点が弱い」[4]と指摘し，「これからの教員には，（中略）教科等を越えた『カリキュラム・マネジメント』の実現や，『主体的・対話的で深い学び』を実現させるための授業改善や教材研究，学習評価の改善・充実などに必要な力等が求められる」[5]と述べている。なお，同答申においてカリキュラム・マネジメントとは，「各学校が設定する学校教育目標を実現するために，学習指導要領等に基づき教育課程を編成し，それを実施・評価し改善していくこと」[6]であると説明されている。

そもそも，日本では，カリキュラム・マネジメントは管理職の問題と捉えられ当事者意識が少ない教師の多いことが問題視されてきた[7]。さらに，教科による専門分化や学級王国といった構造は，本来的に同僚全体の協働が必

須となるカリキュラム・マネジメントを難しくする要因になっているという指摘もある[8]。ここで指摘されている教科による専門分化や学級王国といった構造は，これまで授業研究の分野でも，教科の壁や学級の壁を越えた教師たちの協働を難しくする要因として問題視されてきた[9]。

さらに懸念されることは，「2016年答申」において「深い学び」の導入に伴い，「各教科等の特質に応じた『見方・考え方』」が強調されるようになったことである。同答申では，「学びの『深まり』の鍵」は，「各教科等の特質に応じた『見方・考え方』であるとし[10]，かなりの紙幅を割いて，各教科別の「見方・考え方」を具体的に詳しく説明している。ここでいう「見方・考え方」とは，「各教科等の特質に応じた物事を捉える視点や考え方」[11]であり，「各教科等を学ぶ本質的な意義の中核をなすもの」[12]であるとされている。

このような教科の本質は，授業研究においても極めて重要である。しかし，教科ごとの「見方・考え方」を強調するあまり，授業研究がこれまで以上に教科の枠内に閉じてしまい，ますますカリキュラム・マネジメントに結びつきにくくなることが懸念される。「2016年答申」では，「教科等の枠を越えた校内の研修体制の一層の充実を図り，学校教育目標や育成を目指す資質・能力を踏まえ，『何のために』『どのような改善をしようとしているのか』を教員間で共有しながら，学校組織全体としての指導力の向上を図っていけるようにすることが重要である」[13]とあるが，これはいかにして実現可能になるのだろうか。

2．NPDL（New Pedagogies for Deep Learning）の取り組み

田村学は，「深い学び」について理解を深める授業研究において重要になるのは，「『深い学び』の子供の姿」をいかに見取りその事実に基づいて議論できるかであり，教師の見取る力を授業研究を通して身に付けていかなければならないと強調している[14]。田村の提案は重要である。しかし，ここで問題になるのが，どのような状態が「『深い学び』の子供の姿」なのか実に曖昧なままになってしまっていることである。先述のフランらは，例えば「クリティカルシンキング」という概念一つとっても，「クリティカルシンカー

になるとはどういうことかと10人の教師に質問したら，返ってくる答えはまちまちであろう。またそのクリティカルシンキングの深さをどのように測定するのかと尋ねれば，返答はさらに統一性のないものになる」[15]と述べている。フランらは，「ディープラーニング」に関わる曖昧な概念について議論できる「共通言語」が欠如したままでは，それを実現させることも評価することもできないと指摘している。そのため，NPDLでは，以下に詳述する一連のツールを活用することで，教師たちが「共通言語」を媒介にして，協働で「ディープラーニング」の実現に向けた取り組みを行うことを可能にしている[16]。

(1) NPDLにおける「ディープラーニング」の定義

　まず，NPDLの提供する具体的なツールを紹介する前に，「ディープラーニング」の定義を確認しておこう。NPDLでは，子どもたちが世界に関わり世界を変えていく地球市民として生きていくために必要となる6つのコンピテンシーを特定し，それらのコンピテンシーを獲得していくプロセスのことを「ディープラーニング」と定義している。その6つのコンピテンシーとは，「キャラクター（character）」「シティズンシップ（citizenship）」「コラボレーション（collaboration）」「コミュニケーション（communication）」「クリエイティビティ（creativity）」「クリティカルシンキング（critical thinking）」であり，それらを「グローバル・コンピテンシー」（通称「6Cs」）と名付けている[17]。

　これまでも，さまざまな団体や組織によってこれからの子どもたちに必要なコンピテンシー等がリストアップされてきた。例えば，OECDの「キー・コンピテンシー」，P21やATC21Sの「21世紀型スキル」などである[18]。しかし，フランらの独自性は，単に重要なコンピテンシーを列挙するだけでなく，それらのコンピテンシーを育む「ディープラーニング」の実現に向け活用できるツールを提供したところにある。NPDLが提供している多様なツールのなかでも，本稿で注目したいのは，「ラーニング・プログレッション（Learning Progressions）」と「学校のコンディションに関するルーブリッ

ク（School Conditions Rubric）」である。前者は子どもたちの学びの深化の実現に関わり，後者はカリキュラム・マネジメントを含む学校組織づくりの実現に関係するものである。

⑵ 「ラーニング・プログレッション（Learning Progressions）」

　「ラーニング・プログレッション」とは，「グローバル・コンピテンシー（6Cs）」それぞれに含まれるより具体的な側面を明示するとともに，学習者がそれらの側面をどの程度獲得し発揮しているかを評価するルーブリックである。教師版と生徒版が用意されており，基本的な内容は同じだが，生徒版は子どもにも理解しやすい表現で記述されているので，子どもたち自身が自らの学びの深まりを確認できるようになっている[19]。

　もう少し詳しく説明するために，6Csの一つである「クリティカルシンキング」の例を見ていこう。「クリティカルシンキング」は5つの側面，すなわち，①情報や議論を評価する，②つながりを作り，パターンを特定する，③有意味な知識を構築する，④現実世界でアイディアを試み，振り返り，行動を起こす，⑤デジタルを活用する，で構成されている[20]。さらに，これら5側面の一つひとつに対して，「不足」から「習熟」レベルまで，段階別に具体的な学習者の姿が説明されている。例えば，表1に示す「クリティカルシンキング」の第2側面「つながりを作り，パターンを特定する」に関する「ラーニング・プログレッション」を見ていこう。

　表1からわかるように，「ラーニング・プログレッション」は，今子どもたちに何ができるかという現在の状況を評価するだけでなく，今後「習熟」レベルに近づくためには何が必要かという見通しも示している。表1と同様のルーブリックは，「クリティカルシンキング」の残り4つの側面それぞれにも，さらには，その他の「グローバル・コンピテンシー」，つまり残り5つのCにも同様に作成されている[21]。教師たちは，それらのツールを複合的に駆使することにより，「ディープラーニング」に関する曖昧な概念を整理し，協働で実践に向かうための「共通言語」を持つことができるようになる。

表1　ラーニング・プログレッションの一例【教師版】

「クリティカルシンキング」の第2側面：「つながりを作り，パターンを特定する」
限定的（Limited Evidence）
学習者は，比較的簡単なパターンやつながりを指摘されれば理解することができる。学習者が学際的なつながり（概念，学習プロセス，あるいは，あるカリキュラムの領域が他の領域とつながっている等）を認識することは難しい。
発現（Emerging）
学習者は，複数の資料や多様な意見・視点を検索，入手，検証し，そこから学ぶ力を養いつつあり，より幅広い理解，首尾一貫性，見解に向かい，思考を拡張している。学習者は，部分だけでなく全体を見て，パターンを見つけたり，つながりを作ったりすることができ始めている。
進展（Developing）
学習者は，重要なアイデア・トピック・問題・課題を，自分が今取り組んでいる思考や学習のプロセスに関連づけることができる。また，学習者は，人為的に作られた境界，例えば，階級・コミュニティ・文化であったり，過去・現在・未来といった時間であったり，主要な学習領域や学問領域であったりを越えたつながりを，ある程度作りだしている。
加速（Accelerating）
学習者は，パターンを特定し，人為的に作られた境界，とりわけ学問領域を越えたつながりを作る重要性を明確に示すことができる。これは，学習者が学びの相互関連的な本質をどう捉え，世界やその仕組みについてどう理解しているかを反映するものであり，また，そうした自身の理解を深めるものでもあることを認識している。
習熟（Proficient）
学習者は，つながりやパターンや関係性を予測し分析することに長けている。学習者は，相互に関連するグローバルな世界において，多様な情報源を活用し，深い理解を構築する力を十分に持っている。

出典：Quinn et al.（2019, p.124）から抜粋し，筆者が訳出の後，補足等を加筆し作成した。

　つぎに，この「ラーニング・プログレッション」を活用した具体的な実践事例を見ていこう。**図1**に示すのは，ある7年生の数学を担当する教師の実践事例である。この教師は，生徒たちの多くが代数の学習に苦手意識を持っているという実態を踏まえ，「つながりを作り，パターンを特定する」という「クリティカルシンキング」の第2側面に焦点化した授業を行うことで，生徒たちがもっと自信をもって代数の学習に取り組めるのではないかと考えた。

　図1の事例を見ると，上述の「ラーニング・プログレッション」（**表1**）が，教師の授業デザインや見取りに活用されるだけでなく，生徒たちにも共有され，彼らが自らの学びの深さを協働で確認できるツールとして有効に活用されていることがわかる。そして興味深いのは，このツールを活用することで，「クリティカルシンキング」の一側面だけでなく，「代数のコア概念」

図1　ディープラーニングの実践事例

代数を怖がっているのはだれ？（Who's Afraid of Algebra?）

　トム教諭は，7年生の数学を担当している。これまでの経験から，多くの生徒が代数の学習に不安を持っていることをわかっている。

　そこで，トム教諭は学習をデザインするにあたり，「つながりを作り，パターンを特定する」という「クリティカルシンキング」の側面を活かせば，生徒たちがもっと自信をもって代数の学習に参加することができるようになるのではないかと考えた。

　トム教諭は，「ラーニング・プログレッション」の生徒版を配布し，生徒たちと一緒に各レベルの記述を見ていき，数学の学習という視点から見ると，それぞれのレベルは具体的にどのような状態なのかを話し合った。

　彼は，この「教育実践」のなかで，生徒たちがテクノロジーを活用しながらあるパターンを発見していく活動を中心に据えていた。第1時と第2時の授業で，トム教諭はさまざまなオンライン教材を用いて，生徒たちにパターンとはどのようなものかを紹介した。そして，生徒たちに，「不足レベル」から「習熟レベル」まで5つのレベルそれぞれに適した問題練習の例を考えさせた。生徒たちが考えた問題例は，彼らがオンライン教材に関してパターンという概念をどう活用し思考しているかということと結びついていた。

　つぎに，トム教諭は，生徒たちの習得を促進するために，教科書を用いて，代数的な視点をより意識した授業を行った。その後，第10時まで，トム教諭は折に触れて生徒たちに「ラーニング・プログレッション」の生徒版に立ち戻らせ，そこに記載されている「つながりを作り，パターンを特定する」という「クリティカルシンキング」の側面で使用されている言葉を使って話し合うように声がけをした。また，トム教諭は，生徒たちが教科書のトピックやタスクについて多様な視点から考える力がどの程度自分たちについてきているのかを，クラスの仲間と一緒に振り返るように促した。例えば，自分はどのようにつながりを作りパターンを特定し関係性を発見したのか，自分は新しく学んだことをすでに知っていることとどう結びけることができたのか，などである。多くの生徒たちが，特に口々に言っていたことは，自分が以前やってみて上手くいったことは何だったのかを考えると，代数の学習を進めていきやすくなるということだった。

　トム教諭の見取りでは，子どもたちは「ラーニング・プログレッション」の言葉を活用することで，つかみどころない代数の性質をぐっと具体的なものとして理解できるようになったという。「ラーニング・プログレッション」の言葉は，子どもたちが単に学習の成果だけでなく，学習のプロセスにも焦点化できるような重要なポイントを提供してくれたのである。トム教諭によれば，昨年度までと比べて，生徒たちは代数の授業により積極的に参加し進んで学ぶ姿を見せ，代数のコア概念をより迅速に理解するようになったという。トム教諭が作成した形成的評価ならびに総括的評価のテスト結果も全体的に改善し，生徒たちの成績も前年度までと比較して向上した。

出典：Quinn et al.（2019, pp.158-159）の事例を筆者が訳出の上，一部補足等を加筆修正し作成した。

という，いわば数学という教科の「見方・考え方」に関わる概念の習得も促進されていることである。

NPDLでは，**図1**のような実践事例を「ディープラーニング・イグゼンプラー」と呼んでいる。教師たちは実際に授業を見合うだけでなく，こうした「イグゼンプラー」を持ち寄り，「ラーニング・プログレッション」と照らし合わせながら，子どもたちの学びを協働で評価する「モデレーション」という活動を行っている。この「モデレーション」は，まず各学校において教科の枠を越えた同僚たちの間で行われるのだが，それだけでなく，定期的に同じ学区内のNPDL実践学校の間でも，さらには，世界のNPDL実践校の間でも実施されている。こうした活動は，教師たちにとって，子どもの学びの深化を的確に見取る眼を磨く重要な研修の機会にもなっているという[22]。

⑶ 「学校のコンディションに関するルーブリック（School Conditions Rubric）」

つぎに，「学校のコンディションに関するルーブリック」を見ていこう。これは，「ディープラーニング」の実践に取り組む学校のカリキュラム・マネジメントを含む組織全体の現状を把握し，今後の見通しを立てるための指標となっている。このように学校組織全体の発展過程の指標となるルーブリックを提供している取り組みは珍しく，NPDLの大きな特徴といえる。さらに，NPDLでは，同様のルーブリックを学区全体の発展過程の指標にも活用している[23]。

「学校のコンディションに関するルーブリック」は，5つの側面，すなわち，①ビジョンと目標，②リーダーシップ，③協働文化，④学習の深化，⑤新たな尺度と評価，で構成されており，これら5側面それぞれに，「限定的」から「高度化」レベルまで段階別に具体的な学校の状況が説明されている[24]。

より具体的に見ていこう。**表2**は，「学校のコンディション」の第4側面「学習の深化（Deepening the Learning）」のルーブリック部分を抜粋したものである。ここでいう「学習の深化」とは，「ディープラーニング」を推進

表2 「学校のコンディションに関するルーブリック」の一例

「学校のコンディションに関するルーブリック」の第4側面：学習の深化
限定的（Limited）
学校のカリキュラムとディープラーニングのコンピテンシーとの関連性は明示されていない。ディープラーニングのための枠組みは現れ始めているが，すべての人に理解されているわけでも，学習を導くために一貫して用いられているわけでもない。個々の教師とリーダーは単独でイノベーションを行っている。ディープラーニングの支援を専門とするコーチやスタッフはほとんどいない。協働探究やモデレーションのような協働実践は十分に理解されておらず，利用されるのはまれである。
発現（Emerging）
ディープラーニングと現場のカリキュラムの関連性が明確化され始める。教育法の的確性を改善するための目標がいくつか特定されているが，改善戦略が不明確だったり，一貫性なく実施されている場合がある。協働探究や生徒の取り組みを検討するためのプロトコル[手順や手続き]などの深い協働実践は，一部の教師によって利用されていることもあるが，実践や支援に一貫性はない。
加速（Accelerating）
学習目標と教授目標は明示されており，ディープラーニングのコンピテンシーとコアカリキュラム・スタンダードの関連性は明確である。ディープラーニングのための包括的な枠組みが，ディープラーニング経験をデザイン・評価するために広く利用されている。協働学習の体制を整えるためのリソースと専門知は学校全体で一貫性が高まりつつあり，協働探究や生徒の取り組みを検討するためのプロトコルなどの深い協働実践も同様に一貫性が高まってきている。
高度化（Advanced）
ディープラーニングのコンピテンシーのための学習目標，教育法の的確性を改善するための目標，コアカリキュラム・スタンダードの要件は明確に示されており，一貫性を持って取り入れられ明らかな影響をもたらしている。ディープラーニンのための包括的な枠組みはすべての人に理解されており，学校全体で有効なディープラーニング経験をデザイン・評価するために一貫して利用されている。協働探究はすべての段階で学習への影響の進捗状況をモニタリングするのに用いられており，生徒の取り組みを検討するためのプロトコルは学校全体で一貫して利用されている。

出典：Quinn et al.（2019, p.220）から抜粋し，訳はフラン他（2018, p.141）を基に，筆者が一部補足等加筆修正し作成した。

するにあたり，学校全体の教師たちの理解と協働がどの程進んでいるかを示す指標となっている。

　この**表2**で注目したいのは，「学校のカリキュラム」「現場のカリキュラム」「コアカリキュラム・スタンダード」など，日本の文脈で言えば学習指導要領や教育課程に相当するものと「ディープラーニング」との関連性や一貫性が重視されていることである。これは，「ディープラーニング」が一部の革新的な学校や教師だけの実践にとどまるのではなく，すべての学校と教師が取り組み継続的に実践していけるように，国や地方の既存のカリキュラムとの連携が重視されているためである[25]。

　NPDLが，すべての学校と教師が実践できることを重視する理由は，彼ら

が単なる特定の教授法の普及ではなく，最終的には既存の学校や学習に関わる文化やシステムそのものを変革していくことを目指しているからである[26]。フランらは，「ディープラーニング」の実現を妨げる問題として，多くの国において，そもそも既存の教科で扱う内容が大量であるうえに大学進学のプレッシャーも加わり，学びを深めるための余裕がなくなっていることや，従来のテストで学びの深さを測ろうとしていることの限界，そして，既存の教員研修が学びの深化を実現するために必要な教師の力量を育むものになっていないことなどをあげ，こうした既存の学校や学習に関わる旧来の文化やシステムを変革しないままでは，「ディープラーニング」の継続的な実施は難しいと述べている[27]。ここで指摘されていることは，まさに日本にも共通する課題であろう。

おわりに

　以上，本稿では，「深い学び」の実現に向けた授業研究が，カリキュラム・マネジメントの取り組みと上手く連動して機能していないという問題に焦点化し，この問題の解決に向けた示唆を得るため，NPDLの取り組みを紹介した。日本の教師はもともとカリキュラム・マネジメントの意識が少なく，また教科の壁や教室の壁を越えた授業研究の実施にも難しさを抱えてきた。それゆえ，多くの教師たちは，教科等の枠を越えて学校全体のカリキュラム・マネジメントを意識した授業研究を行うための「共通言語」を十分に持ち合わせていない可能性が高い。しかし，それは裏を返せば，ここで，「深い学び」の実現という目標に向かい，「共通言語」を持つことができれば，授業研究とカリキュラム・マネジメントを有機的に結び付ける方向へと大きな一歩を踏み出せるチャンスでもあるといえる。

　例えば，本稿で取り上げたディープラーニングの実践事例では，教師と生徒が「ラーニング・プログレッション」に基づく「共通言語」を活用し，「クリティカルシンキング」というコンピテンシーと数学の本質的な学びの両方を深化させていた。このように，教師が同僚と「ラーニング・プログレッション」を共有しながら，教科や教室の枠を越えた授業研究に活用するこ

とで,「深い学び」の実現に向けた授業改善が,学校全体のカリキュラム・マネジメントと結びついて機能する可能性が高まるのではないだろうか。天笠茂は,「各教科等の特質に応じた『見方・考え方』」は,「各教科等の枠内にとどまるものではなく,教科等の枠を乗り越え,横断するなかで,一層鍛えられる」[28]と述べているが,「ラーニング・プログレッション」は,それを可能にする一助となると考えられる。

さらに,田村学が強調していた「『深い学び』の子供の姿」を見取る教師の力の育成においても,教科等の枠を越えた授業研究のはたす役割に大きな期待が持てる。教科の枠内に閉じた授業研究では,どうしても観察や省察の焦点が教師の教え方に置かれやすくなるのに対し,自分の担当外の教科を観察する際には子どもたちの姿に焦点が当たりやすく,さらに,子どもの具体的な固有名が頻出する協議会となりやすいことが報告されている[29]。そして何より,教科の壁や学級の壁を越えて,勤務校のすべての子どもたちの学びを同僚全員で見取り語り合うことは,学校全体の子どもたちの教育に全教師が責任を持つという意識を醸成し,個々の授業改善と学校組織全体のカリキュラム・マネジメントを結びつける強力な原動力となるだろう。

さらに,NPDLが提供している「学校のコンディションに関するルーブリック」のように,学校組織の発展状況を確認し,今後の改革の見通しを立てるツールの存在も重要である。なぜなら,いくら教室のなかで「深い学び」の実現に向けて授業改善を重ねても,学校や学習に関わる既存の文化やシステムを再考しないままでは,持続的な取り組みは期待できないからである。特に,日本の公立学校では,定期的に教師や管理職が異動を余儀なくされるため,特定の教師や学校だけで改善を進めても,人が入れ替わればその実践が途絶えてしまうということが多々あることに留意をしなければならない。

もしかすると,本稿で紹介したようなルーブリックの存在は,日本の学校現場ではかえって教師たちの実践を規定し,指標に囚われた実践に陥ることを懸念する人もいるかもしれない。しかし,世界各地のNPDLの実践校の事例報告を見ると,これらのツールのおかげで「ディープラーニング」の核となるビジョンは共有しながらも,各学校の状況に合わせた実に多彩な教育

実践が柔軟に展開されている[30]。そのため，もし日本の学校現場でNPDLの
ツールが逆に教育実践を硬直化させていくようであれば，むしろ，そのよう
な硬直化を生む学校や学習に関する既存の文化やシステムを見直してみる必
要があるだろう。

　フランらは上述の近著の「日本語版序文」において，日本の教師たちがこ
れまで実践してきた授業研究は，子どもたちの学習の深まりを追求していく
うえで大きな強みとなると述べている[31]。今後の日本における「深い学び」
の実現に向けた改革に対する大いなる励ましの言葉として受け取りたい。

[キーワード]

　深い学び（deep learning），カリキュラム・マネジメント（curriculum
management），授業研究（lesson study），ディープラーニング（NPDL's
deep learning）

〈注〉

⑴　New Pedagogies for Deep Learning, A Global Partnership ウェブサイト
　　https://deep-learning.global/（2022年5月13日閲覧）
⑵　松下佳代（2020）「監訳者解説」マイケル・フラン，ジョアン・クイン，ジョ
　　アン・マッキーチェン『教育のディープラーニング：世界に関わり世界を変え
　　る』（松下佳代監訳・濱田久美子翻訳）明石書店，199-209頁
⑶　NPDL（2016）NPDL Global Report（1st ed.）
　　https://deep-learning.global/wp-content/uploads/2016/12/npdl-global-
　　report-2016.pdf（2022年4月1日閲覧）
⑷　中央教育審議会（2016）「幼稚園，小学校，中学校，高等学校及び特別支援学
　　校の学習指導要領等の改善及び必要な方策等について（答申）」（平成28年12月
　　21日），65頁
⑸　同上，66頁
⑹　同上，23頁
⑺　天笠茂（2020）『新教育課程を創る学校経営戦略：カリキュラム・マネジメン
　　トの理論と実践』，ぎょうせい；田村知子（2006）「カリキュラムマネジメント
　　への参画意識を促進する校内研修の事例研究」『カリキュラム研究』15，57-70

頁
⑻　田村，同上

⑼　佐藤学（2012）『学校改革の哲学』東京大学出版会

⑽　中央教育審議会，前掲，52頁

⑾　同上，44頁

⑿　同上，30頁

⒀　同上，66頁

⒁　田村学（2018）『深い学び』東洋館出版社，241頁

⒂　フラン他，前掲，31頁

⒃　同上，31頁

⒄　同上，31頁

⒅　詳細はつぎの論考を参照。黒田友紀（2016）「21世紀型学力・コンピテンシーの開発と育成をめぐる問題」『学校教育研究』31，8-22頁

⒆　フラン他，前掲；Quinn, J., McEachen, J., Fullan, M., Gardner, M., & Drummy, M.（2019）*Dive into Deep Learning: Tools for Engagement.* Corwin

⒇　Quinn et al. ibid., pp.124-145（基本的には，フラン他，前掲，32頁記載の「クリティカルシンキング」に関する日本語訳を援用したが，一点だけ，フラン他で「問題を解決する」と表記されている項目は，Quinn et al. では「デジタルを活用する」に変更されている。）

21　6Csすべての「ラーニング・プログレッション」（教師版と生徒版）は，Quinn et al. ibid., pp.114-137 を参照。

22　McEachen, J.（2017）Assessment for Deep Learning. https://deep-learning.global/wp-content/uploads/2017/09/Assessment-for-Deep-Learning.pdf（2022年4月15日閲覧）

23　フラン他，前掲，141-142頁には，ほぼ同じ内容の表が「ディープラーニングの条件に関するルーブリック（Deep Learning Conditions Rubric）」という名称で記載されており，学校だけでなく学区の状況の確認にも活用されている。

24　Quinn et. al., op. cit., pp.219-220

25　フラン他，前掲，173頁；NPDL, op. cit., pp.29-30

26　フラン他，前掲，13頁，62頁

27　Fullan, M., Hill, P., & Rincón-Gallardo, S.（2017）Deep Learning: Shaking the Foundation, pp.6-7. https://deep-learning.global/wp-content/uploads/2017/04/npdl_shaking_the_foundations.pdf（2022年4月15日閲覧）

28　天笠，前掲，46頁

⑵⑼　北田佳子（2011）「授業の省察における生徒固有名を伴う語りの機能：Shulman の『学習共同体』モデルを手がかりに」『埼玉大学教育学部附属教育実践総合センター紀要』10，21-28頁
⑶⑽　フラン他，前掲；NPDL., op. cit.；Fullan et al., op. cit.
⑶⑴　フラン他，前掲，3頁

「深い学び」を実現するための校内授業研究とその支援

日本大学　**黒田　友紀**

1．はじめに

　本稿では，授業づくり・学校づくりに取り組む，A市のT中学校を事例として，「深い学び」を実現するための校内授業研究とその支援について検討することを目的とする。ここでの「深い学び」の実現とは，ひとつは授業における生徒の深い学びの実現であるが，もうひとつは，校内授業研究を通した教師の深い学びの実現でもある。授業づくり・学校づくりを行う校長と教師が何に取り組み，それを支える教育行政と支援者には何ができるのか，そして，深い学びを実現し維持していくためには何が必要なのかを本稿では考えたい。

　すべての子どもの学びを保障するために授業の質を高めることと，教師が学びあい成長し続ける学校をつくり維持していくことは，日本のみならず世界の多くの国や地域においても喫緊の課題である。2012年の中央教育審議会の「教職生活の全体を通じた教員の資質能力の総合的な向上方策について」の答申において，「学び続ける教員像」の確立を提示して以降，教師が学校現場で育ち成長し続けるというヴィジョンは浸透しつつある。そして，2017・18年に改訂された学習指導要領において，「主体的・対話的で深い学び」を実現するための授業改善が求められたことによって，グループ活動を導入して子どもの主体的な学びを追求する授業や，授業内で生起する子どもの学びの事実に光をあてる校内研修を進めようという動きが進められようとしていた。しかし，2019年度末からのコロナウイルス感染症の拡大によって，

密を避けるために授業でのグループ活動や子どもどうしの関わり自体が禁止されたこと，加えて，多忙な教師の仕事が消毒作業等によってさらに増えたことで，学校現場では想定以上に校内研修や子どもたちの「主体的・対話的で深い学び」を促進する授業を進められていない現実もある。コロナウイルス感染者が減りはじめ，子どもたちの活動の制限が緩和されるなかで，ようやく校内研修を再開させた学校が増えつつある。また，「主体的・対話的で深い学び」を促進する授業に少しずつ取り組んでいても，子どもたちは対話を通して学んでいるか，どうしたら学びが深まるのかという課題に直面している教師や学校も多い。学校現場で，働き方改革も含めた多くの努力と試みがなされているなかで，教師や学校が解決したいと思う課題に取り組み，学びあい成長することが重要だろう。とくに，日本の小中学校では多くの学校が校内研修・授業研究に取り組んでいることを考慮するならば，校内授業研究において深い学びを実現するためにはどのような取り組みが有効であるのか，また，それを支援し維持するためのシステムはどのように構築可能なのかを検討する必要がある。

　そこで，本稿では，まず日本の校内授業研究の課題を整理したうえで，大都市であるA市のT中学校を事例として，主に2018〜2021年度までの「深い学び」を実現するための校内授業研究の方策とその支援について検討する。その方法として，論文・著書の検討の他，A市教育センターの指導主事，T中学校の元校長および研修主任へのインタビュー調査と，授業と授業後の研究協議の参観の分析によって，検討を行った[1]。

2．日本の校内授業研究の課題と本研究の視点

　日本の授業研究は，明治時代の東京師範学校における授業研究や授業批評会にその起源があり，現在も多くの学校で校内研修として実施されている。とりわけ，スティグラーとヒーバート（Stigler & Hiebert）による *The teaching gap*（1999）の刊行によって，研究授業の実施を中心とする，教師が協働的に運営する日本の伝統的な授業研究が評価され，多くの国々で日本の授業研究をモデルとした「レッスン・スタディ（Lesson Studies）」が展

開されている[(2)]。日本の校内授業研究の特徴として，鹿毛・藤本（2017）は，(1)教師の日常に密着した「現場第一主義」である点，(2)同じ学校に勤務する同僚が学び合う実践コミュニティ（学び合う共同体としての学校）を基盤とする点，そして，(3)事前・事中・事後の授業の実践プロセスに応じたリフレクション的な志向が組み込まれている点を挙げ，これらのメリットが重なり合うことで相乗効果を発揮し，教師の学びと成長を促すと指摘している。

　日本の校内授業研究は国際的にも評価され，日本の学校で日常的に実施されているものの，課題もある。たとえば，2010年に国立教育政策研究所によって実施された授業研究に関する調査では，ほとんどの小中高校で授業研究を年1回以上実施しているが，全員が研究授業をする等の頻度の高い取り組みは，小学校，中学校，高校へ学校段階が上がるに従い不活発になっていること，小中学校では一つの研究テーマに取り組んでいるが，中学校よりも小学校の取り組みの方が研究テーマの設定，研究組織，指導案の検討体制において高度で発展していることを指摘している（千々布2014b）。木原（2010）は，校内研修の課題として，(1)機会が限定されていること，(2)個々の教師の問題意識を反映させがたいこと，(3)「型はめ」に陥りやすいこと，(4)閉鎖性・保守性が強いこと，(5)適切なリーダーシップが発揮されていないことを挙げる。姫野（2011）は，研究授業が自分の教科や学年と異なる場合に，授業研究や事後検討会に対して，どの校種の教師も消極的になりがちであることを質問紙調査から指摘している。また，授業研究の意義が希薄化し，その「形骸化」や「業務化」によって，日本の学校文化である授業研究が衰退しているという指摘もなされている（千々布2005,鹿毛・藤本2017）。

　こうした課題に対して，いかに校内授業研究を活性化させ，教師の学びを促進できるかという視点に立った研究が，いくつかの領域において蓄積されつつある。校内授業研究の動向や課題を明らかにする研究として，主に質問紙による調査によって分析した研究（姫野2011,2012）や，校長のリーダーシップに着目する研究（中留1994,露口2001,2008,2011,石上・川合・山﨑2015）や，教師教育研究者の役割について検討する研究（坂田・中田・町支・脇本2018），そして，事後検討会での談話内容や教師の学びを解明す

る研究（坂本 2009, 北田 2009, 2011, 2014）があげられる。また，「主体的・対話的で深い学び」の実現に向けた各教科や授業を対象とした研究や，授業研究／授業改革を中核に据えた学校づくりの実践研究（牧田 2019, 若林・岡本・岡野 2019, 望月・辻 2020）が行われつつある。校内授業研究を活性化させるためにさまざまな領域での研究が行われているが，姫野（2012）や千々布（2014b）が指摘しているように，授業研究や学校組織や教師文化に関する先行研究では，その知見があまり交わることなく蓄積されてきており，校内授業研究を支える学校組織や教師文化等に着目する必要がある。とくに，教師がともに学び合い成長しあう校内授業研究を維持し継続するためには，授業研究や教師のリフレクションだけでなく，学校組織の改革とそれを支援するシステムの構築の全体が解明され，検討される必要がある。

　そこで，本稿では，A市のT中学校を事例として，①A市教育センター・指導主事による授業づくりと学校づくりの支援，②T中学校の校長のリーダーシップと学校組織内の改革，そして③T中学校の教師による授業研究と協議会と中心としたリフレクションの3つの視点で，「深い学び」を実現するための校内授業研究とその支援について検討を行う。事例とするA市T中学校は中規模校であり，2018年から「学びの共同体」にもとづく授業づくり・学校づくりを行っている。すべての子どもの学びを保障し，子どもが夢中になって取り組む質の高い授業を追求するというヴィジョンを共有しながら，「「学び合いの授業づくり」を通した主体的・対話的で深い学びができる体制の構築」，「授業改善を通した同僚性の高揚と生徒理解の深化」，「9年間の学びを視野に入れた小中連携した授業実践」をテーマに，校内授業研究を進めている[3]。授業には小グループによる協同的な学習を取り入れ，すべての教師が年1回は授業を公開する校内授業研究会を実施し，協議会で子どもの学びの事実にもとづいて省察することを取り入れている。

3．教育センター・指導主事による授業づくり・学校づくりの支援

　A市は，小学校約160校，中学校約80校，児童生徒数約11万人，教職員

数約1万人を抱える大都市である。A市の教育センターには，約50人の指導主事がおり，学校の指導や研修の業務に関わっている(4)。

　教育センターで研修を担う部門において，授業づくり・学校づくりの支援として，個人を対象とした研修と学校を対象とした支援の2つを並行して行ってきた。個人を対象とした支援としては，法定研修（初任者研修および中堅教諭等資質向上研修）と各年次研修を中心とした基本研修に加え，平日の夜間や土曜に実施される「授業づくりセミナー」や夏季に実施される授業づくり研究会といった自己啓発研修を企画・運営してきた。

　もうひとつの学校を対象とした支援として，「研究指定校制度」を通して学校が追求したい授業づくりの課題の研究とその支援を行ってきた。教育センターでは，2011年度から，喫緊の教育課題に関する中長期的な調査研究事業として，先導的な実践研究を推進してきた。特に，授業づくりを基盤とする学校づくりや，教える専門家から学びの専門家への転換を目指した取り組みを重視した。表1に示したように，この研究指定の制度にはいくつかの種類があり，教科等横断的な視点での授業改善や小中一貫教育に関わる研究としての「授業改善推進モデル校」，自校の学力課題改善に関わる実践を進める「学力ステップアップ実践校」，授業づくりを軸に学力向上に向けた校内研修を充実させる「学力向上支援校」がある(5)。学力向上支援校のみが教育センターによって指定されるが，その他は，学校からの「応募制」をとっている。支援校の決定は，全国学力・学習状況調査やA市の学力調査や，生徒指導調査などの複数の指標から候補校を選定し，1〜2年の研究指定をしていた。

　教育センターによる学校に対する具体的な支援として，学校が追求したいと考えている課題を支援するための予算配分と「学力向上サポートチーム」による支援が行われた。とくに，学力向上サポートチームによる支援として，「OBサポーター」「指導主事」「学識経験者」の3者の支援を，学校の要望と希望によって選択できることが特徴である。OBサポーターとは，A市の教育課題をよく知る校長経験者によって，学校の求めに応じて，1か月に数回程度，支援対象校を訪問して授業および生徒指導などの助言を行う。この

表1　研究指定制度による学校支援の種類と研究内容

研究指定校種類 （指定期間）	研究内容	支援の内容
授業改善推進モデル校 （1年か2年）	教科等横断的な視点での授業改善，教科に特化した研究，小中一貫教育に関わる研究	OBサポーター：必要に応じて 指導主事：常時支援 学識経験者：必要に応じて
学力ステップアップ 実践校（1年）	それぞれの学校の学力課題の改善に係る実践を進める	OBサポーター：必要に応じて 指導主事：必要に応じて 学識経験者：定期的支援
学力向上支援校 （2年）	授業づくりを軸に，学力向上に向けた校内研修を充実させる	OBサポーター：常時支援 指導主事：常時支援 学識経験者：定期的支援

出典：平成27年度A市研究指定制度に関する資料より筆者が作成した。

　研究指定制度を担当する指導主事は，A市で授業づくり・学校づくりの経験のある校長であり，支援対象校において，教師への授業デザインの相談やプレ授業[6]での助言，校内研修や協議会での助言，要望があれば，日常的な授業の参観や指導，校長との協議などにも応じる。学識経験者とは，大学の授業研究などに関わる研究者や他地域での学校支援を行うスーパーバイザーであり，学校の求めに応じて，あるいは定期的に，学校訪問と校内授業研究の支援や助言を行う。

　A市の教育センターおよび指導主事の支援のポイントは，応募制の研究指定の場合，学校が取り組みたい課題の支援を行うことができる点と，学校が求める支援をコーディネートし，カスタマイズされた支援である点である。そして，指導主事のコーディネーターとしての役割は重要であり，学校と教育センターやOBサポーターや学識経験者をつなぎ，支援の継続につながっている。

4．校長のリーダーシップと校内授業研究の体制づくり

　T中学校で授業づくりを中心とした学校づくりの実践を3年間行ったK校長は，前任校においてもA市教育センターの研究指定を受けて，授業を中心とした学校づくりに3年間取り組んだ。K校長は，教頭として2校で授業づくりを中心とした学校づくりの実践に携わり，強いリーダーシップのあ

る校長と仕事をともにした経験があり，異動先のT中学校でも「授業改善推進モデル校」の指定を受けた。

(1) 学校づくりの方針

　K校長は，自身の教職経験から，生徒指導や部活動指導中心の学校づくりから授業づくりを中心とした学校づくりへの転換が必要だと感じてきた。たとえば，これまでの実践経験のなかで，自分の進路が決まれば他の生徒のことには無関心な生徒の様子から，他者に関わりながら生徒自身が学び，その生徒が地域の「いいお兄ちゃん・お姉ちゃんになる」という，地域に信頼される学校づくりを目指したいという思いを強くしていた。そこで，校長として，学校が，①生徒が安心して学ぶことができる存在になること，②生徒・教員・地域でともに支え，信頼される存在となること，③特に教員は学び続ける存在のロールモデルとなることを目指して，学校づくりに着手した。学校が「信頼される」ことは，K校長が重視してきた「人権意識の高い学校」の実現であると考え，この地域で生活してきた生徒・保護者の生活背景も一切を引き受けて相互に人権を尊重する（＝大切にする，大事にする，放っておかない）ことの基盤に立つ授業実践のためには，「学び合う」スタイルの導入は必要不可欠だと考えた。そこで，学びの共同体にもとづく授業づくり・学校づくりに取り組んだ。

(2) 授業実践で活性化する

　自身の授業づくりへの関心と経験をもとに，校長として「授業実践で活性化する」学校運営を行った。そして，生徒の学ぶスタイル・生活のスタイルの特徴を把握し，教師集団の意識改革を両輪にして進めた。教師集団の意識改革のためには，発信力のある教員の存在，授業改善の意識の高さ，先進校視察による授業改善の機運の高揚，そして研修の実践が鍵だと考えていた。

　K校長は，T中学校に赴任して，経済的な困窮世帯は少ないが，保護者が子どもの学習に関心を持つことが少なく，不登校傾向の生徒が目立つことを同校の課題として捉えていた。そこで，「自分の学びに他者が関わる」「他者の学びに自分が関わる」「生活も地域も支えるいいお兄ちゃん・お姉ちゃんになる」という基本的な方針に，「学習指導要領の改訂に対応できるよう授

業改善に取り組む」という方針を加えた。これらの校長の学校運営の方針は，概ね教師集団から好意的に受け入れられたという。教師は多忙な日常のなかで，生徒が豊かに学ぶことができるように「何かしなければならない」と思いながら日々授業を行っており，K校長の提示する日常の授業スタイルの変更に挑戦することで学習指導要領の改訂にも対応可能な準備ができると受け止められた。そして，A市の研究指定に応募し，指導主事と学識経験者による支援を得ることになった。

　前任校での経験をもとに，T校の具体的な取り組みとして，校長自身が授業を見て教師と話をすること，複数の教師で先進校へ視察してきてもらうこと，発信力のある教師から発信してもらうこと，各学期に公開授業研究を行うことを中心に実践を進めた。そして，K校長は，授業を見て回り，授業のなかで授業者が大切にしているポイントや良さを発見し，そして，「あの場面で子どもが○○だった」という生徒の学びの事実を伝えた。同時に「あの場面であの子の苦しみに気が付いたかな」という話もしたのだという。これを繰り返しながら，日々の授業のなかで教師の授業から生徒目線に変えていくことと，研究授業と研究協議において教師が生徒の学びの事実にもとづいて語り，議論するリフレクションを求めていった。

⑶　授業研究の組織・体制づくり：子どもの学びにもとづくリフレクションを行うために

　K校長は，前任校での取り組みを採用しつつ，T校独自の取り組みを展開している。

　研究体制・組織としては，各学年2名の教師が学習指導部となり，研修主任が1名配置されている。校内研修としての授業研究は，個々の法定研修や市による指導主事訪問以外に，各学期に一度の校内研究授業を実施し，3・4限は全教員が授業を公開し，5限は研究授業として代表者1名が授業を行い，その後に，研究授業を中心とした協議会を実施し，授業での子どもの学びにもとづくリフレクションを行うことを重視している。協議会の方法は，K校長の前任校に学習指導部の教師が見学に行き，その方法を参考にした。協議会の方法は後述するが，授業での子どもの学びにもとづいた課題の共有

の後に，研究授業の授業と協議会の内容から，これから何を共通に理解しながら各学年や自分自身が進めていけばよいかを，自分ごととして考える２部構成の協議会の方法をとっている。その後，指導主事と筆者が，研究授業だけでなく参観した授業について，子どもの学びを中心にコメントするという形態をとった。筆者は，参観した３・４限の授業についても，写真を共有しながら，できうる限りすべての授業で生徒がいかに学んでいたかを伝えた[7]。

　Ｔ校の特徴的な取組として，生徒が夢中になって学び，学びの質を高めるために，「ジャンプの課題検討会」を組織し，実施したことがあげられる。当初は有志による相談会だったが，校長が，「行事予定に入れ込んで全員で取り組もう」と提案し，2019年の２学期から「部活動なしの日」にこの検討会を設定した[8]。また，日本の学校には異動のシステムがあり，毎年，異動してくる教師がいる。当然のことながら，異動してきたばかりの教師は校内授業研究や授業の在り方に戸惑うことも多い。そこで，Ｔ中学校では，年度初めの４月２日の着任研修において，学習指導部の教師が授業の在り方や校内授業研究について説明を行い，Ｔ中学校の子どもと教師の学び方を伝えるのだという。

　この取り組みの効果的な変化として，Ｋ校長は同僚性の高揚を挙げている。具体的には，①教室内での教師集団の会話が「生徒が○○だったから，こんな取り組みをしてみよう」という内容に変化したこと，②生徒への言葉掛けが穏やかになったこと，③生徒の生活や困っていることに関する情報が取得しやすくなったこと，④生徒間，教員間，生徒と教員間の関係が良好であったことを挙げている。その他にも，インフォーマルにも互いが授業を見合うようになったことも大きいという。

　校長の１校の在任期間の短い日本の学校において，３年間で新しい取り組みを行うことはそれほど簡単なことではない。Ｔ中学校でＫ校長が新しい取り組みを行うことができたのは，Ｋ校長自身のリーダーシップや前任校の経験があった以外に，いくつかの要素がある。まず，Ａ市の研究指定校の制度によって，学校が得たい支援を得ることができたこと，次に，市内にはＫ校長の前任校を含め研究指定校制度によって支援を受けている学校が他にも

あり，先進的な取り組みを行う市内の学校の授業や公開授業研究をT中学校の教師が参加し参照することができたことがあげられる。K校長が指導主事の支援を「なくてはならない」ものであると語るように，校長経験のある指導主事のコーディネートや支援を受け，実際の予算・支援体制以外に，これまでの経験と知恵といったインフォーマルなリソースも活用することが可能だった。

5. 研究協議と授業研究の方法

　次に，T中学校の校内授業研究と研究協議（事後検討会）についてみてみよう。ここでは，主に研究協議と授業研究の進め方に焦点をあてる。

⑴ 研究協議の方法

　まず，授業研究の方法として，研究授業中は，それぞれの教師がいくつかのグループや生徒に着目し，生徒の変化に対する気づきについて，「学びが深まった・活性化したと思われる発言や行動」を水色の付箋に，「学びから降りた，成立しなかったと思われる発言・行動」をピンクの付箋に記入する。研究協議では，3〜4人のグループになって，それぞれの教師が書き込んだ付箋を，グループごとに時系列に張り付け，共感や異なる意見も含めたそれぞれの教師の気づきを話しながら共有し，生徒の学びの事実にもとづいて，どのような発言や行動によって学びが深まった・活性化したのか，あるいは生徒が学びから離れたのかについて協議する。そして，どうしたら生徒が学ぶのか，どのように改善すべきかをグループごとにカードに記入し，発表してききあう。その共有の後で，検討した研究授業も含め，自分自身の授業や自分の担当する学年で，次回までに共通して取り組みたいことをカードに書きだして，共有して黒板に掲示する。

　T中学校の授業研究の研究協議の特徴は，授業での生徒の学びの事実を中心とした気づきの共有と，学びを深め，活性化させるためにはどうしたらよいのかを模索する前半部（約30分）と，研究授業と前半の協議を経たうえで，次回までに学校全体で共通理解して取り組みたい課題の検討と共有の後半部（約20分）の二部構成になっていることである。この二部構成での協

議会は，K校長の前任校の方法を参考にしている。前半部では，「良かった／悪かった」，「できた／できなかった」という評価ではなく，「この問いかけでいつも参加していない生徒が考え始めた」「この場面で，この子が困っていた」「グループの仲間がいたからこの子は頑張れた」「資料に着目したことでグループの学びが変わった」等といった，授業者一人では気が付かなかったり，見ることができなかったりした子どもの実態を丁寧に教師が見て，それを語り，共有する機会となっている。そして，後半部では，研究授業と研究協議から見えてきた授業デザインの課題や生徒の姿を通して，共通して理解し，今後取り組んでみたいことを，それぞれの教師が自分自身の課題として引き受けて考え，共有している。

⑵ すべての教師が当事者になり，課題の理解を深めるジャンプの課題検討会

T中学校の校内授業研究は，学期に一度校内授業研究会を実施し，3・4限に全ての教師が授業を公開し，5限に代表授業として研究授業を全ての教師が参観し，授業後に研究協議を行う形態をとっている[9]。授業公開を行う授業デザイン（略案）には，すべての生徒が習得することを目指す「共通の課題」と，共通の課題で習得する知識や技能等を活用して理解を深める「ジャンプの課題」が設定されている。

研究授業については，公開授業研究会の前に指導主事が複数回授業を参観したり，指導主事との対話を通して授業の課題の検討を行ったりすることで，代表授業を行う教師は，共通の課題とジャンプの課題が教科の本質に近づいているか，生徒の学びを深めるか，適した問いであるかについて考える。しかし，T中学校の授業研究で特徴的なのは，授業を公開するすべての教師のジャンプの課題の検討を事前に教師が協働で行っている点である。研究授業だけでなく，それぞれの教師の公開授業のジャンプの課題について検討する時間を設けている。きっかけは，生徒が夢中になれる課題の設定が難しく，自分たちの設定しているジャンプの課題がジャンプになっていないのではないかという思いが生じ，相談し始めたことだった。部活動の後，参加できる教師が30〜50分程度，学年別に「ジャンプの課題検討会」を開催して，

2019年の２学期からジャンプの課題の検討が行われている。

　授業をデザインする際には，教科の到達目標や，教科の本質に則った課題をそれぞれの教師が設定するが，そのうちのジャンプの課題について，生徒が夢中になれる課題であるか，そして，その課題がＴ中学校のその学年の生徒にとって適しているかをざっくばらんに話すのだという。その時，教科の目的として達成させたい課題があるが，「その課題だとあの子は一瞬でできるのではないか」「あの子にとっては難しすぎるのではないか」「塾に行っている子にも，この課題だったら考えさせられるのではないか」「こんな条件を付けたらどうか」と，具体的な生徒の名前をあげながら，学年の生徒の現状が共有され，問いがブラッシュアップされる。学年別に検討を行うため，必然的に自分の教科以外の課題を検討することになるが，学年の生徒の顔を思い浮かべながら，自分自身も他教科の課題をともに考える。この時，徹底的に生徒目線で考え，とくにその教科が苦手な生徒の視点から，どんな課題であれば夢中になって取り組むことができるかを検討しているのだという。

　研究授業の事後の研究協議の後，指導主事と筆者が３・４限に参観した授業について写真を示しつつ，生徒の学びについて振り返る際に，教師が授業の生徒の様子を食い入るように見つめている。それは，それぞれの学年の授業のジャンプの課題を協働で検討し，教師が授業の当事者となって課題を共有しているため，学年の授業はすべて自分たちの授業となっているからである。教師が教科の壁を越えて課題を検討し，自由に授業を見合うことも習慣化されてきている。また，授業研究会に他校から参観に来ていたある教師から，「ジャンプの課題検討会」を実施することは負担ではないかと尋ねられた教師が，長時間ではないこと，学年の課題の検討でもあることから「時間的にも，負担ではない」と返答していた。部活のない日に検討会を設定すること等，現在の教師の働き方も考慮に入れたうえで，生徒の深い学びの実現のために学年の教師で課題を検討すること，そしてこれを負担にしないように実現する工夫がみられる。

6. おわりに

　以上のように，Ａ市Ｔ中学校の「深い学び」を実現する校内研修と支援について，Ａ市教育センターの研究指定校制度を通した学校支援，校長のリーダーシップと組織づくり，そして，教師が当事者となる授業研究の仕組みと工夫が，有機的に機能していたことを示した。先述の通り，日本の公立学校は異動があり，とくに校長の在任期間が３年程度であることを考慮すると，校長だけのリーダーシップで実践を維持していくのは簡単なことではない。また，強力な校長のリーダーシップのもとで始めた授業づくり・学校づくりを維持し，継続することにも困難が伴う。このどれかだけで，Ｔ中学校の授業づくり・学校づくりの実践が成り立っているわけではない。実践においてもそうだが，研究においても，これらの３つの視点から検討を行う必要があると考え，指導主事，校長，教師によるインタビュー調査から，授業づくりと学校づくりの実践を立体的に浮かび上がらせることを試みた。

　Ｔ中学校において，「深い学び」を実現するために，まずは校長のリーダーシップによって，授業づくりの授業実践で活性化する学校運営を掲げ，学び合うスタイルを取りいれた。そして，授業をデザインするときに，個別の生徒の学びを考えながら，協同ですべての生徒が夢中になるジャンプの課題を検討した。そのためには，教師自身が教科の内容を深く理解し，授業を受ける生徒を理解しなければならない。また，実際の授業での子どもの学びの事実からもまた謙虚に学ぶことが求められた。Ｔ中学校の「ジャンプの課題検討会」の仕組みによって，すべての生徒が参加でき，知識を活用したり，思考したりするような問いを協働で洗練させることにつながっていた。加えて，この検討会によって，研究授業を行う教師だけではなく，校内授業研究に参加するすべての教師が，当事者となって自分自身の課題や，学年，学校の課題に向き合う機会となっていた。Ｔ中学校の授業研究と研究協議に参加した多くの外部参観者が，研究協議の開始時刻前から，教師たちがそれぞれのグループで自分の気づきを共有し始める様子や，全体での協議会の「あたたかさ」に驚いていた。その驚きとは，教師の主体的なリフレクションへの

関わりと，教科や学年を超えて教師が共通の課題を見つけ出し，他人事とせずに自分の課題として引き受ける場が構成されていることに対してである。これらは，同僚性や協働的な責任にもとづくものである。Ｔ中学校の学び合うスタイルは，授業における生徒の学びを促進するだけでなく，同僚性と協働的な関係のなかで教師自身が学び実践を改善する専門家のコミュニティも形成している[10]。

　今回は，Ｔ中学校を事例としたが，2012年から実施されたＡ市教育センターの研究指定校制度を活用して，授業づくりと学校づくりの実践を継続している学校がＴ中学校以外にも複数ある[11]。Ｔ中学校の授業づくりと学校づくりを支え，維持する基盤として，Ａ市教育センターの研究指定校制度と指導主事による支援が大きい。そして，これらの支援には，Ａ市の地域と学校をよく知る，校長経験者等が再任用あるいは委託されて関わることで，授業づくりや学校づくりの豊富な経験を提供していた。教育行政による支援が重要であることは周知の事実であるが，地域の人材やリソースを生かしながら，学校の望む支援をカスタマイズし，コーディネートすることの重要性を本事例は示している。

　コロナ禍において，子どもの安全を守りながら授業を行うことに精一杯で，主体的・対話的で深い学びの実践や授業研究を行うことがままならない地域や学校もあったかもしれない。ウィズ・コロナの状況へと移行しつつあるなかで，生徒だけでなく教師も学び成長する校内授業研究を充実させていくことに再び挑戦している学校も増えている。働き方改革も求められる中で，いかに負担を増やさずに，学校と教師に必要感のある授業研究や校内研修を行うことができるか，そしていかに支援するかについて，今後も検討を継続したい。

[キーワード]

校内授業研究（lesson study within school），学びの共同体（school as learning community），教育行政の支援（support by the educational administration），校長のリーダーシップ（principal leadership）

【付記】お忙しいところ，インタビュー調査等に御協力頂きました，A市教育センターの元指導主事であるS先生，T中学校の元校長であるK先生，そして，T中学校の研修主任の先生方，ならびに，ともに授業研究を行ってきたT中学校の先生方に，この場をお借りして感謝申し上げます。なお，本研究は，JSPS科研費20K02545の助成を受けたものです。

【引用・参考文献】

Stigler, J. & Hiebert, J.（1999）*The teaching gap: Best ideas from the world's teachers from improving education in the classroom.* Free Press, NY.（港三郎訳 [2002]『日本の算数数学教育に学べ』教育出版.

秋田喜代美（2012）『学びの心理学：授業をデザインする』放送大学叢書.

石上靖芳・川合公孝・山﨑保寿（2015）「中学校における校内研修活性化のための校長の教育的リーダーシップ解明に関する事例研究」『静岡大学教育学部研究報告：人文・社会・自然科学篇』第65号，125-138頁.

鹿毛雅治・藤本和久（2017）『「授業研究」を創る―教師が学びあう学校を実現するために』教育出版.

北神正行・木原俊行・佐野享子（編）（2010）『学校改善と校内研修の設計』学文社.

北田佳子（2011）「授業の省察における生徒固有名を伴う語りの機能：Shulmanの「学習共同体」モデルを手がかりに」『埼玉大学教育学部附属教育実践総合センター紀要』第10号，21-28頁.

北田佳子（2014）「校内授業研究で育まれる教師の専門性とは：学習共同体における新任教師の変容を通して」日本教育方法学会編『教育方法43　授業研究と校内研修：教師の成長と学校づくりのために』図書文化社，22-35頁.

小島弘道・淵上克義・露口健司（2010）『スクールリーダーシップ』学文社.

坂田哲人・中田正弘・町支大祐・脇本健弘（2018）「校内研究の推進に果たす教師教育研究者の役割：学校づくりを目指した校内研究の活性化に寄与する関与についての一考察」『帝京大学大学院教職研究科年報』第9号，53-64頁.

坂本篤史（2012）「授業研究の事後協議会を通した小学校教師の談話と教職経験：教職経験年数と学校在籍年数の比較から」『発達心理学研究』第23巻 第1号，44-54頁.

坂本篤史（2013）『協同的な省察場面を通した教師の学習過程―小学校における授業研究事後検討会の検討―』風間書房.

佐藤学（2012）『学校を改革する―学びの共同体の構想と実践』岩波書店.

千々布敏弥（2005）『日本の教師再生戦略：全国の教師100万人を勇気づける』教育出版.

千々布敏弥（2014a）『プロフェッショナル・ラーニング・コミュニティによる学校再生―日本にいる「青い鳥」』教育出版.

千々布敏弥（2014b）「校内研究としての授業研究の現状と課題」日本教育方法学会編『教育方法43　授業研究と校内研修：教師の成長と学校づくりのために』図書文化社，8-21頁.

千々布敏弥（2021）『先生たちのリフレクション：主体的・対話的で深い学びに近づく，たった一つの習慣』教育開発研究所.

露口健司（2001）「校長の教育的リーダーシップと学校成果の関係」『教育経営学研究紀要』第5号，21-62頁.

露口健司（2008）『学校組織のリーダーシップ』大学教育出版.

露口健司（2011）「教師の授業力を高める組織とリーダーシップ―専門的コミュニティとサーバント・リーダーシップに焦点をあてて」『愛媛大学教育実践総合センター紀要』第29号，101-111頁.

中留武昭（1994）『学校改善を促す校内研修』東洋館出版社.

中留武昭（2003）『21世紀の学校改善―ストラテジーの再構築』第一法規出版.

姫野完治（2011）「校内授業研究及び事後検討会に対する現職教師の意識」『日本教育工学会論文誌』35巻，17-20頁.

姫野完治（2012）「校内授業研究を推進する学校組織と教師文化に関する研究(1)」『秋田大学教育文化学部教育実践研究紀要』第34号，157-167頁.

牧田秀昭（2009）「授業改革を核とする学校改革―新至民中学校への軌跡―」『教師教育研究』Vol.2, 3-32.

望月晴香・辻延浩（2020）「「主体的・対話的で深い学び」を促す授業改善に向けたアクション・リサーチ：小中一貫教育校における教員の協働的な授業研究の取組を通して」『滋賀大学教育実践研究論集』2号，45-52頁.

若林徳亮・岡本雅代・岡野昇（2019）「学び合う文化を育む学校づくりに関する実践研究」『三重大学教育学部研究紀要』第70巻，419-429頁.

脇本健弘・町支大祐（2021）『教師が学びあう学校づくり：「若手教師の育て方」実践事例集』第一法規.

〈注〉

⑴　筆者は，2018年度よりＴ中学校の授業づくり・学校づくりの取り組みに外部

の研究者として関わり，年間3度の校内授業研究に参加し，支援を行ってきた。インタビュー調査は，指導主事には2018年3月，2019年7月，2022年5月に，T中学校K元校長には2019年7月と2022年5月に，2021年度の研究主任と2018年度の研究主任経験者に2022年5月に実施した。なお，K校長の前任校の3年間，A市の研究指定校制度の支援の下で，筆者は授業づくり・学校づくりの支援を行った。

(2) レッスン・スタディの各国・地域における展開の仕方は様々である。たとえば，米国のレッスン・スタディの多くは算数を中心とした教科のワークショップ型の授業研究であり，日本の各学校で実施されているような「校内授業研究」ではない。また，北米を中心に展開された「専門家の学習共同体（professional learning community）」の理念と日本の授業研究の方法を組み合わせてレッスン・スタディを行っている国など，その受容と展開の仕方はさまざまである。

(3) 2019年度末からのコロナウイルス感染症の拡大によって，公開授業研究会を行うことができず，外部からの参観はできなかった。また，社会状況によって筆者も学校を訪問できない時には，Zoomをつないで研究授業を参観し，研究協議に参加した。

(4) 以下，A市の基本的な学校情報および教育センターの作成した資料および，指導主事からの聞き取り調査による。教育センターに在籍する約50人の指導主事のうち，約30人が再任用された退職した校長か教師である。

(5) 2019年当時，授業改善推進校として33校，学力ステップアップ校として8校，学力向上支援校として25校を指定していた（A市資料および聞き取り調査による）。

(6) 「プレ授業」とは，研究授業の前に他のクラスなどで行う授業であり，指導主事は，場合によっては研究授業の前に2～3回ほどの授業デザインの相談などを教師から受けることもある。

(7) コロナ禍の2020年度は，筆者が訪問できない場合は，筆者とT中学校をZoomでつなぎ，授業と協議会に参加した。

(8) A市は比較的部活動の盛んな地域であるが，T校ではK校長が「部活動なしの日」を設定し，「ジャンプの課題検討会」はその日の16時から開始された。教師の就業時間内に組み込むことで，できるだけ負担を減らすことが企図されている。

(9) A市の研究指定制度では年に一度の公開授業研究会を実施しているが，2020年度はコロナウイルス感染症の拡大のため，外部参観者への公開授業研究会は行われなかった。

⑽　K校長のリーダーシップは，「実践の公開」「同僚性」「省察的な対話」「生徒の学習の焦点化」「学校運営と改善に対する協働的な責任」「教師の社会化」を構成要素とする「校長の支援的リーダーシップによる専門的コミュニティ形成」（露口 2008）とも重なる。この日本の事例の検討や専門家の学習コミュニティに関する検討，そして外部支援者であり学識経験者の役割の検討については，今後の課題としたい。

⑾　A市の教育センターにおける研究指定校制度による支援は，令和4年3月までで終了となった。授業づくり・学校づくりの取り組みを行う学校は，現在も各学校で日々の実践に取り組んでいるが，筆者も学校現場の支援を行いつつ，今後の展開を注視していきたい。

「深い学び」のデザインと評価を支える授業研究

一般社団法人教育環境デザイン研究所　**飯窪　真也**

共立女子大学　**齊藤　萌木**

国立教育政策研究所　**白水　始**

1．はじめに

　「深い学び」のデザインと評価のためには，両者を一体として考える視点に基づいた授業研究が有効である。本稿では，その主張の理論的背景を解説した上で，筆者らが全国の教育委員会，学校等と連携して取り組んでいる学習科学に基づく授業づくりの実践研究プロジェクト（CoREF プロジェクト）の事例でその主張を例証する。

2．「深い学び」における思考と知識理解

　「深い学び」の実現のための学習評価について考えるに先立って，まずここで実現したい「深い学び」とは学習者にとってどのような学びであるかを整理したい。

　「深い学びの鍵」は，「『見方・考え方』を働かせること」だと説明されている（文部科学省 2017a，4頁）。この「見方・考え方」については，「特に，各教科等において身に付けた知識及び技能を活用したり，思考力，判断力，表現力等や学びに向かう力，人間性等を発揮させたりして，学習の対象となる物事を捉え思考することにより，各教科等の特質に応じた物事を捉える視点や考え方（以下「見方・考え方」という。）が鍛えられていくことに留意し，児童が各教科等の特質に応じた見方・考え方を働かせながら，知識を相互に関連付けてより深く理解したり，情報を精査して考えを形成したり，問

題を見いだして解決策を考えたり，思いや考えを基に創造したりすることに
向かう過程を重視した学習の充実を図ること」（文部科学省 2017b，24頁）
とある。新学習指導要領では，資質・能力の3つの柱を一体的に育成するた
めに「主体的・対話的で深い学び」の視点に立った授業改善が目指されてお
り，見方・考え方は，各教科等の文脈において資質・能力の3つの柱が統合
的に働くための手段として役立つものと位置づけられている。それと同時に，
見方・考え方はこうした授業を通じて育まれていく成果であり，その視点や
考え方がより高次な資質・能力の育成に役立つという関係にある。この手段
と成果の両面性は，石井（2015）の述べる「思考し表現する活動は，必ず何
らかの知識の習得や理解を伴います。逆に，知識も，新しい知識と既有知識
とをつなぐ能動的な思考なくしては獲得できません」（48頁）という主張に
も表れている。

　結論すると，構成主義的な学習観に立てば，子ども自身が各教科等で学ぶ
べき内容について主体的・対話的に知識構成をしていく過程そのものが，資
質・能力の3つの柱を統合的に働かせ，伸長させる過程であり，その過程を
通じて各教科等に固有の「見方・考え方」が育成されると言える。逆に言う
と，資質・能力が一体的に育まれる過程と「見方・考え方」の習得過程が切
り離されてしまうと，思考のパターン訓練に陥り，後々活用できる「見方・
考え方」の習得につながらない可能性が高い。実際1980年代の学習研究で
は，記憶や思考，問題解決の方略を直接的に教示する実験・実践が多数な
れたが，その効果は長続きせず，学習者が自ら使うものにはなっていなかっ
た。その反省から，1990年代以降は，学習科学という研究分野を中心に，
豊富な教科内容について学習者が対話を通して学び合う協調的な知識構成の
実践研究が活発になされるようになった（Brown, 1992）。

　授業をデザインする教師の立場から以上を考えてみると，子ども達が探究
を通じて重要な概念的知識等を自分なりに理解し活用していく過程の中で，
その教科らしい見方・考え方が自然と働くような「深い学び」を実現させた
いのだということになる。そのような学習を実現させるには，教師自身の教
科内容の深い理解に基づく「何を教えるべきか」の設定と学習者の適切な実

態把握に基づく「子ども達はどんな学び方，つまずき方をするのか」の想定が必要となる。その観点からすると，これからの教師に必須とされる「教授内容知識」（pedagogical content knowledge：Shulman, 1986）は，内容そのものの知識を超えて，教科内容の深い理解を，その内容を子どもがどのように学んでいくかという学習過程の理解に結びつけた知識が求められることを意味していると言える。

3.「深い学び」の評価とデザイン

　以上より，本稿の主題である「深い学び」の評価は，そのデザインと一体として考えることが必要だということが示唆される。今日，形成的な評価，指導と評価の一体化といった次の学びのデザインに生かすための評価の機能がますます強調されており，「深い学び」の実現のためには，まずは教師による学びのデザインと一体化した評価の機能が欠かせない。近時注目される子ども達自身による自己評価や相互評価も，まずは教師による「深い学び」のデザインと評価が成立して初めて意味をなす。

　また，子ども達の学びの過程をできるだけ確からしく評価する（＝見とる）ためには，そもそも授業デザインの段階で育成・評価したい資質・能力が発揮される必然性のある課題が設定されていることが欠かせないし，評価材料を得るためには多様な子ども達が自分の考えを表現する機会が十分に確保されている必要がある。評価研究者のペルグリーノら（2001）は，評価という行為の本質について次のように整理している。すなわち評価とは，直接測定できない学習者の認知過程（＝頭の中）を推し量るために，評価者が何らかの手段で学習者の認知過程を推測するための材料（＝記述や発話，パフォーマンス等）を引き出す「観察」の窓を開き，そこで得た材料を基に評価者が「解釈」することによって成立する行為であるという。この整理に基づけば，本質的に恣意的な行為であらざるを得ない評価において，できるだけ確からしく学習者の頭の中を推測するためには，適切な，そしてなるべく多くの「観察」の窓を開けることが必要だということになる。

　「深い学び」のデザインと評価を一体として考えると，教師は今日の授業

で子ども達に身に着けてもらいたい知識・理解を明確にしたうえで，子ども達自身がそのゴールに向けて主体的に知識を構成していくための問うべき問いを設定し，その中で自分の考えを表現するチャンスをたくさん設けることで学びの過程をできるだけ可視化し，そこで得られた子どもの発言や記述等の材料を基に学びの過程について推測，解釈し，そこで得られた仮説的な解釈を基に今日の学びのデザインを見直し，次の学びのデザインを行っていくことになる。

4.「深い学び」を見とるために必要なこと

学習の過程を適切に見とるために，目標と一貫した課題を設定すること（＝目的に即して適切な観察窓を開けること），なるべく多角的で多くの観察機会（＝多様な子ども達の表現機会）を設けることの重要性を述べた。

「深い学び」を見とるためにもう一つ重要になるのは，学びの「解釈」の基盤となる教師（＝評価者）自身の理解であるだろう。第2節で「深い学び」のデザインの出発点として，教師には教科内容の深い理解に基づく「何を教えるべきか」の設定と学習者の適切な実態把握に基づく「子ども達はどんな学び方，つまずき方をするのか」の想定が必要だと述べたが，学びの評価を観察事実の解釈だと考えると，これら2つの要素はデザインだけでなく，学びの評価（解釈）の基盤としても欠かせない。子ども達が主体的に知識構成をしていく過程を見とる際，見とりを行う教師自身が本時扱う内容について深い理解をもっていることが観察・解釈の助けになるからだ。

大島（2017）は，「子どもの姿」と「授業者の願い」の尊重を軸にした「当事者型」の授業研究に取り組んだある学校のエピソードとして，取組の2年目に子どもの学びに着目した授業研究と並行して算数を主題にした研究が取り入れられたことがターニングポイントになったと報告している。新たに赴任した校長が同校の授業研究における教科の視点の弱さを課題と考え，「ねらいの明確な算数」をテーマとし，教科についての外部指導者を招聘した。導入当初は教材研究の不十分さから事後の協議が算数の教材研究に関するものとなり，子どもの学びの事実に依拠した協議から離れてしまうという

葛藤が生じた。しかし，算数の研究と子どもの学びの事実に基づいた研究の両立のため，算数の教材研究を事前検討の段階で行いその内容を事前に参観者に共有，当日は子どもの学びの事実に着目した協議を行うという授業研究の流れを確立したことによって，教科の本質的理解に基づいて子どもの学習過程を学習内容に結びつけて丁寧に把握するような協議が可能になったという。

この事例では，算数の教材研究の視点が子どもの事実に着目した授業研究に統合され，参観する教師自身が事前に教科の研究を深めておくことで，子どもの学びの事実がよりよく見とれるようになったと言える。教科として期待する深まりを事前に明確に共有しておくことによって，子どもの認知過程に着目した授業研究が可能になったという好例だろう。

ルーブリックを活用した評価について西岡（2016）は，教師同士が協同でルーブリックを作成する過程自体の重要性に言及している。ルーブリックの作成を通じて，教師達は「何を教えるべきか」，「子ども達はどんな学び方，つまずき方をするのか」を具体的に想定することになり，その過程自体が「深い学び」の見とりの準備になっていると考えられる。逆に言えば，自分達で十分吟味していない定型的なルーブリックや内容面に立ち入らない抽象度の高いルーブリックを機械的に活用しても，適切に「深い学び」の観察・解釈を行うことは難しいとも考えられる。

5．「深い学び」のデザインと評価を支える授業研究システムの一例

「深い学び」の観察・解釈の質を高めるには，学びのデザインと評価を一体として考え，その出発点として教科内容の深い理解に基づく「何を教えるべきか」の設定と学習者の適切な実態把握に基づく「子ども達はどんな学び方，つまずき方をするのか」の想定が重要である。他方，すべての教師が自然とこうした視点でデザインと評価を行っているわけではないだろう。現実的には，多くの教師達にとって「深い学び」のデザインと評価は継続的に実践を繰り返しながら，その力量を高めていく必要のある課題ではないだろう

か。

　こうした実践と力量形成の支援にはどのような手段が考えられるか。大島の例にもあるように，授業研究が一つの大きな機会であるだろう。

　筆者らは，平成22年度より全国の自治体等と連携し，学習科学の視点に基づく授業づくりの実践研究プロジェクト（CoREFプロジェクト）を推進してきた（飯窪，2016）。

　このプロジェクトでは，「知識構成型ジグソー法」（三宅，2011）という授業手法を活用し，対話を通じて個々人が自分なりの理解を深める学び（＝協調学習）を実現する授業づくりを推進してきた。校種，教科，自治体の枠を超えて，教師と研究者がオンラインでやりとりを行いながら授業をつくっていくのがプロジェクトの中心的な活動である。

　長くプロジェクトを進める中で見えてきた大きな課題が学びの見とりの難しさである。最終的に子ども達が正解にたどり着けたかどうか，あるいはグループの活発さや人間関係などを見とることは容易であるが，グループでの学びの中で子ども達がどこでなぜつまずいているのか，目の前の子どもはどんな分かり方をしているのかを子ども達の小さなつぶやきを根拠に見とることができるかどうかには，教師によって力量の差が存在した。また，こうした見とりの難しさから，授業研究の場では協議の焦点が子どもではなく教師の方に移ってしまい，指導法の是非についての議論に流れてしまうこともあった。

　こうした課題に対して，子ども達の学びの過程を丁寧に見とり，それを根拠にして授業デザインや支援を見直し，次のデザインを考える授業研究を実現するための一方略として近年プロジェクトで取り組んでいるのが「仮説検証型授業研究」（飯窪・白水・齊藤，2021）と呼ぶ授業研究の進め方である。

　学校現場で「仮説検証」と言うと，例えば「『知識構成型ジグソー法』を使えば，算数で『深い学び』を引き起こすことができる」といった仮説を少数の事例で検証するような授業研究がイメージされやすい。こうした授業研究では，当初仮説に沿うような事実だけが取り入れられ子どもの実態が看過されたり，検証が自己目的化してその成果や課題が次に活用されなかったり

といった課題がある（渡辺，2021）。私達が目指していることはそれとはまったく異なる。一つ一つの授業を作る際に，本時の学習を通じて身につけさせたい「見方・考え方」を身につけていく過程で子ども達はどのように思考するかを具体的に想定し，その姿を仮説として授業をデザインすること，実際の子どもの姿を仮説的な想定と見比べながら丁寧に見とり，実際の姿を基に仮説を見直し（＝子どもの学び方，つまずき方について見直し），次のデザインに生かしていくことがこの授業研究のねらいである。

予測が認識を支えることは認知科学の基本テーゼである（Neisser, 1967）。「こんな風に学んでくれるはず」という具体的な想定，仮説をもって授業をデザインし，いざ実践してみると，子ども達の話したり考えたりする様子からは，私達の想定どおりの姿，想定を超えるような姿，あるいは想定外のつまずきなどの多様な姿が見えてくる。

実態に即した学びの仮説の見直しができれば，本時の授業のデザインをよりよく修正できるというだけでなく，子ども達の学び方，つまずき方の特性についてよりよく知り，それによって普段から子ども達の力をよりよく引き出すことができるはずである。

《授業の前に》
(1) 授業者が子ども達に期待する思考や対話のプロセスについての想定を共有する。
(2) 授業者の想定と比べてどんな学びが起こりそうかを予想する。

《授業中》
(3) 一つのグループを複数人で継続的に観察しながら，実際の子ども達の思考や対話を授業者の想定と比べながら観察する。

《授業の後に》
(4) 協議題①「授業者の事前の想定と比べて，子ども達の実際の学びについて気付いたこと」を同じグループの子どもを観察した参観者同士で協議し，全体で交流する。
(5) 協議題②「子どもの学びの姿を根拠にして，今日の授業デザインや支援がどのように機能していたか，よりねらいに向けて子どもの力を引き出すためにどんな工夫が考えられるか」を同じグループの子どもを観察した参観者同士で協議し，全体で交流する。
(6) 授業者が子どもの学習の様子，協議を踏まえて，次の授業デザインや支援に生かせそうな気づきを振り返る。
(7) 参観者が今日の授業研究から次の自身の授業デザインや支援に生かせそうな気づきを振り返る。

図1　「仮説検証型授業研究」の流れ

具体的な授業研究の進め方は，**図1**のとおりである。

　この授業研究では，授業者が事前に学習の具体的な想定を明確に持ち，その想定を授業観察の前に参観者と共有する事前協議の時間を設けている。事前協議があることで，授業観察時に事前の想定と子どもの姿を「比べてみる」ことによって気づきを得やすくすることをねらっている。また，授業者の意図やねらいを事前に伝えることで，（授業者が何をやりたいのかを考えながら，あるいは「もっとこうすればいいのに」と思いながら授業を見るのではなく）授業者の目線に即して子どもの学びを観察することを促している。

　授業中は，複数人の参観者が一つのグループを継続して観察することで，（断片的な場面場面の様子ではなく）学びの過程を一つのストーリーとして捉えること，またそのストーリーを複数の異なる目で吟味することを促し，見とりの質を高めることを意図している。

　事後の協議では，まず子どもの学びの事実に焦点化し（協議題①），それに即して授業デザインや支援の工夫を見直す（協議題②）。

　こうした授業研究の進め方によって，異なる校種，教科の教師でも事後の研究協議で授業者が想定していなかったつまずきの場面をつぶさに拾い上げたり，逆に子ども達が思わぬ深まりを見せた場面を具体的に挙げたりすることができるようになり，学びの過程に焦点をあてた授業研究が実現しやすくなった（飯窪・白水・齊藤，2021）。

6. 「仮説検証型授業研究」における「深い学び」の見とりとデザインの見直し

　「仮説検証型授業研究」の具体例として，中学校社会歴史的分野で，明治政府の富国強兵・殖産興業政策について学ぶ授業をめぐる授業研究のエピソードを紹介したい。授業は公立小規模校の2年生11名を対象に行われた。授業者は講師経験が長いものの採用2年目の教師である。

　授業は，「知識構成型ジグソー法」の手法を使ってデザインされた。この手法は，異なる考えを持つ者同士が考えを出し合いながら一つの課題を一緒に解決する活動を通じて，個々人が自身の考えを見直し深めるチャンスを多

く設けることを意図した授業手法である。この手法では，授業は一つの課題の解決を軸に，⑴個人思考，⑵課題解決のヒントとなる複数の視点のうち一つについて学ぶ（エキスパート活動），⑶異なる視点について学んできた者同士のグループで協調的に課題解決を行う（ジグソー活動），⑷グループ間で考えを交流（クロストーク），⑸個人思考という５つのステップによって構成される。

　授業者は当初この学習内容について「明治政府はどのような国をつくろうとしたのだろう」という課題を設定し，エキスパート活動として「学制」「殖産興業」「地租改正」についてそれぞれ学び，ジグソー活動ではそれらを持ち寄って課題に対する答えをグループで考えることを通じて，（それぞれの制度の共通点に着目して）富国強兵によって欧米諸国に負けない国をつくろうとしたというゴールにたどり着く授業をデザインしようとしていた。

　私達のプロジェクトでは，全国の教師や研究者が参加するメーリングリストを使って，授業についての検討を行っている。また，過去に実践された授業の授業案，教材，子どもの学習の様子を記録した「振り返りシート」の蓄積共有を行っている。

　授業者がこの授業デザインをメーリングリストに投稿すると，過去に複数例ある小学校６年生の同内容の学習と比べて何が深まりのポイントになりうるのかという議論が起こった。明治政府の諸改革について学び，それらの共通点として「欧米に負けない」「近代的な国づくり」「富国強兵」というキーワードに気づいていく授業は６年生でも多く実施されており，それらとは違う中学生に期待する深まりはどういうものかという議論である。知識理解としての重要なポイントは６年生の学習内容と重なっているため，それらをさらに深めるような思考とはどんなものか，そのイメージを授業者自身が持てるかどうかが事前検討のポイントであった。

　事前検討を通じて授業者が最終的に採用した授業のデザインは，「明治政府はどのような国をつくろうとしたのだろう」を⑴と⑸の個人思考で考えさせるメインの課題としながら，⑵エキスパート活動として「学制」「殖産興業と徴兵令」「地租改正」についてそれぞれ学び，⑶ジグソー活動ではそれ

らを持ち寄って，**図2**のようなホワイトボードを使い「4つの制度にはそれぞれどのような関係性があるだろうか」という課題に対する答えをグループで考えることを通じて制度同士の因果関係に着目し，明治政府が目指した富国強兵政策の全体像をつかむゴールにたどり着くというものである。

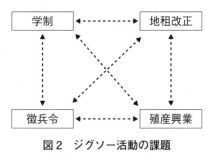

図2　ジグソー活動の課題

当日，授業の前に参観者に対して授業者は「子どもはどう学びそうか，つまずきそうか」という点についての自身の仮説について次のように説明した。まずステップ⑴個人思考で「明治政府はどんな国をつくろうとしたのだろう」と考えさせた際には，前時の学習（四民平等，五か条のご誓文，廃藩置県）を踏まえて「天皇中心」「中央集権国家」に類する答えが出てくるのではないか，ステップ⑵のエキスパート活動では資料のポイントが太字になっているのでポイントをつかむことはさほど難しくないだろう，ステップ⑶のジグソー活動では4つの関連性や相互の影響（例：殖産興業で手に入れた外貨で兵器を購入する）を考えてほしいが，これは難しいかもしれないので1つでも2つでも関係に気づいてくれればよい，最終的には欧米に負けない国づくり，富国強兵という点について自分なりに説明できてくれればよいという想定である。

　参観者はこうした授業者の想定・仮説を共有したうえで1つのグループに張り付く形で授業を参観し，同じグループを参観した者同士で小グループ協議を行った後，全体での協議を行った。18名の参観者は近隣の中学校社会の教師が約半数に加え，CoREFプロジェクトに参加する他県からの小学校や高校，他教科の教師も参加していた。

　授業の中にはいくつか授業者の想定外の学びの様子が見られ，参観者は協議題①（**図1**）でそれらを具体的に取り上げた。例えば，ステップ⑴の個人思考段階で「差別のない国」「平等な国」という意見が圧倒的だったこと，そのイメージに引きずられたのか，ステップ⑵エキスパート活動での資料の

読解も「平等」をポイントだと考えて授業者が読み取ってほしいポイントとは食い違ったこと（例：地租改正を税収の安定のためではなく，平等で手間がかからない方式にしたと考えた），他方，授業者が難しいと考えていたステップ(3)ジグソー活動で制度間の関係性を考える活動では想定を超えていろんな関係性に気づくことができたこと，むしろこの関係性を考える活動の中でもう一度資料に戻ることを通じてステップ(2)で見落としていた税収の安定等のポイントに気づくことができたこと等である。また，グループ活動中ほとんど発言がなかった生徒から最後に「全部がつながっている…」という発言があったことも挙げられた。その一方で，ベテランの社会科の教師からは「明治政府はどんな国をつくろうとしたのだろう」という課題について最終的に生徒が抽象化して理解できていたかが見えにくかったという指摘もあった。それぞれの制度間の関係について厚く記述できた一方で，これが全体としてどういう国づくりにつながっているかを端的に整理したのは，３グループ中１グループが最後の最後に「日本発展」とボードの枠外に記しただけだった。

　子ども達の学びの過程について具体的に想定し，参観者にも想定を共有しておくことによって，だからこそ事前の想定・仮説とは少し違う実際の子ども達の学び方やつまずき方の具体が浮かび上がってきた。

　こうした姿を受けて授業デザインや支援の工夫について話した協議題②（**図１**）では，関係図で４つの制度が関連していることを視覚的に見せたことによって最初は「何がつながってるん？」とつぶやいていた子ども達が「でもつながっているはずだから」と粘り強く考え続けることができたといった課題のよさが挙げられた。同時に，今日の子ども達の姿からすると，全体としてどういう国づくりにつながっているかについて抽象化して考えさせるように水を向けてあげればその目標も達成できたのではないか，例えば関係図の真ん中に「こういう国づくりを目指した」というのを書く欄をつくってあげるだけでも起こる思考や対話が違ったのではないかという意見もあった。

　授業者自身も「正直，こんな（レベルの高い）相関図に意見を出せるかな

とは思っていたが，想定以上に子ども達が話し合えたのはよかった」と予想以上に「深い学び」に向かう子ども達のポテンシャルを実感しつつ，だからこそエキスパート活動の資料の文字が多かったせいで，個人で読む時間，書く時間が長くなり対話の時間が削られてしまったのがもったいなかったと，次のデザインにつながる気づきを見出していた。

7．「深い学び」の見とりの力量形成を支える

　「仮説検証型授業研究」における「深い学び」の見とりとデザインの見直しの事例を紹介した。私達はこうした授業研究を小中高等学校の現場で行うだけでなく，授業の映像記録を用いて，半日ほどのプログラムで「仮説検証型授業研究」を体験してもらう研修としても実施している。参加する教師が実際に授業を体験し，授業者のねらいや想定についての説明を聞き，どんな学びが起こりそうか予想を立てたうえで1グループに焦点化した授業の映像記録を視聴し，事後の研究協議を行うプログラムである。様々な校種・教科・経験年数の教師を対象にした研修でも活用しており，「仮説検証型授業研究」のプロセスを踏むことで経験年数の浅い教師や他校種，他教科の教師でも，授業者の想定外の学びが起こっていることを見とり，その原因について授業デザインや支援と結び付けて考察することができている。

　「深い学び」の見とりの力量形成は，教員人生を通じて続く継続的な過程であると同時に，今回紹介したように授業研究の進め方を少し変えてみるだけでも，学習過程の観察・解釈の仕方は大きく変わりうる。見とりの力を支え，引き出すような授業研究の在り方についてより多くの実践者，研究者の関心が高まることが期待される。

　最後に，「深い学び」のデザインと評価の力量形成を考えるうえで，本稿で示した手法や事例を補うポイントを2点述べる。

　1点目は，子ども達が「見方・考え方」を働かせながら伸ばしていく姿がどうあるかについて，まだ私達は（研究者を含めて）十分には知らないという前提に立つことの重要性である。子ども達が深く学んでいく過程について十分に知らないからこそ，「こんな姿なのではないか」という都度の暫定的

な仮説を明確にしながら，実際の姿に即して最初の仮説を見直していく（より実際の子どもの学び方についてよく知っていく）ことを通じて，子どもの学びをとらえる視点やより深い学びを引き出すためのデザインや支援を改善し続けていくことが重要になる。逆に言えば，紹介した「仮説検証型授業研究」の進め方が授業者の仮説が正しかったことを証明することを目的に行われるのであれば，（例えば，都合の良い発言や記述だけを取り上げることで）かえって見とりの目を曇らせ，授業デザインを硬直化させることにつながってしまうだろう。

　２点目に，教師同士がコミュニティで支え合い，腰を落ち着けて授業研究に取り組める体制づくりの重要性である。例えば，授業デザイン段階でねらいや具体的に期待する深い学びの姿を明確にすることは現状，採用試験に合格して教壇に立つすべての教師がすぐに当たり前にできることではないだろう。事例の授業者にとっても，事前，事後に多くの仲間と一緒に実現したい「深い学び」について考える場があったからこそ，ここに示したようなデザインと評価が可能になった側面は大きい。「深い学び」のデザインと評価を絵に描いた餅にしないためには，教壇に立ってからも一人一人の教師が，「何を教えるべきか」，「子ども達はどんな学び方，つまずき方をするのか」について学び続けられる場と仲間を持ち続けられる支援が不可欠である。

付記：本研究は学術研究助成基金助成金（課題番号：19K21748）の助成を受けたものである。

[キーワード]

深い学び（Deep Learning），評価（Assessment），学習科学（Learning Sciences），授業研究（Lesson Study），知識構成型ジグソー法（Knowledge Constructive Jigsaw）

〈引用文献〉

(1)　文部科学省（2017a）小学校学習指導要領（平成29年告示）解説　総則編

⑵　文部科学省（2017b）小学校学習指導要領（平成29年告示）

⑶　石井英真（2015）『今求められる学力と学びとは』日本標準

⑷　Brown, A. L. (1992). "Design experiments: Theoretical and methodological challenges in creating complex interventions in classroom settings." The Journal of the Learning Sciences, 2(2), 141-178.

⑸　Shulman, L. S. (1986). Those who understand: Knowledge growth in teaching. Educational Researcher, No.15(2), pp.4–14.

⑹　Pellegrino, J. W., Chudowsky, N., & Glaser. R. (2001). Knowing what students Know: the science and design of educational assessment. National Academies Press.

⑺　大島崇（2017）「教師は授業研究をどう経験するのか」鹿毛雅治・藤本和久（編著）『「授業研究」を創る―教師が学びあう学校を実現するために―』教育出版，pp.46-69.

⑻　西岡加名恵（2016）『『資質・能力』を育てるパフォーマンス評価―アクティブ・ラーニングをどう充実させるか―」明治図書出版

⑼　飯窪真也（2016）「教師の前向きな学びを支えるデザイン研究―『知識構成型ジグソー法』を媒介にした東京大学CoREFの研究連携―」認知科学, No.23(3), pp.270-284.

⑽　三宅なほみ（2011）「概念変化のための協調過程―教室で学習者同士が話し合うことの意味―」心理学評論，No.54(3), pp.328-341.

⑾　飯窪真也・白水始・齊藤萌木（2021）「『理論模型』としての学習科学実践研究コミュニティ：部品的理論群の生成とネットワーキングを支えるデザイン社会実装研究」認知科学，No.28(3), pp.458–481.

⑿　渡辺貴裕（2021）「教師による『研究』―『仮説‐検証』という呪縛」石井英真（編著）『流行に踊る日本の教育』東洋館出版社，pp.147-171.

⒀　Neisser, U. (1967). Cognitive psychology. Appleton-Century-Crofts.

教科横断的な指導による
中学校における深い学びの実現

信州大学 三崎 隆

1. 問題の所在

　日本の学校教育においては，各教科等における学術的な背景に裏付けられた内容に基づく指導が一般的である（文部科学省2008）。たとえば，サケについての内容を国語で取り扱う場合は，国語の目標の達成を目指して授業が展開され，同教材を理科で扱う場合には理科の目標達成を目指して授業展開が図られる。サケを扱った国語の授業の最中に，理科の内容を重点的に扱うことはない。逆もまた，同様である。

　そのような中，理科は物理的領域，化学的領域，生物的領域，地学的領域が一つの教科を成しており，それぞれ物理学，化学，生物学，地学という学問分野から教材を得ているクロス・カリキュラムとして構成されている点が教科の特徴となっている（西川2005）。それだけに，同じ教材を活用することによって，同じ教科ではあるが異なる領域にまたがって授業構想，展開を図ることが可能となる。たとえば，高分子化合物を教材にして，化学としての燃焼の授業を展開して高分子化合物の燃焼による変化を学び，その1年半後にその燃焼後の高分子化合物を教材として，給食の一部とともに土中に埋めて微生物のはたらきを調べる生物の授業を展開することができる（三崎1997）。これら一連の学びを通して，彼らは高分子化合物を加熱しても多くのエネルギーが必要で最終的に残ってしまうし，埋めて1年半経っても分解されずに残ってしまうので，ゴミを出さない＝リサイクルを進めるのが有効であることを実感として理解する。これは言わば，教科内横断の指導による

深い学びが生起できる授業実践と言える。また，一つの教材で複数の教科に関連させながら授業展開を図ることも行われている。スターリング・エンジンを作ってエネルギー変換に関する理科と技術の双方からの深い学びを生起させようとする試みである（三崎・青木2005）。ただ，やはり複数の教科を横断する内容や教科内での複数の領域を横断する内容を構想し，実践する授業展開を実現するためには，学術的に確立されている学問領域を相互によく理解した上で，それぞれの学問領域の達成すべき目標を損なわないようにしながらアプローチをしなければならない点から鑑みて，現実的になかなか難しいと言わざるを得ないのが実情である。

　ところで，IEA（国際教育到達度評価学会）が行っている国際数学・理科教育動向調査（TIMSS）に我が国も参加しており，興味深い結果を提供している。

　2015年に行われたTIMSSは，前回の調査に引き続いて日本の結果が国際的に上位に位置していることに加えて，前回に実施したときの結果と比較してポイントが有意に上昇していることが分析結果として示されている（文部科学省2016）。2003年以降の経年変化を追っても，550点未満の生徒の割合が減少し，550点以上の生徒の割合が増加していること（文部科学省2016）が注目に値する点である。また，理科に対する意識について「日常生活に役立つ」，「将来，自分が望む仕事につくために良い成績をとる必要がある」という生徒の割合が増加しており，国際平均との差が縮まっている傾向が見られる（文部科学省2016）ことも評価されるべきことである。併せて，科学的リテラシーが調査された2015年に実施されたPISA（生徒の学習到達度調査；経済協力開発機構（OECD））の結果においても，我が国の平均得点が国際的に有意に上にある（国立教育政策研究所2016）。さらに，「現象を科学的に説明する」能力，「科学的探究を評価して計画する」能力，「データと証拠を科学的に解釈する」能力の３つの科学的能力が，いずれも，我が国は国際的に上位に位置している（国立教育政策研究所2016）点が注目に値する。これらのことは，我が国の学校教育において理科が担ってきた問題解決の能力や科学的能力の育成に基づき授業実践が行われてきた成果が着実に表れて

いると判断できる結果である。過去と比較してみても全体に良好な結果を示し，国際的に見ても引き続き上位に位置する望ましい傾向と言える。

しかしその一方で，TIMSSの質問紙調査の結果から，理科が得意だとする生徒の割合が国際平均を下回っている（文部科学省2016）。特に，停滞している状況にあることが顕著になっていて，他の項目と比較すると上昇している傾向が認められないのである。また，理科が楽しい，理科を勉強すると日常生活に役立つ，他教科のために理科が必要だ，の各項目も上昇してはいるが国際的には十分とは言えない。同様にPISAの調査における科学に対する態度の結果からも，我が国は肯定的な回答をした生徒の割合が国際的に少なく，科学の楽しさについて有意に減少している（国立教育政策研究所2016）点が懸念される。

これらの点は，理科で修得すべき資質・能力は国際的に見ても修得できている証拠が示されているにもかかわらず，それが修得できている彼らにとって日常生活に役立つと認識されていないことを意味するものであると考えられる。同様の認識は，理科以外の教員や保護者にも当てはまることが示されている（西川1999）。

単に学問的領域を中心とした学びだけではなく，日常生活と結びつくような深い学びの生起する授業実践が求められていると解釈することができ，今後の授業改善の必要性が示唆されている。このことは，実生活や実社会に介在する諸問題と直接結びつくような内容を取り扱うことによって，実生活や実社会で役に立つと認識することのできる深い学びの醸成が必要であり，そのために教科内での領域を横断して学ぶことのできる学習や特定の教科に限らず複数の教科を横断的に学ぶことのできる学習が求められる背景となっている。

これまでも，我が国の理科教育においては，科学・技術に関連する実生活や実社会の諸課題の解決の必要性が何度も主張されてきている（今村2006，福井2010）。また，TIMSSの結果を生かした理科教育の今後の取組への課題として，実生活や実社会との関連を重視した授業を充実させていくことが必要であることが指摘されてきている（猿田2012）。

　近年，理科教育を中心にして，STEM教育に関する研究が国内外で注目されるようになっている（Katz2010，熊野2016，熊野2017）とともに，STEAM教育の推進が求められてきている（中央教育審議会2019，教育再生実行会議2019，文部科学省2019）。理科，技術，芸術及び数学の各教科等での学習を実生活や実社会での課題解決に生かしていくための教科横断的な学習として，STEAM教育が位置づけられている（文部科学省2019）。現代社会における理科，技術，芸術及び数学の分野が複雑に関係し合う問題について，各教科等の知識や考え方を統合的に働かせて解決する学習としての共通性を有していることに依る（文部科学省2019）。

　そこでは，実社会での問題発見・解決に生かしていくための教科横断的な教育として位置づけられ，STEAMに関連する分野が複雑に関係する現代社会に生きる市民の育成が目指されている（文部科学省2019）。これらは，前述の実生活や実社会に存在する諸問題の解決に寄与するものとして位置づけることができると考えられる。

　ここ数年，日本型のSTEM教育構築のための理論的，実践的な教育研究が進み（熊野2017），我が国の学校教育においてもより良い方途を模索しながら教育実践が行われつつある（熊野2020，丸山・森田2020，森重ら2020）。我が国の学会においても，STEM／STEAM教育に関するシンポジウム，理論的・実証的研究の特集が組まれるに至っている（大谷2020，日本科学教育学会2021）ことも，それを後押ししている。

　STEAM教育を志向した実生活や実社会の諸課題に対する問題解決を図った教育実践としては，初等教育において，湯本ら（2018），田代ら（2019a），田代ら（2019b）が教科横断的な実践を通して，実生活と直結する課題の解決を図ろうとする取組を行っている。一方，中等教育においては，木舩ら（2017），笠原ら（2018），西村ら（2020）による中学校における教科横断的な探究を促す実践の試みが報告され，STEM教育を志向する現実的な実社会の課題に正対する教育実践として位置付いている。中等教育における教育研究は，日本の学校教育が教科担任制を採用していることもあって各教科間の連携協力が相互に調整する上で難しい状況にあると言える（西川2005）。

そのため，理科における学問的領域にとどまっている側面があり，実生活や実社会の諸問題との関連を積極的に扱ってはいるが，教科を横断的に学習し，生徒に対してより深い学びを生起させ得るような実践としては物足りなさが残る。

　今後，実生活や実社会の諸課題に対して資質・能力を発揮することのできるような教科横断的な探究に関するSTEAM教育の重要性がより一層高まってきていると言える。しかしながら，現時点では，理科，技術，芸術及び数学の各教科等での学習を実生活や実社会での課題解決に生かしていくための教科横断的な学習としてのSTEAM教育の教育研究は，まだ緒に付いたばかりである。

　そこで，本稿では，中学校におけるSTEAM教育の実践事例を基にしながら，教科横断的な指導における深い学びの実現に向けた試みについて報告することとする。

2．教育実践の方法

2.1　調査対象：中学校第2学年1クラス37名を対象としている。

2.2　調査期間：平成28年9月。

2.3　調査単元

　対象となる単元は，第2学年「COOL LIFE ～冷蔵庫のしくみからエネルギーを考える～」（9単位時間）であり，中田ら（2017）の一人が授業実践した。

　本単元では，暮らしの中の電化製品で，ないと困るものにクーラーや冷蔵庫などがあり，冷やす装置に興味をもち，どうして冷たくできるのかと問い，冷やしている原因を確かめてみようと促すことで，自分たちで冷蔵庫づくりに挑戦しながら仕組みや働きを探究できるようにしている（中田2016）。また，冷蔵庫を分解して見つけたペルチェ素子に注目させ，その仕組みが小型化を可能にしていることや環境に優しい装置であること，熱の伝わり方（熱伝導率）や冷たい空気作成維持の困難さを確認することで，協働的に改善を相談し，解決に向けてグラフ化し，探究できるように工夫している（中田

2016）。

　本単元を通して，電化製品が非常によく考えられた製品であり，暮らしとの強いつながりを感じる姿であったり，他教科の学習はさまざまな日常の経験がつながっており，その1つ1つが事象を様々な角度から見るために必要なのではないかと実感する姿であったり，あるいは学んだことを活用して今後どのようなことができそうかを考えることができる姿を期待している（中田2016）。

　単元の流れは以下の通りである（中田2016）。

1　暮らしで使っている電化製品は電気をどんなはたらきに利用しているか出し合う。学習問題「冷蔵庫はどうして冷たくし続けられるのだろうか。」
2　冷蔵庫を分解して，どこが冷える部分なのかを確認して，ペルチェ素子という部品を見つける。
3　ペルチェ素子の仕組みを確認して，冷蔵庫が冷え続けるための工夫を見いだす。
4　ペルチェ素子を冷えたままにするための工夫を班で確かめる。
5　放熱の工夫を組み合わせて，もっと温度が冷える装置をつくる。
6　作成した冷却装置をつけて，冷蔵庫をつくる。
7　改良版冷蔵庫をつくる。
8　完成した自作冷蔵庫で飲み物を冷やし，家電製品の素晴らしさを感じる。
9　冷蔵庫作成の過程をレポートにまとめ，これまでの学習を振り返る。

2.4　育てたい資質・能力

　表1は調査対象校において共通して育てたい資質・能力を示している。表2は調査対象校の調査単元においてSTEAMの観点から育てたい資質・能力を示している。

表1　共通して育てたい資質・能力[1]

自己表現力	課題探究力	社会参画力
私の想いや意志を思考の過程や事実に基づいて論理的に説明したり，相手の想いや意図を推し量ったりする力	日常生活や実社会から自らものやことを持ち込み，問題や課題を設定し，構想に基づいて実践し，評価・改善する力	ものやことを多面的にとらえ，論理的な意志決定や意見表明をし，思慮深い地球市民として新たな価値を想像する力

表2　調査単元において STEAM の観点から育てたい資質・能力[2]

	自己表現力	課題探究力	社会参画力
理科 (S)	冷蔵庫のしくみと働きについて科学的根拠に基づき，客観的にとらえ，論理的かつ合理的に説明することができる。	身近な日常生活の中から自らのものやことを持ち込み，より良い冷蔵庫づくりに向けて課題や仮説を設定し，計画に基づいて観察・実験し，分析・考察することができる。	実生活や今後の学習において，環境保全や科学技術の利用を踏まえて，科学的根拠に基づいて賢明な意志決定をすることができる。
技術 (TE)	自ら意図をもって冷蔵庫づくりに表現し，製作の過程や結果を論理的に説明することができる。	身近な日常生活の中からものやことを持ち込み，より良い冷蔵庫づくりに向けて課題を設定し，設計に基づいて製作・制御し，分析・改善することができる。	今後のよりよい生活に向けて，他者と協働して新たな技術的な価値を創造し続けようとすることができる。
Arts (A)	冷蔵庫づくりの過程で，表現方法を工夫し，創造的に表すことができる。	表現の意図と工夫について考え，豊かに発想し構想を練ったり，デザイン性に対する見方や考え方を深めたりすることができる。	創造活動の良さを味わい，実生活や今後の学習にデザイン性を活用しようとすることができる。
数学 (M)	冷蔵庫づくりの過程で現れる事象を数理的にとらえ，数学的な根拠に基づいて，簡潔・明瞭・的確に説明したり，自分や他者の考えを批判的に見つめ，よりよいものに改善したりすることができる。	身近な日常生活の中からものやことを持ち込み，より良い冷蔵庫づくりに向けて課題を設定し，構想に基づいて，数学的に推論し，評価・改善・発展することができる。	冷蔵庫づくりを通して，数学の有用性を理解し，実生活や今後の学習で，根拠を明確にしながら建設的に合意形成を図り，公平な判断と意思決定をすることができる。

3．具体的な教育実践の実際

3.1　生徒の学びの様態

　本研究では，調査単元においてペルチェ素子を用いた冷蔵庫の仕組みと働きを探究するとともに，生徒が自分たちの目的に応じたマイ冷蔵庫づくりに取り組みながら，教科横断的な探究を進めてきた。本研究では，調査単元において自分たちのマイ学習課題の解決に向かうアプローチの過程で表出する生徒の多様な学びの様態について，**表2**に基づいて，生徒の自己表現力，課題探究力，社会参画力の表出の実態を STEAM の観点から評価する。また，最終的に提出された生徒のレポートに自由に記述された内容から，同様に評

価する。

図1　第7時の授業の様子

図1は第7時の授業の際の板書の様子を示している。単元を通した学習問題，それを基に各班が自分たちで設定したマイ学習課題を踏まえた上で，各班が自分たちのマイ学習課題の解決に向けて取り組んでいる様子が認められる。全班の取組状況が小さなホワイト・ボードに書かれて黒板に掲示されていることによって，授業中に常時誰でも確認することができるように可視化されている点が注目される。これは，他の班の進捗状況が常に可視化されることによって，自分たちのマイ課題解決の方向性の修正を図ることができる上に，自分たちの探究結果を他の班に対してリアルタイムで発信することができ，理科，技術，数学の視点からの社会参画力が育つ礎となっていた。また，当該ホワイト・ボードは毎単位時間更新されて可視化されているが，そのことによって単元全体の見通しを持った探究に直結するだけでなく，前時と本時そして次時をつないでおり，理科，技術，Arts及び数学の課題探究力が育っていることが確認できた。さらに，当該ホワイト・ボードによる情報発信を通して理科，技術，Arts及び数学の自己表現力も育っていることが認められた。

図2　マイ冷蔵庫

図2は，自分たちのデザイン性にこだわりをもって製作に取り組んでいる班の製作途中のマイ冷蔵庫を示している。自分たちでこだわりをもったマイ飲み物を入れて持ち歩くことのできるマイ冷蔵庫である点に鑑み，携帯時のデザイン性を生かす冷蔵庫づくりを進めている証拠となっている様子である。この班の冷蔵庫づくりの過程においては，Artsの自己表現力及び課題探究力の資質・能力が育っていると評価することができる。

図3は，ある班の書いたマイ冷蔵庫の2回目の設計図を示している。

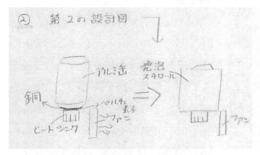

図3　ある班の改善された設計図

最初に書いた設計図に基づいて観察，実験を行って得た事実を基に，改善を図ったものとして位置づけられている。冷却が仮説通りに進まない事実が得られたことにより，下部にあるアルミニウムの部分をくりぬいて，熱伝導率の良い銅に変えた工夫が施されている。当該班は，この設計図に基づいて行った観察，実験の結果を踏まえて，さらに第3の設計図を描くに至っている。理科，技術，数学の自己表現力と課題探究力，中でも技術の資質・能力が育っていることが認められた。

図4　PSの様子

図4は，すべての班が同時にポスター・セッション（PS）を行って，マイ冷蔵庫づくりを振り返っているときの様子を示している。マイ・ポスターづくりを通じて，理科，技術，Arts及び数学の自己表現力が育っていることを認めることができた。また，各班が独創的なアイディアにてマイ・ポスターづくりを行っている点は，Artsの自己表現力及び課題探究力の獲得を確認することができた。当該ポスター・セッションを通じて，より良いものへの意識を高めていることが認められ，理科，技術，Arts及び数学の社会参画力が修得されている一端を確認することができた。単元を通した自分たちの班の探究結果だけでなく，リアルタイムで他の班に情報発信するとともに他の班から情報収集を繰り返すアプローチを継続することによって，その場限りの探究にとどまらず，より広くより深い探究が行われた結果としての深い学びが表出していることが認められた。

　図5及び図6は，単元終了時に書いた生徒の振り返りの記述を示している。

今まで、冷蔵庫はどのような仕組みで動いているのかなど深く考えずに使用していたのですが、今回、自分達で冷蔵庫を組みたててみて、冷気が逃げないようガムテープを使ったりサイズダウンしたり、ファンのあて方を何種類か試してみたりと様々な工夫をしてもなかなか既成品のような性能をひき出すことは難しいのだと分かりました。
また、製作後の学習から、課題点としてあげられていた"温度を一定のまま長時間保つことができない"ことや"なかなか温度が下がりきらない"ことなどは、ペルチェ素子を使ったペルチェ式冷蔵庫ではなく「圧縮機」「凝縮器」「膨張弁」「蒸発器」を用いて冷気を作り出す圧縮式の冷蔵庫もしくは、アンモニアを冷媒、水を吸収液とし、5つの主要機器「吸収機」「再生器」「分離器」「凝縮器」「蒸発器」を用いた吸収式冷蔵庫によって解決することで知ることができました。
これからは、学校で学ぶこと以外に日常で使用しているような物にも目を向け追究していってみたいと思います。

図５　ある生徒の振り返り

・この授業を通して普段当たり前のように使っている電化製品はスイッチ一つで機能が働くが、その仕組みを考えることはとても難しく、改めて開発している人はすごいなと思った。

・班のみんなと協力してより優れた冷蔵庫を考えることが出きた。

・僕たちはファンで熱を逃がしたが、他の班では水を使って熱を逃がしていたりしたので新しい考え方を見つけることが出きた。

・内部の温度（空気の温度）を下げるのには多くの時間がかかることが分かった。また、冷蔵庫のドアをあけっ放しにすると冷気が逃げてしまうので長時間あけると電気もその分かかるのかなと思った。

図６　別の生徒の振り返り

いずれにおいても，社会参画力における資質・能力が育っていることを認めることができる。また，**図５**においては，協働性を発揮している点からも社会参画力が十分に育っている証であると言える。ここからは，学びに向かう力が育っていることも読み取ることができる。それは，単位時間に学ぶことに依るその場限りの理解にとどまることなく，その後のより良い深い学びを生み出す原動力にもなっている。

これらのことから，本研究で試みた育てたい自己表現力，課題探究力，社会参画力をSTEAMの観点から事前にルーブリック化しておき，生徒の問題解決へのアプローチの過程で現れる多様な学びの様態を，それに基づいて価値づけながら評価する試みは，生徒自身の単位時間限りの学びにとどまることなく新たな学びや継続的な学びあるいは汎用的な学びそして融合的・発展的な学びなど様々な学びを生起させるようなより深い学びの実現に対して有効に機能すると言える。

3.2 生徒の意識に関するアンケート調査

　本研究で試みた教育実践を終えた後，対象となった生徒全員に対して9項目からなる意識に関するアンケート調査を実施した。実施に当たっては，無記名で記載させ，全員の記載が終了することをもってアンケート終了とした。

　各項目に，「とてもそう思う」，「少しそう思う」，「どちらとも言えない」，「あまりそう思わない」，「全然そう思わない」の5つの選択肢を設け，5件法によって実施した。自分にとって最もよく当てはまる選択肢を1つだけ選択させて，該当の選択肢に○印を付けさせた。

　そして，生徒が選択した選択肢のうち，「とてもそう思う」，「少しそう思う」を積極的回答として，当該選択肢を選択した生徒を積極的回答をした生徒とした。また，「どちらとも言えない」，「あまりそう思わない」，「全然そう思わない」を非積極的回答とし，当該選択肢を選択した生徒を非積極的回答をした生徒とした。ある一つの質問項目について，積極的回答をした生徒の数を集計した。他の質問項目についても同様に処理した。非積極的回答をした生徒についても同様に処理した。本研究では，前者を積極的回答群，後者を非積極的回答群とする。

　本研究では，積極的回答をした生徒と非積極的回答をした生徒との間で違いが認められるか否かを検討するために，各項目について積極的回答群と非積極的回答群との間で1×2のクロス表を作成し，正確二項検定によって出現確率を求めた。

　表3は，各質問項目について積極的回答をした生徒と非積極的回答をした生徒の人数を表している。正確二項検定の結果，「理科は私の得意な教科である。」の質問項目において5％有意水準で統計的に有意差は認められなかった（両側検定）。それ以外の8つの質問項目においては，5％有意水準で統計的に有意差が認められた（いずれも両側検定）。

　表3の結果から，本研究において生徒にとって身近にある実生活や実社会の諸問題を取り上げて教科横断的な指導を試みたにもかかわらず，理科の勉強は楽しく好きだけれども，得意であるわけではない傾向が認められている。しかしながら，それ以外の8つのいずれの質問項目においても，積極的回答

表3　各質問項目について積極的回答をした生徒と非積極的回答をした生徒の人数
（人）[3]

項目	積極的回答群	非積極的回答群	出現確率（p）
理科の勉強は楽しい。	33	4	0.000
私は理科が好きだ。	30	7	0.000
理科は私の得意な教科である。	15	22	0.324
理科を勉強すると，日常生活に役立つ。	31	6	0.000
他教科を勉強するために理科が必要だ。	25	12	0.047
科学について学ぶことについて興味がある。	30	7	0.000
将来やりたいことに必要となるので，理科を勉強することは重要だ。	26	11	0.020
将来，自分の就きたい仕事で役に立つから，努力して理科の科目を勉強することは大切だ。	28	9	0.003
理科を勉強することは，将来の仕事の可能性を広げてくれるので，私にとってはやりがいがある。	30	7	0.000

をした生徒が有意に多い結果が得られている。本研究での試みが，生徒の意識を高め，理科での学びが日常生活に役立ち将来も役に立つのでやりがいを感じるものへと変容させたものと考えられる。

4．おわりに

　本研究では，実生活や実社会に存在する諸問題を教材として取り上げ，その解決に向かうためのアプローチの過程で現れる学修者自身の様々な様態を，理科，技術，Arts及び数学の観点から評価し，価値づける作業を重視しかつ大切にする教育研究を推し進めてきた。

　実生活や実社会に存在する諸問題には，理科，技術，芸術及び数学の観点から多様にアプローチできる要素が数多く内在している。単独の教科だけから問題解決を図ろうとしても，一部の問題は解決できても総体として問題解決に至らないことに依る。それだけに，教科横断的な指導を試みる上では有効的かつ有用的に機能するものである。

　一方，実生活や実社会に存在する諸問題に対して，学修者は自らのこだわ

りの視点から，つまり自ら有する文脈においてそれらの諸問題にアプローチを試みる。その過程においては，彼ら自身が意識しているいないに関わらず，多様な価値（理科的な価値，技術的な価値，芸術的な価値及び数学的な価値）が内包している。我々がそれらの視点からその学修者の学びに対する価値づけを行うことによって，問題解決に向かう上で従来と同じアプローチを辿ったとしても，授業者の中にそれを価値づける観点をルーブリック化させることで明確にし，彼ら自身の学びを多様に評価できる文脈が存在しているだけに，彼ら自身の学びを多様に評価することを可能にすることができる。自らの学びが価値づけられるサイクルが，彼ら自身に対して自らの学びをより一層多様にメタ認知していく新たな学びを生み出す道筋をつけることにつながる。それが彼ら自身のより一層深い学びへと導く結果を生み出すのである。

　この点が，教科横断的な指導における中学校の深い学びの実現に導く重要で大切な要素となり得ると考える。

[キーワード]

　STEM/STEAM（STEM/STEAM），教科横断（Cross-subject），深い学び（Deep learning），ものづくり〈冷蔵庫づくり〉（Manufacturing〈Making a refrigerator〉），中学校（Junior high school）

〈注〉

⑴　平成28〜29年度に調査対象校において筆者を含めた共同研究として作成したものである。

⑵　平成28〜29年度に調査対象校において筆者を含めた共同研究として作成したものに，筆者が新たな知見を加えて修正したものである。

⑶　一般社団法人日本科学教育学会著作権規程に基づき，中田・三崎・油井（2017）の p.422 の表１の数値を使用している。

〈文献〉

福井智紀（2010）：理科における実社会・実生活との関連付け，橋本健夫・鶴岡義

彦・川上昭吾編著『現代理科教育改革の特色とその具現化』所収，pp.106-113，東洋館出版社.

今村哲史（2006）：理科教育における意思決定とその指導，長洲南海男編著『新時代を拓く理科教育の展望』所収，pp.185-194，東洋館出版社.

笠原大弘・三崎隆・天谷健一・神原浩（2018）：実生活や実社会の諸課題と関連付けながら学びを深める理科学習に関する研究－身の回りの電気器具に着目した実践を事例に－，教育実践研究，17，pp.61-70.

Katz,Lilian G.（2010）：STEM in the Early Years,SEED Papers:Published Fall 2010, http://ecrp.illinois.edu/beyond/seed/katz.html.

木舩泰幸・三崎隆・伊藤冬樹（2017）：実生活や実社会の諸課題に対して知識・技能／思考力等を総合的に活用できる力を培う教科横断的な探究に関する研究(1)，日本理科教育学会第67回全国大会発表論文集16，209.

国立教育政策研究所（2016）：OECD生徒の学習到達度調査（PISA2015），http://www.nier.go.jp/kokusai/pisa/index.html#PISA2015，（20170201）.

熊野善介（2016）：日本におけるSTEM教育研究の在り方と展望，日本科学教育学会年会論文集40，11-14.

熊野善介（2017）：21世紀型スキル（資質・能力）とSTEM教育改革，日本科学教育学会年会論文集41，53-56.

熊野善介（2020）：テーマ，日本型STEM教育の実装に向けたSTEM人材コンピテンシーに関する研究(1)，日本科学教育学会年会論文集44，A067-A073.

教育再生実行会議（2019）：技術の進展に応じた教育の革新，新時代に対応した高等学校改革について（第十一次提言）（令和元年5月17日），https://www.mext.go.jp/component/b_menu/shingi/giji/__icsFiles/afieldfile/2019/08/30/1420732_009.pdf.

丸山雅貴・森田裕介（2020）：科学教育の研究におけるSTEM/STEAM教育を指向した取り組みの動向に関する整理，日本科学教育学会年会論文集44，G-014.

三崎隆（1997）：教育活動のネットワーク化を求めて－21世紀の教育課程の開発Ⅲ－，pp.108-113，上越教育大学附属中学校.

三崎隆・青木悟（2005）：スターリング・エンジンの教材化によるエネルギー変換の学習に関する事例研究，科学教育研究，Vol.29，No.4，pp.294-307，日本科学教育学会.

文部科学省（2008）：中学校学習指導要領平成20年3月告示，237p，東山書房.

文部科学省（2016）：「国際数学・理科教育動向調査（TIMSS）の調査結果」，http://www.mext.go.jp/a_menu/shotou/gakuryoku-chousa/sonota/detail/

1344312.htm，（20170201）．

文部科学省（2019）：新学習指導要領の趣旨の実現と STEAM 教育について－「総合的な探究の時間」と「理数探究」を中心に－（令和元年10月15日高校 WG 第4回資料），https://www.mext.go.jp/content/1421972_2.pdf.

森重比奈・加藤徹也・辻耕治・野村純（2020）：グローバル環境における STEM 教育の視点を取り入れた科学授業の開発と実践，日本科学教育学会年会論文集44，G-061.

中田雄大（2016）：平成28年度9月23日研究授業学習指導案，11p（MS）．

中田雄大・三崎隆・油井幸樹（2017）：実生活や実社会の諸課題に対して知識・技能／思考力等を総合的に活用できる力を培う教科横断的な探究に関する研究(2)，日本科学教育学会年会論文集41，421-422.

日本科学教育学会（2021）：特集　STEM/STEAM 教育に関する理論的・実証的研究，https://jsse.jp/15-2/32-2（2021.3.10）．

西川純（1999）：なぜ理科は難しいと言われるのか，pp.109-111，東洋館出版社.

西川純（2005）：忙しい！を誰も言わない学校，p.6，東洋館出版社.

西村良樹・笠原大弘・三崎隆・天谷健一（2020）：実生活や実社会の諸課題に対して知識・技能／思考力等を総合的に活用できる力を培う教科横断的な探究に関する研究(3)－中学校理科における実践を事例に－，日本科学教育学会年会論文集44，431-432.

大谷忠・新井健一・松原憲治・磯﨑哲夫（2020）：シンポジウム　STEM・STEAM 教育の国際的な動向と次世代教育，日本科学教育学会年会論文集44，5-16.

猿田祐嗣（2012）：国際数学・理科教育動向調査（TIMSS），日本理科教育学会編『今こそ理科の学力を問う新しい学力を育成する視点』所収，pp.6-11，東洋館出版社.

田代佑夏・井出幸輔・三崎隆・村松浩幸・茅野公穂・谷塚光典・市川公明（2019a）：実生活で有機的に活用できる資質・能力を育てる科学教育カリキュラムの開発(2)－小学校低学年かがくにおける実践を事例に－，日本理科教育学会第69回全国大会発表論文集18，p.248.

田代佑夏・井出幸輔・島田英一郎・田中俊太・湯浅健吾・三崎隆・村松浩幸・茅野公穂・谷塚光典・市川公明（2019b）：科学的資質・能力を育む小学校低学年のカリキュラム開発，日本科学教育学会年会論文集43，576-577.

中央教育審議会（2019）：新しい時代の初等中等教育の在り方について（諮問）（平成31年4月17日），https://www.mext.go.jp/b_menu/shingi/chukyo/chukyo0/

toushin/1415877.htm.

湯本哲・田代佑夏・高橋和幸・井出幸輔・水野真二郎・三崎隆・村松浩幸・天谷健一・茅野公穂・谷塚光典・神原浩・市川公明（2018）：「実生活で有機的に活用できる資質・能力を育てる科学教育カリキュラムの開発(1)－小学校低学年かがくにおける実践を事例に－」，日本理科教育学会第68回全国大会発表論文集17，p.307.

付記：本報告は，一般社団法人日本科学教育学会第41回年会（大分大学）における中田・三崎・油井（2017）の発表内容を再評価し，それらに新たな知見を加えて再構成してまとめたものである。

「個別最適な学び」の何が問題か

中京大学　**亘理　陽一**

1．「個別最適な学び」の現在地

　論文等における「個別最適な学び」という言葉の初出は，国立国会図書館サーチ（NDL Search）の検索結果[1]が示す限りでは，2020年である。経済産業省「『未来の教室』とEdTech研究会」による第2次提言の解説記事として，「探究型，個別最適な学習を」という言葉が2019年に『内外教育』に登場し，中央教育審議会初等中等教育分科会（以下，中教審）の「『令和の日本型学校教育』の構築を目指して〜全ての子供たちの可能性を引き出す，個別最適な学びと，協働的な学びの実現〜」（中間まとめ）が公開された2020年には6件に過ぎなかったものが，2021年には突如83件を数え，2022年は既に99件にのぼっている。少なくとも出自において「個別最適な学び」という言葉自体は，学校教育研究上の文脈を背負って以前から論じられてきたものでも，別の文脈で用いられていた既存の概念が援用されたものでもない。従って，「個別最適な学び」の源流を遡る際，現時点での出発点を2021年1月の中教審（2021）（以下，「審議のまとめ」）に求めることは妥当だと考えられる。

　審議のまとめにおいて「個別最適な学び」という概念は，1958年以降の個人差に対する配慮，特に1989年以降の学習指導要領で掲げられた「個に応じた指導」の「充実」と捉えられている。そこでは，「個に応じた指導」の充実が，「主体的・対話的で深い学び」を実現し，「個々の家庭の経済事情等に左右されることなく，子供たちに必要な力を育んでいく」ため，そして

社会の変化に対応して「生涯にわたって学び続けていく力を身に付ける」ために要請されている（p.3）。すなわち，少なくとも審議のまとめの整理において，「個別最適な学び」は「深い学び」の実現に深く関わるものと捉えられている。

　ここでは，「『個に応じた指導』の一層の充実」を求めた2003年の中教審答申「初等中等教育における当面の教育課程及び指導の充実・改善方策について」が求めていたのは，「児童生徒一人一人のよさや可能性を伸ばし，個性を生かす教育」であったことを指摘しておきたい。そこで提言されていたのは，「児童生徒の実態や指導のそれぞれの場面に応じて，少人数指導，個に応じた選択学習，個別指導やグループ別指導，学習内容の習熟の程度に応じた指導，繰り返し指導等，効果的な方法を柔軟かつ多様に導入すること」である。さらに，その経緯として挙げられた1996年の中教審答申では，小中学校と高等学校とを分けて改善の方向性が提起されていたことも指摘しておく。

　審議のまとめでは，「『個に応じた指導』の在り方」が，「指導の個別化」と「学習の個性化」に分けられている。前者は「教師が支援の必要な子供により重点的な指導を行うことなどで効果的な指導を実現することや，子供一人一人の特性や学習進度，学習到達度等に応じ，指導方法・教材や学習時間等の柔軟な提供・設定を行うことなど」であり，後者は「（中略）学習の基盤となる資質・能力等を土台として，（中略）子供の興味・関心・キャリア形成の方向性等に応じ，探究において課題の設定，情報の収集，整理・分析，まとめ・表現を行う等，教師が子供一人一人に応じた学習活動や学習課題に取り組む機会を提供することで，子供自身が学習が最適となるよう調整する」こととされている（p.3）。「以上の『指導の個別化』と『学習の個性化』を教師視点から整理した概念が『個に応じた指導』であり，この『個に応じた指導』を学習者視点から整理した概念が『個別最適な学び』」だと言う（p.3）。

　明らかなことは，審議のまとめは，(1)「個性を生かす」という（学校や教師の働きかけだけで左右できるものではない）目的として論じられてきたも

のを，制御可能な（ものという前提の）手段に置き換えており，(2)「個別最適な学び」を教師と学習者の関係を前提として，互いの視点を行き来するメタ的な概念として提示するものとなっているということである。なぜなら，審議のまとめの説明を順にそのまま受け取るなら，教師が，自らの判断において子供一人ひとりに合わせて教育活動を行うだけでなく，その過程において子供自身が学習を自らに合わせていく機会を設けること，あるいはその統一的把握が「個に応じた指導」とされているのであり，それを学習者側から捉え直した「個別最適な学び」を子供自身が推進していくために，教師が「専門職としての知見を活用し」てきめ細かく指導・支援することが「これからの学校」に求められているからである（pp. 3-4）。それは，教師が自分のために力を注いでくれていることの看取という水準ではなく，どの程度自分たち一人ひとりに合わせた教育活動を教師が施そうとしてくれているかの査定，あるいはその教師の判断の妥当性の吟味を子供に要求するものということになる。

　このような教授・学習観の原理的問題は後述するとして，結論を先取りして言えば，元々そこまでの意味を持っていなかった言葉を拡張し，上記の「個別最適な学び」という概念をアクロバティックに捻り出したことは，今後の学校教育実践の隘路となり，教授・学習にとっても桎梏となる可能性がある。

2．「個別最適化」がもたらされるまで

　2019年6月から2021年1月までに19回が開催された中教審・新しい時代の初等中等教育の在り方特別部会（以下，特別部会）では，90万字を越える（一回あたり平均47,000字以上の）議事録の内（「個別に最適で」といった言い方も含めつつ，予算に係る「コストの最適化」といった関係のない議論を除くと）「最適」という表現が231回（平均12.16）登場する。「個別最適な」という表現は，議事録によれば，第11回（2020年7月17日）の清原慶子委員の「インクルーシブ教育として一人ひとりの児童生徒を尊重した個別最適な教育を学びの連続性を持って進めていく上で，ICTは有力であると

認識しています」という発言が初出である。第10回までは，そして第11回においても他の発言では，「個別最適化（された学び）」という表現が用いられていた。翌第12回（2020年8月20日）における（上で検討した文書の元となる）中間まとめ（骨子案）検討の際に資料を含め「個別最適な学び」という表現に統一されているが，以降の部会では，各委員の発言には引き続き「個別最適化」という言い方が散見される。

　それ以前に用いられていた「個別最適化」は，医学や情報科学，経営学などの分野で以前から用いられてきた言葉で，本稿で検討している意味での初出としてはEdTechを特集した2017年の情報処理学会誌の一連の論考が確認できる。ただし，「オンライン学習」をEdTechの「典型的な例」とし，「個々の学習者の状況に適応して学習内容を適用する『適応学習（アダプティブ・ラーニング)』」のサービスの事例という位置づけである（渡辺，2017，p. 174）。また，同特集で編集主旨において「リクルート社が提供する個人向け学習アプリケーションであるスタディサプリ」に触れて言及されている前年の特集も，「学習プロセスを最適化するアダプティブ・ラーニング」とし，「個別最適化」という表現は用いていない。このことをわざわざ確認するのは，「個別最適な学び」という最終的な表現自体は「中教審と文部科学省が今回の答申に向けて新たに生み出し，独自に定義した行政用語」（奈須，2022，p. 3）だったとしても，その源流としての「個別最適」はEdTechの日本での担い手や紹介者からもたらされたものであり，（石井（2020）の言う「目標の個別化」という意味でも「教育の個性化」という意味でもなく）個別に方法・過程が調整された（アダプティブな）学習として捉えられていたに過ぎないということを示すためである。

　特別部会では，2019年6月27日の第1回において田中教育制度改革室長（当時）が諮問事項の説明において「公正に個別最適化された学び」および「学習の個別最適化」を最初に使用している。なぜならそれは，既に前年に「Society 5.0に向けた人材育成〜社会が変わる，学びが変わる〜」において「リーディング・プロジェクト」として掲げられており，2019年1月の第10期最後（第109回）の初等中等教育分科会・教育課程部会でもそれを踏まえ

た論点として，そして特別部会第1回直前に開催された第11期教育課程部会初回（第110回）の（教育再生実行会議第11次提言と併せた）諮問事項説明としても「スタディ・ログ等を活用した個別最適化された学び等の実現に向け実証研究」という形で言及されていたからである。

この源流はさらに，経済産業省が2018年6月に出した「『未来の教室』とEdTech研究会第1次提言」にまで遡る（そして同研究会のメンバーが複数，教育課程部会や特別部会の委員を務めている）。しかし興味深いのは，その3週間前の第4回で提出された第1次提言（案）までは同研究会でも「個別最適化」という言葉は使用されていなかったという点である。「個別最適化」が用いられて以降も，そこでのイメージは「教室でもEdTechを活用した個別学習」，「個別化された宿題」に留まっていた（第1次提言参考資料 p. 46）。

第1次提言参考資料には米国・中国・オランダ・イスラエル・シンガポールの教育事例が取り上げられており，「学習の個別化」，「PBL×STEAMs学習」，「EdTech活用」が「世界の教育トレンド」の3つのポイントとしてまとめられている。「学習の個別化」には，「関心・理解度に応じたアダプティブ学習」という説明が添えられ，「EdTech（AI）を活用した年齢や学年の概念がない個別化された学び」としてアメリカのAltSchool[2]と，「年齢・学年の概念なし」，「教科・時間割の柔軟性」，「自由な教材選択等」という特徴を持つ「イエナプランやオランダの教育制度に代表される自由なカリキュラム」が例示されている。

一方，「最適」の使用が確認できるのは，第3回で「EdTech関連企業等からの御提案」としてスタディサプリに言及した山口文洋氏の「ICTを使うことにより，個別化された最適な学習環境が提供できる」という発言だけである（p. 3）。同氏が提出した資料に「最適」という言葉が見られるのは，「『基礎学力・スキル』の向上」と題した高校講座の紹介頁と，先生向けの学習データの一元管理の「学習情報」としての「個別最適化された宿題取組」である。

要するに，源流としての「個別最適」は，教育産業のサービスを利用した，

（少なくとも現状においては）オルタナティブな形態として展開される，一人ひとりが異なる内容やペースで学習することとして（それが「最適」だと言える根拠は示さないままに）捉えられていたに過ぎない。そのことは第1次提言の「短時間で効率化された学び方」，あるいは第2回（2018年3月）議事要旨の「一斉講義が中心ではなく EdTech による個別学習が中心になると，教科学習に費やす労力・時間をどれほど削減していけるか」という言い方に端的に表現されているが，2019年6月の第2次提言では，「学びの自立化・個別最適化」が「子ども達一人ひとりの個性や特徴，そして興味関心や学習の到達度も異なることを前提にして，各自にとって最適で自立的な学習機会を提供していくこと」と説明され，「学びの STEAM 化」，「新しい学習基盤づくり」と並ぶ3つの柱の一つに位置づけられている。

議事の過程を辿ると，第7回の個別最適化学習の実証報告に対する意見交換において，「ドリルの有効性やその人に合った時間の最適化」の実証にとどまらず，「自分が学んだログを学習者自身にフィードバック」すれば「俯瞰的に見ることによって，リフレクションが深まる」ことが提起されている（p. 33）。第8回（2019年4月）には第2次提言の論点として「学びの個別最適化」の見出しの下に拡大された解釈が示され，より直接的には，「『到達度主義』に基づく学び方」の検討や「ギフテッドや2E（twice-exceptional）の児童・生徒への支援」の検討から，第10回（2019年6月）の第2次提言素案において，「認知特性やワクワクや到達度をもとに組み立てる学び」が提案される。意見交換における赤堀侃司委員の「いわゆる個別最適化に，もっと個性を大事にしたのだという説明」を書き加え，「最終的にはやはり教師の主観的な判断というものを付加していく。そういうニュアンスが出るとよいのではないか」という発言に，「最適」の模索・判断主体に教師を混ぜ込んだ解釈の拡大を見てとることができる（p. 18）。

3．審議における「個別最適」概念の受容と変容

中教審・教育課程部会では，2020年7月の第118回に「個別最適化された学び」が，そして中間まとめ公表後の第121回（2020年10月）に「個別

最適な学びと協働的な学び」が集中的に議論されている。特別部会との対応で言えば，第118回の議事録（42,126字）では「最適」が75回用いられ，第121回（42,682字）では74回用いられている。

　第118回の前に，「先端技術の活用等を踏まえた標準授業時数の在り方や補充的な学習・発展的な学習の在り方について」を議題とする2020年4月の書面審議を通じて，教育学の諸論をもとに「指導の個別化」と「学習の個性化」の区別を提示したのは石井英真氏である（後に石井，2020）。ただし，石井氏が直接に論じていたのは「個別化・個性化（をめぐる論点と学級制を考える上での視点）」であって，「『個別最適化』への矮小化に陥らないために」とむしろ警鐘を鳴らすための論点整理であった（80年代の「教育の個別化・個性化」論については黒上（1987）などを参照）。第117回（2020年6月）において「個別最適化」の明確な概念規定を要請し，個別化と個性化の「どちらも広い意味での個別最適化なんだと言えなくもない」と発言したのは市川伸一委員であり，石井氏の両概念の把握や歴史的整理に対し（委員の中で唯一）詳しい反論を記し，第118回において，加藤（1982）の議論を引いて両概念を「個別最適化」に対応させたのは奈須正裕委員である。

　しかし，加藤（1982）は「個別化・個性化」を論じはしても，「（個別）最適（化）」という視点を持っていたわけではないことに留意すべきである。ここでの「個別化・個性化」の理解は，「一斉画一授業から離脱して，個別指導システムによる指導に組みする」際に，「『統一性・均一化』という伝統的な教育観の延長線上にあり，指導の効率化をめざす方向」と，「『多様化・個性化』という新しい教育観をもち込んで，伝統的な学校教育に挑戦していく方向」とがあるというものである（p. 18）。加藤（1982）は，「教育の内容と方法がだれににぎられているか，という視点」に基づいて，(A)どちらも教師，(B)内容は教師，方法は生徒，(C)内容は生徒，方法は教師，(D)どちらも生徒という類型と対応させた上で，有園（1984）の整理に従えば，指導形態の「画一化」に対する個別化と，教育目標の「規格化」に対する個性化とに向かう7つの単元レベルの授業モデルを提案していたのであって，何が「（個別）最適（化）」かという判断に踏み込むものではないし，「指導の個別化」

と，それと「学習の個性化」との関係を審議のまとめのように捉えていたわけではない（pp. 20, 93）。

40年を経て加藤（2022）は，「個別最適な学び」について，伝統的な一斉授業が持つ(a)学習課題，(b)学習時間，(c)学習に用いるメディア，(d)結論の同一性という骨組みへの挑戦として10の学習プログラムを分類して（上述の授業モデルに「反転学習」や「発展課題学習」が追加されて）いる。加藤（2022）によればこれは，「一人ひとり（個）の学習活動がもつ『異質性』に着目して，一斉授業を解体し，作り出した」「個別最適な授業」の枠組みであって，それは「これら10の学習プログラムの『組み合わせ』から構成されるもの」である（p. 27。傍点は引用者）。しかし，整理・統合の根拠や，「最適」性の程度に照らした従来モデルの評価は述べられておらず，むしろ加藤（2004）を踏まえれば，加藤自身も含め，「少人数指導」に全く触れない議論は，「個別化・個性化」の条件的特殊性・一般性が捉えられておらず，授業論としても問題があると言わざるを得ない[3]。

「最適」の妥当性以前に問題なのは，「指導の個別化」と「学習の個性化」という言葉は残ったものの，その後の審議において授業論として引き取られたわけではないということである。例えば第118回の質疑において堀田龍也委員が「システムや教師がしてあげる話なのか，学習者である児童生徒自身が最適化するのかという辺りを，きちんと詰めておく必要がある」と指摘した上で，「個別最適化というのは，データや助言を基に個々の児童生徒が最適化を行うことと定義するのが今日的ではないか」という意見を述べている（傍点は引用者）。「そう考えれば，教師やAIドリル等は，児童生徒が自分で最適化をするのを支援しているのだと考えることができる」という。これが授業論なのだとすれば児童生徒のその判断を実現する教育環境や権限は論じられておらず，児童生徒の認知過程の問題だとすれば何をどのように最適化するのかが具体的に明らかではない。

第121回はさらに踏み込んで新学習指導要領との整合性を図る議論が展開されている。溝上慎一氏は，中間まとめを所与のものとして，「個別最適な学び」と「協働的な学び」という概念の新規性や必要性に懐疑的な視点を挟

みつつも,「私たちの個別最適な学びの指すもの」は「AIにおける個別最適化学習 adaptive learning」ではないとして,「自己調整学習」と対応させた"personalized and self-regulated learning" という英訳を提案する。これが基本的には発言した委員全員の賛同を得て,「『未来の教室』と EdTech 研究会」第2次提言ですら「各自にとって最適で自立的な学習機会を提供していくこと」としていた「個別最適化」が,「自己調整」の問題と明確に捉えられるようになる。上記の堀田委員は,「『個別最適な学び』という言い回しは,AI 等で個別化されるという,そこだけに矮小化せずに,もう少し大きく捉え」「自分の学習状況を AI などに助けてもらいながら,学習ログ等で把握し,リフレクションして,自分の次なる学びを自分で調整していくという,『学びに向かう力』に近い考え方でいくべき」と賛同を表明している。

　興味深いのは,田村学氏の報告を受け市川委員が,「指導の個別化」と「学習の個性化」の関係について,「教師目線から見たときと学習者目線から見たとき」というより「習得の個別化と探究の個性化」の（両者をまとめて「個別最適な学び」と呼ぶ）ほうがすっきりすると言及していることである。実際には審議のまとめの説明の通り,そして第121回で示された素案においても既に,「教師視点」と「学習者視点」という分け方は「個に応じた指導」と「個別最適な学び」の対応づけのために用いられている。委員の間ですらこのような理解のずれや混乱が見られ,溝上氏に至っては「個別最適な学び」と「協働的な学び」という「新しい言葉」が必ずしも必要ないと認めつつ,指導要領改訂時には「GIGA スクール構想」はなかったので,混乱を招く懸念が多くあっても「入れていく意味」はあると述べている。特別部会でも「個別最適化」が「象徴的」なキーワードだという発言は見られるが（2019年11月の第5回,天笠茂委員）,そこでは「条件整備」,あるいは「仕組み」を中核とするための,という位置づけであった。だからこそ「学習履歴（スタディ・ログ）を活用した」という修飾語句が,「習熟度別指導」や「少人数によるきめ細かな指導体制」と並んで,教師による「個に応じた指導」の支援策として妥当性を得られていたと言える。しかし,第121回においては「条件」や「仕組み」という言葉は一度も登場せず,「個別最適な学

び」とは無関係な文脈で「整備」が３回登場するのみである。

　以上の検討から，「個別最適化」に源流を持つ「個別最適な学び」が，その特殊性・一般性を慎重に吟味することなく教育実践の蓄積をつまみ食いする形で，学校教育の内容・方法，あるいはその環境整備の次元と，学習者の意思決定や認知過程の次元を区別せず，その言葉のために議論を重ね，ねじれた説明に結実したものであることは明らかだろう。

４．「個別最適な学び」概念の原理的問題

　本稿では最後に，審議のまとめがたどり着いている「個別最適な学び」概念の原理の問題として，⑴学習の自己責任化，⑵スマートさの絶対視，⑶最適化不可能な教科内容領域の存在を指摘する。

　一点目は，児童・生徒にとってのメリットや彼らの主体性を重視する装いの背後に，他者性の排除と自己責任論が潜んでいるということである。他者性の排除の危険性については「協働的な学び」で手当てが図られているように見えるが，「個別最適な学び」には広田（2004）の学校選択制に対する指摘と同型の構造が当てはまる。かつて苅谷（2004）がコミュニティの参加論に対して述べた論理を借りて言えば，「個別最適な学び」を「自己調整」に対応させる議論は，最適を判断する主体の力能を問わず，個性化した学習の問題を学習者の責任主体論へと展開させかねない（p. 12）。

　二点目は，「個別最適」という言葉の価値的側面，すなわち（審議の過程の問題や結果としての定義の複雑さはあるにせよ）「『最適』であること自体は良いことだ」という一般的通念を教育に当てはめることの問題である。戸谷（2022）は，「スマートさ」が，「余計なものの排除」とそれによる人間の受動性を本質的特徴に持つ，「ロジスティクスの最適化である」ことを指摘している（pp. 43–46）。「Society 5.0」が掲げる「超スマート社会」は「無駄なこと，不要なこと，余分なことが，一切存在しないような社会に他なら」ず，その社会観は「個別最適な学び」の源流における「『未来の教室』とEdTech研究会」の資料に色濃く表れていた（p. 17）。教育課程部会の書面審議において石井氏が「人材育成に解消されない，『人間形成』の仕事を学

校が手放さないのであれば，学校や学習の『中断性』や『共同性』を手放すべきではない」と述べた際の「中断性」もこの点に関わるものだろう。

　「個別最適な学び」が「学校や学習の『中断性』」を許さず，教師の教育の自由を今以上に侵害するおそれは十分にある。西原（2009）は最高裁学テ判決に触れて，「『子どもの教育が教師と子どもとの間の直接の人格的接触を通じ，その個性に応じて行われなければならないという本質的な要請』は，教師の教育の自由の根拠であるとともに，制約原理にもなる」と述べている（p. 157）。しかし，西原（2009）の論理を借りれば，最適化「できると思った瞬間に，教育の受け手に対する配慮を欠き，教育として伝達しようとするものが効果的に伝わらなくなる」だろう（p. 160）。「『未来の教室』とEdTech研究会」第1次提言の時点では，西原（2009）が「まさに教育が教育であるための基本条件」とする「『創造的かつ弾力的』な教育」の時間を捻出するための「短時間で効率化された学び方」という考え方に留まっていたが，「個別最適な学び」がそれを含みつつ「学習者視点」で全体を覆うものと位置づけられたことによって問題の根は一層深まったと言える。

　三点目は，「自己調整」であれ「効率化」であれ，教科内容によっては「最適化」という教授・学習観が原理的にそぐわないということである。例えば外国語・英語の場合，言語的コミュニケーションには必ず相手がいて，それが偶発的な性格を持つ以上，自分ひとりの意思や都合で「最適化」できるようなものではない（佐藤・佐伯（編），2017）。局所的には，場面限定的・状況固有的に話し手が最善と考える言語的・非言語的行動を選択するという方略的判断を考察できるが，実際のコミュニケーションの展開においてそれが「最適」となる保証はないし，コミュニケーションが，その成否も含めて，参与者の貢献によって動的に作られるものだということは，仮に以前に行ったコミュニケーションの履歴を活用したとて変わらない。教室での言語活動が，このような意味での英語によるコミュニケーションであるべきなら，最適化可能だという考え方がその特徴を見失わせるおそれもある。

　一方，学問としての第二言語習得研究は，学習者の最終到達度・習得速度・習得順序を主な対象とし，第二言語学習のメカニズムと操作可能な範囲

でのその最適化の方法を研究してきた（Graaff, & Housen, 2009）。例えば，検証も反証もできない一つの説明ではあるが，1980年代に Stephen Krashen によって提唱されたモデルの内「インプット仮説」は，現在のレベルよりもわずかに高い i + 1 の「理解可能なインプット」を受け続けることで言語習得が進むという（Krashen & Terrell, 1983）。まさに学習者が「最適」な入力を（無意識の内に）選び取っているという考え方である。こうした研究に影響を受け，あるいは外国語教師の経験に基づいて，学習者のレベルに合わせた語彙・文法教材やテスト，段階別読み物などは以前から存在したし，教室でも積極的に活用されてきた。アダプティブな学習コンテンツの研究・開発も盛んで，スマートフォンやインターネット上のアプリケーションに多数実装もされている。求められているのがそのレベルの「最適化」であれば教材研究と消費の問題でしかなく，逆に教師や学習者がその全てを細部に至るまで「個別最適化」するのは，信念としてそう願うのは自由だが，言語教育・学習を構成する要因が「閉鎖系」でない以上，現実的ではない。

　授業の実態としても，「英語教育実施状況調査」で報告されているように，「『CAN-DO リスト』形式による学習到達目標」の設定によって各技能の目標は，網の目は粗くても，学校単位での「個別化」がすでに図られている。個性化と呼び得るようなものではないとしても，その到達度の差や高等学校段階での習熟度別クラス編成によって，方法・目標がコントロールされていることを学習者は既に十分実感している。仮に目的のレベルで個性化を追い求めるのであれば，生活経験上，外国語との関わりの薄い者にとっては「自己調整」の幅は極めて貧しいものとならざるを得ないし，逆に外国語・英語との接点が教育環境や社会関係資本の面で豊富な学習者で，各人の私的興味・関心のみを目的として外国語が学ばれるのであれば，「協働的な学び」が成立し得ないほどにあらゆる言語使用目的が各自の学習理由となる。究極的には「外国語を必要としないため学ばない」という選択も許容されることになり，公教育の一環としての外国語教育は，児童・生徒が世界や他者や自己における「未知のもの」と出会う可能性を提供する回路を断たれ，その存在意義を失いかねない。

本稿では，学校教育における「個別最適な学び」の問題を考えるために，中央教育審議会の審議のまとめに至る過程を辿ることによって，「個別最適」の妥当性を十分に吟味せず，教育の環境整備的次元と学習者個々人の認知的次元を混在させたままにこれまでの教育政策の議論に整合する（ように捉える）位置づけを作り出したこと，そしてそれが「源流」よりもかえって複雑で，学校教育に対する原理的問題を孕む概念に結実していることを示した。各教科，そして学校の諸活動において「最適（化）」を相対化する理論と実践が要請されている。

[キーワード]

個別最適な学び（personalized and self-regulated learning），個別最適化（specific optimization），中央教育審議会（Central Council for Education），EdTech，自己調整学習（self-regulated learning）

〈参考文献〉

安彦忠彦（1984）．「実践の多様性を認めよ」『現代教育科学』*327*, 43–48.

有園格（1984）．「個別化・個性化研究の動向と問題」『現代教育科学』*327*, 85–92.

中央教育審議会初等中等教育分科会教育課程部会（2021）．「教育課程部会における審議のまとめ」Retrieved from https://www.mext.go.jp/content/20210126-mxt_kyoiku01-000012344_1.pdf（2022年5月8日アクセス）

Graaff, R. de, & Housen, A. (2009). Investigating the effects and effectiveness of L2 instruction. In M. H. Long & C. J. Doughty (Eds.), *The handbook of language teaching* (pp. 726–755). Malden, MA: Wiley-Blackwell.

広田照幸（2004）．『思考のフロンティア 教育』岩波書店.

石井英真（2020）．『未来の学校：ポスト・コロナの公教育のリデザイン』日本標準.

苅谷剛彦（2004）．「創造的コミュニティと責任主体」苅谷剛彦・大西隆・植田和弘・森田朗・大沢真理・神野直彦（編）『創造的コミュニティのデザイン』（pp. 1–22）有斐閣.

加藤幸次（1982）．『個別化教育入門』教育開発研究所.

加藤幸次（2004）．『少人数指導 習熟度別指導：一人ひとりの子どもをいかに伸ば

すか』ヴィヴル.

加藤幸次（2022）.「『個別最適な学び』のための『新しい』授業を創る」『授業づくりネットワーク』*40*, 22-27.

Krashen, S. D., & Terrell, T. D.（1983）. *The natural approach: Language acquisition in the classroom*. San Francisco, CA: The Alemany Press.

黒上晴夫（1987）.「教育の個別化・個性化：類型とその特徴」『教育方法学研究』*12*, 49-56.

奈須正裕（2022）.『個別最適な学びの足場を組む。』教育開発研究所.

西原博史（2009）.「教師の〈教育の自由〉と子どもの思想・良心の自由」広田照幸（編）『自由への問い5 教育：せめぎあう「教える」「学ぶ」「育てる」』（pp. 130-169）岩波書店.

佐藤慎司・佐伯胖（編）（2017）.『かかわることば：参加し対話する教育・研究へのいざない』東京大学出版会.

戸谷洋志（2022）.『スマートな悪：技術と暴力について』講談社.

渡辺博芳（2017）.「特集エドテック 編集にあたって」『情報処理』*58*(3), 174-175.

〈注〉

1） 2022年5月の時点で「個別最適な」のキーワードで289件がヒットした（雑誌記事索引に限れば125件）。「個別最適な学び」は284件（同122件）で，「個別最適化」は238件（同61件）がヒットする。

2） この資料で「2018年時点で，10校（1,000人）以上」と紹介されているAltSchoolが，2019年6月末に，4ヶ所にまで規模を縮小した後，学校の直接運営から手を引いた（現在ではAltSchoolのWebページも存在しない）ことがその後の議論でどの程度共有されたかは定かではない。

3） その点で加藤（1982；2022）は，「『未来の教室』とEdTech研究会」と，「一律・一斉・一方向型授業の神話」という課題認識を共有していると言うことはできるかもしれない。奈須委員は一切触れていないが，これに対し既に安彦（1984）が，「すべてここでは『一斉画一授業』でくくってしまい，始めからマイナス・イメージをもったものを前提して論じている」「一斉授業に対する理解の通俗さ」を指摘している（p. 46）。

第2部

自由研究論文

緘黙傾向が見られる児童生徒の理解に関する現象学的一考察

日本大学　**土屋　弥生**

1．問題の所在

　学校教育現場における指導場面では，おもに言語によってやり取りがおこなわれる。例えば，児童生徒がふさぎ込んでいるときに，教師はどんな言葉をかけたらよいだろうかと思案する。一方で，どうしても言語に頼ることができない場面もある。緘黙の傾向が見られ，言語を介するコミュニケーション自体が困難な児童生徒の場合，教師からの言葉かけにほとんど反応がない，言葉が返ってこないということがある。こんなとき，教師はこの児童生徒をどのように指導すればよいのか困惑する。

　これまでの教育方法学的なコミュニケーション研究を見てみると，教育実践者の立場から児童理解を論じた長岡（1986）の研究，心理学的な説明的理解に基づく子ども理解を批判的に検討し，共感に基づく子ども理解の重要性を論じた上野（1994）の研究などがある。また，現象学的な立場からは，中井（1986）の現象学的な共感に基づく子ども理解や，田端（2001）の授業における対話による教師と生徒の「共同化」による相互理解を論じたものがある。さらに，中田（2008）や土屋（2021）は，教育における意志や意図や想いといった次元では制御できない身体の感受性の重要性を指摘し，子どもを取り巻く現象学的な雰囲気や気分の問題を論じている。このように，一般的な児童生徒を想定した教育現場におけるコミュニケーションについては多くの検討がなされてきたが，緘黙が見られる児童生徒のコミュニケーションを巡る問題はどのように検討されているのだろうか。まず，緘黙が見られる児

童生徒の教育を遂行する際の一定の知識基盤となる心理学的・医学的観点からの先行研究を見ておきたい。

　大井（2016）によれば，緘黙症（選択性緘黙）とは，正常ないしは正常に近い言語能力を有するにもかかわらず一部の生活場面で沈黙し，この状態が数ヵ月から数年間持続する障害である。したがって，学校などの特定の社会的状況において話すことができないことで，このような児童生徒は生活および対人的コミュニケーションに支障をきたすことになる。緘黙症の発症要因としては，家族的要因などの環境因子や気質傾向が複雑に絡み合っていると考えられている。山村ほか（2014）は児童精神科臨床の立場から，治療場面においては「頭が良すぎる治療者や切れすぎる治療者はしばしば緘黙児と相性が良くない。子どもへの積極的な働きかけが得意な治療者もまた，緘黙児に好かれることは少ない。むしろ訥々として，変な言い方であるが子どもを脅かさない治療者や看護師が，子どもの沈黙を解く働きをすることが多い」と指摘している。以上に見られる医療現場での医師や看護師と緘黙児の関係は，教育現場における指導のあり方を考える上で示唆的であり，緘黙の児童生徒の理解と指導の困難さが見えてくる。

　次に，教育現場における緘黙の児童生徒の理解と指導についての，教育方法学的な先行研究を見ておきたい。内田（2012）は，学校での場面緘黙の子どもたちに関する実践事例を通じて，周囲の理解と早期支援の重要性や，具体的支援における安心できる環境，信頼できる相手，自信を持つことができる関わりの大切さを指摘している。また，高田屋・武田（2014）は，学校での場面緘黙の児童とその母親，担任教師を対象として彼らに対する教育相談の過程（小学校2年生から4年生）について質的研究法を用いて検討している。教育相談において自閉症スペクトラムの教育的アプローチを取り入れた結果，母親の児童に対する理解の深まりと関係性の良好な変化，児童と担任教諭との信頼関係の深まりが確認できたという。

　以上のように，これまでの教育方法学的の研究や現象学的研究のコミュニケーション研究では一般的な児童生徒が対象となっており，緘黙の児童生徒についてはその研究が医学的，心理学的な緘黙者の現象（構造）分析にとどま

り，緘黙の児童生徒とのコミュニケーションの具体的な方法について述べたものは見当たらない。すなわち，緘黙の児童生徒の教育的な理解の方法や教育現場における具体的な指導に関する研究はほとんど手つかずの状態であり，いまだ解明の途上にあると言える。

　教育現場には，先行研究で考察されているように専門機関に受診して緘黙症（選択性緘黙）であると診断されている児童生徒も見られる一方，これに近い症状を示す児童生徒，言葉は発するが寡黙な状態の児童生徒も見られる[1]。どんなに反応がなくても，表情の変化が見られなくても，言葉が発せられなくても，教師はその児童生徒と向き合い，理解し，指導をおこなう必要がある。「何も言ってくれなければわからないよ。何を考えているのか話して。」と児童生徒に反応を強いることはできない。緘黙傾向の児童生徒を放置することなく，適切な指導を実践するためには，その児童生徒が今，どのような状態で，どのようなことを考えているのかを察することが求められている。

　では，このような児童生徒と向き合う教師は，言葉に頼らずに，何を基盤としてどのように児童生徒を理解すればよいのだろうか。換言すればこの問いは，緘黙傾向の児童生徒がどう「生きる」のかということを教師がどのようにしたら理解できるのかという問いになる。

2．研究の目的と分析視座

　緘黙という症状について，医学的・心理学的見地から理解することは重要なことである。さまざまな背景・要因から言葉を発することが困難になっている児童生徒が少なからず存在することを，教師は理論的に知らなければならない。しかし，理論的に外的症状を理解することとその「児童生徒を理解すること」の間には大きな相違があると言わざるを得ない。

　『生徒指導提要』（文部科学省，2010）に，一般的にコミュニケーションで伝わる内容は，言語的内容で30％，非言語的内容が70％であるとされていることからも，そもそも児童生徒とのコミュニケーションにおいては，非言語の部分が重要であることがわかる。非言語でのコミュニケーションにおいて，「目と目で通じ合う」，「なんとなく何を考えているのかがわかる」とい

ったことが経験的には実感できていて，現場の教師たちは知らず知らずのうちにその児童生徒を理解しているつもりになっているかもしれない。しかし，その「なんとなくわかる」ということが偶発的なもので，再現性がない「山勘」のようなものであると，教育現場では教育的意味のある指導は実現できないのではないだろうか。

　そこで本研究では，緘黙という症状を呈している児童生徒その人のことを理解し，その児童生徒とのあいだにコミュニケーションを成立させることはどのように可能なのかを，意識の志向性の問題に向き合ってきた現象学的な視座から検討することを通して，教師が偶然にではなく，意識的にこのような児童生徒を理解し，指導するために必要となる実践的な思考的枠組みを明らかにすることを目的とした。

3．緘黙傾向が見られる児童生徒との非言語的コミュニケーション

　先にも述べたように，緘黙傾向が見られる児童生徒とのあいだでは，言語を介したコミュニケーションが成立し難いことから，非言語的コミュニケーションが主軸となる。緘黙症についてはいくつかの類型が見られ，コミュニケーションを求めているのにうまくコミュニケートできないものからコミュニケーションを拒否するものまで，いくつかの段階が含まれる（大井，2016）。したがって，教師は，緘黙傾向の児童生徒の緘黙症状の背景・要因，本人の沈黙の意味をふまえた上で，その児童生徒の内面にあることをできる限り感じ取る必要がある。そこでまず緘黙傾向の児童生徒とのコミュニケーションを考えるにあたり，心理学と現象学における非言語的コミュニケーションの相違を整理しておきたい。

　佐々木（1995）によれば，「非言語的伝達（nonverbal communication）とは，表情，視線，身振り，姿勢，パーソナル・スペース，接触，匂い，服装など，言語以外の情報源を用いて，相手の感情状態や意図を理解するコミュニケーションの様式」とされる。この『発達心理学辞典』の記述から，心理学における非言語的コミュニケーションでは客観化・対象化してとらえら

れた情報源を用いて，対象化された相手の感情状態や意図を理解することが基盤となることがわかる。

　次に現象学における非言語的なコミュニケーションについて，先行研究をもとに検討したい。松尾（1987）は，精神科医としての臨床に基づいて，統合失調症に関する現象学的精神病理学の立場から治療論を展開した。松尾（1987，5-26頁）は，言葉を発せず姿勢すら変えない状態の統合失調症患者の治療場面において，患者と自身の関係について当初は「ただ"待つ"以外には他に術がなく」，「私の存在自体が彼によって拒絶されているように感じられた」と表現している。しかし，次第に「何とか喋らせようなどという意志をもたず，……ただ私自身の思いに耽っているときには，彼と一緒に居ることが何か許されているように感じられてきた」とし，このような医師と患者の関係を「無関係の関係」（松尾，1987，241頁）とよび，このような「沈黙」こそが根源的な治療的契機であるとしている。

　また，西村（2001）は自身の看護師としての臨床の経験のなかで出会った植物状態と呼ばれる患者との交流について現象学的な立場で研究をおこなっている。西村（2001）によれば，植物状態と呼ばれる患者は，客体として観察されたときには，運動機能のほとんどを，また意識の兆候として確認できる表現のほとんどを失っていて，言語機能を完全になくした状態にあるという。しかし，現場の看護師はこのような患者のケア場面において，患者と何らかのやり取りを経験しているという。西村（2001）は，看護師たちの「視線がピッと絡む」，「手に感触が残る」，「患者の雰囲気をつかむ」といった，患者との関わりで感じ取った経験的事実，すなわち身体的・感覚的・主観的にとらえられる受動的世界の共有について注目し，このような経験をメルロ＝ポンティ（Merleau-Ponty, M.）の「身体論」を引きながら「全身で相手にのめり込んでいくある種の身体の運動」と表現している。

　もちろん緘黙傾向の児童生徒と，統合失調症の患者や植物状態と呼ばれる患者を同様のものとして見ることはできないが，言語でのコミュニケーションの手段が絶たれている状態によるコミュニケーションの困難性の存在という共通点を見いだすことはできるだろう。ここに本研究が現象学的視座を取

り入れる本質的意味がある。

　以上のことをふまえ，心理学と現象学における非言語的コミュニケーションの相違を**表1**に整理した。

表1　心理学と現象学における非言語的コミュニケーションの相違

	非言語的コミュニケーションにおいて対象を捉える立場	非言語的コミュニケーションの基盤
心理学	自然的態度 （相手を対象化）	客観化された情報源を用いて，対象化された相手の感情状態や意図を理解
現象学	超越論的態度 （自然的態度をエポケーし，超越論的還元をおこなう）	身体を基底として，開示される受動的世界での関係を構築（「無関係の関係」，「受動的世界の共有」）

　コミュニケーションを成立させるにあたって，心理学では自然的態度により対象を客観的に捉えるのに対し，現象学ではこの自然的態度にエポケー（判断中止）をほどこし超越論的還元をおこなう[2]。すなわち対象を理解するための態度設定という点で根本的な相違が見られる。また，心理学においては，コミュニケーションの相手やコミュニケーションそのものが対象化されていて，そこでの能動的・意識的・客観的に把握された情報源が重視されるが，現象学的な立場では，先に見た松尾（1987）の「無関係の関係」や，西村（2001）の「受動的世界の共有」に見られるように，超越論的態度による身体を基盤としたコミュニケーションが重視される。

　以上のことから，現象学的な立場から教師が緘黙傾向の児童生徒とのコミュニケーションを考察するためには，身体を基盤としたコミュニケーションの成立に注目する必要があることが明らかになった。では，実際の教育現場で教師は身体を基盤として，何をどのように理解し，コミュニケーションを成立させればよいだろうか。

4．雰囲気・気分の現象学的理解

　松尾（1987）の「無関係の関係」において患者の状態を感じ取ったり，西村（2001）の「受動的世界の共有」によって患者の雰囲気をつかんだりといった，医療現場における治療場面での医師や看護師の経験的事実は，教師と緘黙傾向の児童生徒との関係を考えるうえで示唆的である。

土屋（2017, 2021）は教師の生徒指導においては，その感知・共感能力によって児童生徒の「雰囲気」を捉えることが出発点になるとしている。ここでいう「雰囲気」とは自己身体的に感知される情感づけられた空間であり，この空間は人と人，人と物といったもののあいだの関係そのものとして存在している（ベーメ；Böhme, G., 2006）。したがって，言語を用いたやり取りが難しい緘黙傾向の児童生徒の今を，言語以外の手段によって捉えようとするとき，まずその児童生徒のまとう「雰囲気」を感知することが重要となる。

　この「雰囲気的なるもの」は意識の能動的な作用に先立って身体が受動的に感知するものである（ベーメ，2006）。緘黙傾向の児童生徒と教師のあいだに生成される雰囲気は「生徒と教師」というフッサール（Husserl, E., 2001）の意味での直接無媒介的に通底する「原身体」の場所で「我汝連関」を発生させる。この場で教師には，サルトル（Sartre, J.P., 1999）の意味での「全身感覚」（le coenesthésique）によって緘黙傾向の児童生徒を前にした自らの身体に生じる「気分」に注目することが求められる。この意味での「気分」は，サルトルがその著『嘔吐』のなかで「吐き気」の現象を考察したように，シュミッツ（Schmitz, H., 1986）の意味での身体の「状態感」（Befindlichkeit）として理解しておかねばならない。

　さらに，この現象学的意味での「気分」は，教師と緘黙傾向の児童生徒を含む情況との漫然未分の状態として存在する（ボルノウ；Bollnow, O.F., 1985）。そして教師はこの気分を手掛かりとして緘黙傾向の児童生徒が何を求めているのかといった受動的志向性の「気配」を感知するのである。もちろんここでいう「気配」は，フッサールが『論理学研究』で考察している意識の志向性の漫然とした無規定性を特徴とする「方向不定の志向性」を指している。さらに付け加えておくと，ここでは教師の身体性としての感知・共感能力が作動していることは言うまでもない。

　このように現象学的な視点からは，教師自らの「気分」というものによって開かれる場において，緘黙傾向の児童生徒の受動的志向性の「気配」が把握されるとき，教師の児童生徒理解と指導をするための準備が整うことになると考えられる。

5．緘黙傾向が見られる児童生徒の理解における現象学的視点の導入

　最後に，現象学的視点を導入した緘黙傾向の児童生徒の理解についてまとめたい。

　緘黙傾向の児童生徒との現象学的なコミュニケーションを実践するためには，教師が自然的態度に超越論的還元をほどこし，超越論的態度によって対峙することが求められる。教師は日々の関わりの中で，自身の中の児童生徒のイメージを固定化し，先入見をもって見るようになってしまう。この先入見にエポケー（判断中止）をすることによって，児童生徒その人の今と向き合うことになる。

　そして，超越論的態度に立った教師は，現象学的な本質直観によって児童生徒の「今ここ」を了解するに至ることができる。現象学は，フッサール（1997）が言うようにすべての超越的なもの（わたしに内在的にあたえられないもの）を認めず，ハイデガー（Heidegger, M., 1994）が言う「ありのままにおのれを示すもの」（das Sich-an-ihm-selbst-zeigende）を解明することが仕事である。これをふまえれば，児童生徒の本質の理解とは，「生徒自身が生徒自体において示すもの」を，教師が解明することと言えよう（土屋, 2021）。その出発点となるのが，先述した現象学的な雰囲気，気分，気配の把握ということになる。「緘黙傾向の児童生徒自身が児童生徒自体において示すもの」を現象学的な意味での教師の身体能力によって了解するということが求められるのである。

　ここで，緘黙傾向の児童生徒の指導において必要とされるコミュニケーションについてまとめておきたい。表2に，フッサール現象学によって考えられるコミュニケーションの構造について，理解を容易にするために整理して示した。

　現象学における非言語的コミュニケーションとは受動的志向性の世界のことであり，表2の「基層」の世界である。「基層」は，われわれが通常「コミュニケーション」と呼んでいる言語を媒介とした能動的なコミュニケーシ

表2　フッサール現象学によって考えられるコミュニケーションの構造

上層	能動的志向性の世界 　能動的コミュニケーション 　言語などでおこなわれる一般的なコミュニケーション
基層	受動的志向性の世界 　受動的コミュニケーション 　身体性におけるコミュニケーション 　無志向性，共にあるという世界

出所：「フッサール現象学の三層構造」を改変。山口一郎，2002,『現象学ことはじめ―日常に目覚めること』，日本評論社，14頁。

ョン（上層）の基層となるものであり，松尾（1987）の「無関係の関係」，西村（2001）の「受動的世界の共有」もこの「基層」に属するものであると考えられる。松尾（1987）や西村（2001）に見られる客観的には無反応に見える患者との交信は，「基層」の身体を基底としたコミュニケーションの世界におけるものと解することができる。言語を中心とした能動的コミュニケーションに頼れないことから，本研究の主題である緘黙傾向の児童生徒とのコミュニケーションも，まさにこの「基層」におけるコミュニケーションが大半を占めることにならざるを得ない。教師には，緘黙傾向の児童生徒と身体を媒介とした世界で交信し，理解することが求められ，そこで得られた児童生徒理解が適切な指導を構築するための重要な手がかりとなると考えられる。

　このような現象学的な受動的世界におけるコミュニケーションに関する議論は，ともすると自然科学的な客観主義に慣れ親しんだ者によって単なる主観的で曖昧なものと誤解され，その重要性が見失われがちであるが，哲学者ヘリゲル（Herrigel, E.）が記した「弓術」[3]などの技芸の世界ではその存在がよく知られている。また，精神医学者の深尾（2017）は，発達障害を抱える子どもの発達においては，子どもが日々成長しているという点をふまえると，医療と同時に教育がどうしても必要であるとし，発達障害の子どもに対する教育的まなざしの重要性を訴えている。深尾（2017）が指摘する発達障害の子どもの場合と同様に，緘黙傾向の児童生徒の理解においても医療と教育の協力関係が不可欠であり，教育の役割はより大きい。

　本研究において緘黙傾向の児童生徒理解の方法が提示されたことにより，一般的な児童生徒の理解の場合にも当然含まれているものの，言語というコミュニケーションツールにより覆い隠されがちな「受動的世界」の重大な機能が顕在化された。この「受動的世界」におけるコミュニケーションを主題化させることが，今後の緘黙傾向の児童生徒理解では重要となる。教育現場での指導実践の充実のためには，緘黙傾向の児童生徒の支援において協働する医師やカウンセラーとともに，以上に述べた現象学的な児童生徒理解を共有できるような「現象学的共同体」として児童生徒の成長を支えることも必要なのではないだろうか。

6．まとめ

　これまで検討してきたことをまとめると，緘黙傾向の児童生徒の理解において重要なのは，まずこのような児童生徒に対して超越論的態度（現象学的態度）で向き合うことである。そして，超越論的態度によって緘黙傾向の児童生徒とのあいだに形成される受動的世界に注目し，両者のあいだにある「雰囲気的なるもの」を感知する。この「雰囲気的なるもの」には，緘黙傾向の児童生徒を前にした教師自らの身体に生じる気分によって把握することのできる緘黙傾向の児童生徒の受動的志向性としての気配が存在する。教師には，この気配の意味することを把握することが重要となる。そして，この把握された意味が，緘黙傾向の児童生徒に対する効果的な指導の出発点となる。このような現象学的な実践的思考により，緘黙という世界を生きる児童生徒とより深く向き合い，理解し，指導をおこなうことが可能となると考えられる。

　最後に，緘黙傾向の児童生徒と向き合う際に教師に求められる超越論的態度の実現可能性について述べておきたい。現象学は難しい，あるいは役に立たないという批判を受けることがある。それは，フッサール現象学のテクストの述語や概念の難解さに起因していると思われる。現象学者の竹田（1995）は，現象学は自分の意識の本質構造を「あるがままに」見るような方法だから，そのコツをつかめば原理的には誰にでもそれを自分なりに試み

ることができるとしている。したがって，超越論的態度によって緘黙傾向の児童生徒と向き合うという作業は，超人的な者だけに可能であるということではない。自然的態度から超越論的態度への変更を，学び続ける教師が意識的に試みることにより可能となる。今後の学校教育現場では，現象学的な「学びの共同体」の構築がより重要となるのではないだろうか。

[キーワード]

緘黙（mutism），現象学（phenomenology），雰囲気（atmosphere），気分（feeling）

謝辞　本研究は，JSPS科研費JP21K02612の助成を受けたものです。
付記　本研究の一部は，「日本学校教育学会第35回研究大会自由研究発表」にて発表した。

〈注〉

⑴　大井（2016）によれば，日本での緘黙の出現率は全小学生児童の0.2％前後とされている。しかし，教育現場には緘黙の傾向が見られる児童生徒，言葉の少ない寡黙な児童生徒も見られ，言語でのコミュニケーションが困難な児童生徒は少なくない。

⑵　われわれは日常生活においてごく自然に「これは鉛筆である」とか「あれは机である」といったように観察対象を自分の向こう側に対象化して，それを疑うことなく捉えている。このような態度をフッサールは「自然的態度」（natürliche Einstellung）と呼んでいる。一方，この自然的態度を「エポケー」（Epoché）して，われわれが前提としている「当たり前」の対象的，客観的な世界を見直してみるための認識態度の変更の方法を「超越論的還元」（現象学的還元）（phänomenologische Reduktion）と呼び，これによって得られた問題把握のための態度を超越論的態度（transzendentale Einstellung）と呼んでいる（木田元ほか編，1994，『現象学事典』弘文堂，192-193頁）。

⑶　ヘリゲルは弓道師範阿波研造の門下に入り，数年間にわたり弓道の修行に励んだ体験を『日本の弓術』（ヘリゲル：柴田治三郎訳，1982，岩波書店，9-66頁）にまとめていて，そこでは弓術の技能習得における受動的世界が表現され

ている。

〈引用文献〉

ボルノウ，O.F.（大塚惠一・池川健司・中村浩平訳），1985，『人間と空間』せりか
　書房，219頁。

ベーメ，G.（梶谷真司・斉藤渉・野村文宏編訳），2006，『雰囲気の美学－新しい
　現象学の挑戦－』晃洋書房，10-16頁。

深尾憲二朗，2017，『精神病理学の基本問題』日本評論社，87-88頁。

ハイデガー，M.（細谷貞雄訳），1994，『存在と時間　上』筑摩書房，80頁。

フッサール，E.（立松弘孝・松井良和訳），1974，『論理学研究3』みすず書房，
　194頁。

フッサール，E.（長谷川宏訳），1997，『現象学の理念』作品社，9頁。

フッサール，E.（浜渦辰二訳），2001，『デカルト的省察』岩波書店，201-204頁。

松尾正，1987，『沈黙と自閉－分裂病者の現象学的治療論－』海鳴社。

文部科学省，2010，『生徒指導提要』教育図書，20頁。

長岡文雄，1986，「教育実践者の児童理解」，『教育方法学研究』第11巻，121-129
　頁。

中井孝章，1986，「教育実践の基層としての人間存在（学習者）へのまなざし－現
　象学的人間理解の一試論－」，『教育方法学研究』第11巻，43-50頁。

中田基昭，2008，『感受性を育む』東京大学出版会，229-247頁。

西村ユミ，2001，『語りかける身体　看護ケアの現象学』ゆみる出版，149-205頁。

大井正己，2016，「緘黙症」，『臨床児童青年精神医学ハンドブック』西村書店，
　241-248頁。

サルトル，J.P.（松浪信三郎訳），1999，『存在と無（下）』人文書院，658頁以下。

佐々木正人，1995，「非言語的伝達」，『発達心理学辞典』ミネルヴァ書房，577頁。

シュミッツ，H.（小川侃編），1986，『身体と感情の現象学』産業図書，48-50頁。

田端健人，2001，「授業における「相互理解」の現象学的考察」，『教育方法学研
　究』第26巻，55-63頁。

高田屋洋子・武田篤，2014，「選択性緘黙の児童への関係性を重視した教育相談の
　取組〜自閉症スペクトラムの教育的アプローチを取り入れた事例的検討〜」，『秋
　田大学教育文化学部教育実践研究紀要』第36号，81-88頁。

竹田青嗣，1995，『現象学入門』日本放送協会，110-111頁。

谷徹，1998，『意識の自然』勁草書房，424-430頁。

土屋弥生，2017，「生徒指導における身体能力としての教師の実践的指導力に関す

る試論」，『桜門体育学研究』第52集，35-46頁。

土屋弥生，2021，「生徒理解におけるフッサール現象学の意義」，『臨床教育学研究』第9巻，126-137頁。

内田育子，2012，「場面緘黙の子どもたちについて－子どもたちの思いによりそった支援－」，『島根大学大学院教育学研究科「現職短期1年コース」課題研究成果論集』第3巻，41-50頁。

上野ひろ美，1994，「子ども理解における「意味づけ」に関する一考察」，『教育方法学研究』第19巻，19-27頁。

山口一郎，2002，『現象学ことはじめ－日常に目覚めること』日本評論社，14頁。

山村淳一・内山幹夫・加藤大典・杉山登志郎，2014，「選択性緘黙への治療」，『そだちの科学』第22号，63-67頁。

小学校英語教育における ICT 活用に関する小学校教員の現状と課題に関する研究

くらしき作陽大学　**佐藤　大介**

1　問題の所在

⑴　研究の背景

　「Society 5.0」や「第4次産業革命」という用語が浸透・一般化し，IoT（モノのインターネット）やAI（人工知能），ビッグデータ，ロボットといった様々な技術革新が今後さらに進められていく。学校教育においても，「GIGAスクール構想」が打ち出され，すべての子どもの可能性を引き出す個別最適な学びと協働的な学びを実現するため，各学校において1人1台端末の活用が進められている（文部科学省，2021a）。

　こうした技術革新が進む中，近年教育現場においても，授業をはじめとした様々な場面でICTの導入が図られており，以前より外国語教育はICTとの高い親和性を持つことが指摘されている。例えば，カセットやCDといった様々な音声機器やCALL教室等はこれまでも英語教育において活用されてきており，現代ではICT技術の進歩により，その可能性が飛躍的に拡大している（文部科学省，2020）。小学校英語教育においても，文部科学省作成教材「Hi, friends!」,「Let's Try!」や「We Can!」では，児童用冊子，教師用指導書，ワークシートだけでなく，デジタル教材も合わせて無償提供されており，絵カード（作成や印刷，発音等）や動画（再生や一時停止等)，チャンツや歌，音声（再生や一時停止，速度調整や字幕表示等)，またゲーム（ランダム再生や線つなぎ，色付け等）等，小学校教員にとって，英語指導のための多彩なデジタルコンテンツを活用することのできる体制が整えら

れている。こうした学校現場における ICT 環境の整備を進めていくためにも，教員の ICT 活用指導力の向上は急務となっている。

⑵　ICT 活用指導力に関する先行研究

　小学校英語教育における ICT 活用に関する先行研究では，学級担任が安心して英語の授業を行っていくため，児童たちに十分な英語のインプットを与えること，全員に同じ条件で英語の学習経験を確保することが重要であると吉田（2008，119頁）は指摘している。さらに，山本（2010，120頁）や真崎（2014，128頁），東口（2020，10-11頁）の論考では，児童の興味・関心を引き出し，意欲を向上させ集中力を高めること，学習者（児童）間・学習者（児童）と指導者（教師）・教材のインタラクティブ性を強化すること，担任ひとりでは困難であった指導も可能となることといった点を，長所として挙げている。

　こうした利点を引き出すためにも，教員の ICT 活用指導力育成は重要である。文部科学省では 2006 年から毎年，「教員の ICT 活用指導力チェックリスト」（文部科学省，2018）を用いて，「学校における教育の情報化の実態等に関する調査結果」を公表している。このチェックリストは，ICT 環境が整備されていることを前提として，「A 教材研究・指導の準備・評価・校務などに ICT を活用する能力」，「B 授業に ICT を活用して指導する能力」，「C 児童生徒の ICT 活用を指導する能力」，「D 情報活用の基盤となる知識や態度について指導する能力」の 4 点の大項目に分けられ，さらに各大項目に小項目が 4 項目ずつ計 16 項目設けられ，それぞれについて 4 段階で自己評価する方式となっている。最新（2020 年度）の調査結果（文部科学省，2021b）では，「できる」もしくは「ややできる」と回答した小学校教員の割合は，全国平均で大項目 A ＝ 86.3％，大項目 B ＝ 70.9％，大項目 C ＝ 74.4％，大項目 D ＝ 86.3％ となっており，大項目 A・D と比較すると，大項目 B・C といった授業での活用や児童生徒への指導に関連した項目が低い平均値となっていた。

　また，教員養成段階における ICT 活用能力に関する先行研究においては，

これまでも吉住（2018）や坂本（2020）は，独自に作成した調査項目（ICT活用教育の経験や ICT 活用に対する意識）を設定し，教職課程を履修する大学生に調査を行い，効果的な ICT 活用に関する指導力の育成の必要性について言及している。また，藤谷・峯村（2019）は，先述の「教員の ICT活用指導力チェックリスト」を用いて，小学校教員の ICT 活用に関する意識調査を行っている。しかし，汎用的な ICT 活用に関する意識・指導力に焦点化されているため，個別の教科（指導）における ICT 活用についての調査研究では，それぞれの教科の特性に注目する必要がある。そこで，英語

表1　TESOL Technology Standards for Language Teacher Rubric

目標	基準	記　述
G1 （基礎）		ICT に関する基礎的知識・技能の習得・維持
	S1（基本）	学習者よりも ICT への深い理解と基本的活用能力がある
	S2（選択）	指導場面にふさわしい ICT を選択し活用することができる
	S3（学習）	キャリアを通じて ICT に関する学習を継続している
	S4（模範）	文化的・社会的に学習者の模範となる ICT の使用ができる
G2 （教授法）		言語指導・学習を促す ICT を用いた教授法の知識と技能の統合
	S1（妥当性）	授業で活用可能な ICT であると把握し，その妥当性を評価することができる
	S2（統合）	教授法と ICT を統合することができる
	S3（デザイン）	カリキュラムに合わせて ICT を用いた言語活動やタスクをデザイン・実施することができる
	S4（研究成果）	言語活動やタスクの立案においては，最新の研究成果（第二言語学習や CALL）に基づいている
G3 （評価）		記録・フィードバック・評価における ICT 活用
	S1（ICT 活用）	効果的な学習者評価のために ICT を活用することができる
	S2（学習状況）	言語指導や学習を促すための情報収集・分析のために ICT を活用することができる
	S3（児童評価）	児童（生徒）による ICT 活用に関して，言語指導・学習の効果を評価することができる
G4 （技術）		コミュニケーション・コラボレーション・効率性向上のための ICT 活用
	S1（共同作業）	他の教師や児童（生徒）等との連絡・共同作業のために ICT を活用することができる
	S2（技術開発）	指導に必要な ICT 活用のために最新の技術開発を取り入れている
	S3（効率性）	授業の効率性向上のために ICT を活用することができる

※目標・基準における括弧内は筆者が命名した短縮分類名を指す。

教育の特性に応じたICT活用指導力に関しては，言語学習・指導における技術標準について詳細に検討したHealey et al.（2008, 2011）による研究成果「TESOL Technology Standards for Language Teacher Rubric」（以下，「TTST」と言う。）が注目される。このTESOL Technology Standardsは，英語教育のための教師向け及び学習者向け技術標準を開発しており，Kessler（2018, 215頁）は，この枠組みについて英語指導における教師に対する思慮深く省察的なICT活用に向けた指針となるものであると述べている。枠組みとして，教師向け（TTST）については4つの上位目標と14の基準で構成され，学習者向けについては3つの上位目標と11の基準で構成されている。それぞれの基準にはさらに詳細な行動指標が教師向けでは158指標，学習者向けでは147指標が，それぞれ示されており，自己評価・プログラム評価のためのルーブリック型チェックリストを提供している。TTSTの目標と各基準を簡潔にまとめると**表1**の通りである。以下，本論ではそれぞれ上位目標（Goal: G）をG1, G2, …，基準（Standard: S）をS1, S2, …の形式で表記する。

2 研究の目的

前項の先行研究の現状と限界，及び研究成果をふまえ，本研究では，小学校英語（小学校外国語活動・外国語）を具体的な教科として取り上げ，教科の特性に応じたICT活用能力について，TTSTを用いて，小学校教員の現状と課題を明らかにすることを主たる目的とする。

こうした目的を持つ本研究の一環として，本稿の具体的な問い（Research Questions：RQ）は次の2点を設定した。

RQ1：小学校教員は，小学校英語を指導するためのICT活用能力として，TTSTの各基準をどの程度身に付けていると考えているのか。（以下，「小学校教員によるTTST自己評価（RQ1）」）

RQ2：ICTを活用した小学校英語の授業の見学経験や指導経験が，TTSTの各基準に関する認識の程度にどのような影響を与えるのか。（以下，「見学指導経験のTTST認識への影響（RQ2）」）

3　調査の方法

　本研究では Google フォームを利用したオンラインによる質問紙調査法を用いた。小学校英語の教科特性に応じた ICT 活用能力について調査を行うため，TTST における 14 の基準と 158 の行動指標の中から，各基準より 2 指標を均等に選び，合計 28 個を設問とした（**表2**）。行動指標の項目選出にあたっては，158 指標を回答していただくと過度な負担となるため回答者の負担とならない項目数とすること，指標に含まれる用語が専門的であったり解釈が困難であったりする項目ではないこと（例えば，「適切な技術資源や環境を意思決定者に助言できる」といった項目は割愛），日本の学校教育における ICT 活用の現状にあてはまると考えられる項目であることに留意した。また，基本レベル（Basic Level）と専門レベル（Expert Level）の 2 つのレベルが設定されている基準では，基本レベルと専門レベルからそれぞれ 1 指標ずつ選出し計 2 指標とした。この 28 問について，「まったくあてはまらない」⑴，「少しあてはまらない」⑵，「どちらとも言えない」⑶，「少しあてはまる」⑷，「とてもあてはまる」⑸の 5 件法による自己評価を回答してもらった。

　調査対象は，岡山県内の公立小学校長宛に調査協力に関する依頼文書を送付し，協力が得られた小学校教諭とし，2021 年 7 月～ 8 月に調査を行った。調査にあたっては，岡山大学大学院教育学研究科研究倫理委員会の承認（課題番号 8，2021 年 6 月 24 日付）を得て，研究協力者である回答者に不利益がないよう万全の注意を払い実施した。オンラインフォームで得られた回答 274 件の内，氏名及び電子メールアドレスから重複している回答 17 件を除き，257 件を有効回答とした。重複回答については，最後の回答を有効回答とした。小学校教員による TTST 自己評価（RQ1）及び見学指導経験の TTST 認識への影響（RQ2）における数的な分析を行うために，5 件法による選択肢（自己評価）を 1 ～ 5 点に点数化した上で，基準別行動指標 2 問の平均値を各基準のスコア（平均値）とし，各目標内の基準スコアを上位目標のスコア（平均値）として集計・分析した。また，見学指導経験の TTST 認識へ

表2 本調査における質問項目（選出したTTST行動指標）

目標	基準	質問項目（行動指標）
G1	S1	1. ワープロソフトやプレゼンテーションソフト，インターネットを活用して教材を準備することができる。 2. インターネット上の情報やオンライン投稿について危険性があることを常に意識している。
	S2	3. 授業目標に合わせて必要なソフトウェアや機器を選択することができる。 4. 指導・学習において，児童が必要なデジタル教材を見つけ活用することができる。
	S3	5. ICTを活用した指導方法に関する研修に参加している。 6. 本やインターネット等を通じて，ICTに関する最新情報を知ろうと努力している。
	S4	7. 授業であってもICT活用時には，著作権等法律を常に順守している。 8. 学内であってもICT活用時には，児童のプライバシー保護について常に意識している。
G2	S1	9. 現在の教室環境において，ICTを活用して「できること」「できないこと」を理解している。 10. 現在の教室環境において，ICT活用教育を進める上で不足している機器・環境を説明することができる。
	S2	11. 自分の指導スタイルに合わせて必要なICT活用方法を検討することができる。 12. (E) 他の教員に対して，その指導に必要なICT活用方法を助言・支援することができる。
	S3	13. 英語の授業目標や児童の発達段階に応じて，ICTを活用した言語活動を行うことができる。 14. (E) 英語の授業目標や児童の発達段階に応じたICT環境を（予算があれば）自ら構築することができる。
	S4	15. ICT活用教育に関する最新の研究（調査）成果を確認するようにしている。 16. (E) ICT活用教育に関する研究の背景や限界，欠点を理解し，他の教員にも説明することができる。
G3	S1	17. 児童を評価するために必要な情報を，ICTを活用して収集することができる。 18. (E) 児童の学習状況を，ICTを活用して可視化することができる。
	S2	19. 言語指導や言語学習を促すための情報収集及び分析のために，ICTを活用することができる。 20. (E) オンライン上の児童による提出物や投稿から，言語使用について評価・分析することができる。
	S3	21. 言語学習における児童によるICT機器の利用効果について評価することができる。 22. (E) 児童によるICT機器の利用効果について評価するための方法を提案・共有することができる。
G4	S1	23. 英語教師等との効果的な連絡・共同のためのオンライン上のコミュニティに参加している。 24. (E) 教師や児童が利用できるオンライン上のコミュニティを管理・運営することができる。
	S2	25. 職能開発（教員研修）のために，様々なオンライン上のサービスを活用することができる。 26. (E) 指導や職能開発（教員研修）として必要な新たなオンラインサービスがあれば意識して利用している。
	S3	27. 授業準備，評価，記録保管のために必要なオンライン上のシステムを利用している。 28. (E) 資料配布や評価，ポートフォリオ作成等の目的を達成するために，児童にICT活用を推奨している。

※ （E）は専門レベル

の影響（RQ2）については，ICT を活用した小学校英語の授業の見学経験の有無又は指導経験の有無によってそれぞれ 2 群に分け，独立した t 検定による統計処理を行った。統計処理には IBM SPSS Statistics バージョン 24 を用いて，また，効果量 d 及び検定力 $power$ の分析には G*Power バージョン 3.1.9.6 を用いて，各項目における分析を行った[1]。なお，本研究で得られた回答の信頼係数は，Cronbach α = .940 となっており，各質問項目が全体として同じ概念や対象を測定していると考えられる。

4　結果と考察

　得られた回答の TTST 自己評価に関する記述統計量及び t 検定結果が**表3**である。

　まず，小学校教員による TTST 自己評価（RQ1）を明らかにするため，

表3　TTST 自己評価に関する記述統計量及び t 検定結果

| | | 全員 | 見学経験 | | | | | 指導経験 | | | | |
| | | (n=257) | あり (n=178) | なし (n=79) | | | | あり (n=118) | なし (n=139) | | | |
		M(SD)	M(SD)	M(SD)	t	d	power (1-β)	M(SD)	M(SD)	t	d	power (1-β)
G1		4.06(0.64)	4.09(0.67)	4.00(0.55)	1.12 n.s.		.15	.31	4.1(0.58)	4.03(0.69)	0.99 n.s.	.12	.26
	S1	4.48(0.68)	4.49(0.72)	4.44(0.58)	0.62 n.s.		.08	.16	4.53(0.65)	4.43(0.71)	1.15 n.s.	.14	.31
	S2	3.84(0.80)	3.88(0.80)	3.76(0.80)	1.08 n.s.		.15	.28	3.95(0.76)	3.74(0.83)	2.10 *	.26	.68
	S3	3.61(0.93)	3.67(0.95)	3.47(0.88)	1.56 n.s.		.21	.47	3.62(0.94)	3.60(0.94)	0.12 n.s.	.02	.06
	S4	4.32(0.78)	4.33(0.81)	4.31(0.69)	0.15 n.s.		.02	.07	4.32(0.71)	4.32(0.83)	-0.06 n.s.	.01	.06
G2		3.05(0.81)	3.14(0.79)	2.87(0.83)	2.42 *		.33	.77	3.21(0.80)	2.92(0.81)	2.88 **	.36	.89
	S1	3.57(0.93)	3.59(0.95)	3.53(0.89)	0.44 n.s.		.06	.11	3.71(0.92)	3.45(0.93)	2.26 *	.28	.73
	S2	3.40(0.95)	3.52(0.90)	3.15(1.02)	2.94 **		.40	.89	3.61(0.90)	3.23(0.97)	3.17 **	.40	.94
	S3	2.71(0.94)	2.79(0.90)	2.53(1.01)	2.02 *		.27	.63	2.95(0.90)	2.50(0.92)	3.97 **	.50	.99
	S4	2.54(1.09)	2.65(1.11)	2.28(1.01)	2.53 *		.34	.82	2.57(1.06)	2.50(1.12)	0.50 n.s.	.06	.13
G3		3.16(0.95)	3.29(0.93)	2.86(0.95)	3.38 **		.46	.96	3.32(0.88)	3.03(0.99)	2.43 *	.30	.79
	S1	3.42(1.01)	3.55(0.96)	3.13(1.06)	3.14 **		.42	.92	3.57(0.90)	3.30(1.08)	2.12 *	.27	.69
	S2	3.17(1.02)	3.32(0.99)	2.85(1.00)	3.49 **		.47	.97	3.37(0.97)	3.00(1.03)	2.95 **	.37	.90
	S3	2.89(1.08)	3.01(1.08)	2.61(1.05)	2.70 **		.37	.86	3.01(1.06)	2.78(1.10)	1.68 n.s.	.21	.51
G4		2.36(0.93)	2.51(0.94)	2.02(0.83)	3.96 **		.53	.99	2.47(0.92)	2.26(0.94)	1.77 n.s.	.22	.55
	S1	1.83(0.99)	1.97(1.04)	1.51(0.78)	3.50 **		.47	.98	2.01(1.04)	1.68(0.93)	2.68 **	.33	.84
	S2	2.44(1.14)	2.60(1.16)	2.06(1.02)	3.58 **		.48	.98	2.51(1.15)	2.38(1.14)	0.91 n.s.	.11	.23
	S3	2.81(1.12)	2.95(1.12)	2.49(1.08)	3.07 **		.42	.92	2.90(1.06)	2.74(1.17)	1.15 n.s.	.14	.31

$^*p$ < .05　$^{**}p$ < .001

回答者全員の各目標及び各基準のスコアを検討する。目標の自己評価の平均値については，G4（技術）（$M = 2.36$）＜ G2（教授法）（$M = 3.05$）＜ G3（評価）（$M = 3.16$）＜ G1（基礎）（$M = 4.06$）の順で高くなっている。各基準のスコアについては，G1S1（基本）と G1S4（模範）が 4.00 を超えている一方で，G2S3（デザイン），G2S4（研究成果），G3S3（児童評価），G4S1（共同作業），G4S2（技術開発），G4S3（効率性）はいずれも 3.00 を下回っていた。この結果から，小学校英語を指導するための ICT 活用能力として，G1（基礎）に関しては多くの小学校教員が高く自己評価している一方で，G4（技術）については各基準いずれにおいても低い自己評価であったことから，十分に身に付けているとは考えていないことが分かる。このことからは，現有のソフトウェアや機器を活用して英語の授業を行うための準備やデジタル教材の活用［G1S1（基本），G1S2（選択）］，児童の模範となる ICT 活用［G1S4（模範）］は多くの教員が ICT 活用能力として持ち合わせていると（自己）評価している。一方で，ICT に関する学習［G1S3（学習）］は行っているものの，それが教育実践や教員研修につながっていない点［G2S4（研究成果），G4S2（技術開発）］や，ICT を活用して児童の学習状況の把握や情報収集・評価につながっていない点［G3S3（児童評価）］について，課題として捉えていることが読み取れる。この結果は「令和 2 年度中に ICT 活用指導力の状況の各項目に関する研修を受講した教員の割合」（文部科学省，2021b）が，岡山県小学校教員は 76.5％ と全国平均（72.4％）より高くなっているものの，研修については ICT 活用による学習状況の把握や評価方法といった内容への焦点化や一層の充実化を図る必要性も示唆している。

　なお，スコアが最も低かった G4S1（共同作業）（$M = 1.83$）の項目については，質問項目として「英語教師等」といった文言や，「オンライン上のコミュニティの管理・運営」に関する行動指標を質問項目として選択しており，難易度を高く感じた可能性があり，これらのことが，スコアを下げる要因となった可能性は否めない。

　次に，見学指導経験の TTST 認識への影響（RQ2）を明らかにするために，ICT を活用した小学校英語の授業の見学経験の有無又は指導経験の有無に

よって分けた2群間の平均スコアの差を比較した。

　見学経験の有無によって統計的有意差があった目標は，G2（教授法）［t (255) = 2.42, p = .002, d = .33, $power$ (1-β) = .77］，G3（評価）［t (255) = 3.38, p = .000, d = .46, $power$ (1-β) = .96］，G4（技術）［t (255) = 3.96, p = .000, d = .53, $power$ (1-β) = .99］であった。G2（教授法）ではS1（妥当性）以外すべての基準において，G3（評価），G4（技術）ではすべての基準において統計的な有意差があったが，G4（技術）が中程度の効果量であるのに対し，その他の目標及び基準においては小程度の効果量となっていた。G1（基礎）［t (255) = 1.12, $n.s.$, d = .15, $power$ (1-β) = .31］については目標及びいずれの基準においても有意差は認められなかった。

　指導経験の有無によって統計的有意差があった目標は，G2（教授法）［t (255) = 2.88, p = .000, d = .36, $power$ (1-β) = .89］，G3（評価）［t (255) = 2.43, p = .002, d = .30, $power$ (1-β) = .79］であった。指導経験については，G2（教授法）はS4（研究成果）以外すべての基準において，G3（評価）はS3（児童評価）以外すべての基準において統計的な有意差があったが，G1（基礎）ではS2（選択）のみ，G4（技術）ではS1（共同作業）のみ有意差を確認することができた。ただし，G2S3（デザイン）は中程度の効果量（d = .50）であったが，その他の目標及び基準においては小程度の効果量となっていた。

　この結果から，見学指導経験のTTST認識への影響（RQ2）について，G1（基礎）に関して，見学経験や指導経験によって差異がないことから，他の授業や授業外の業務，または私生活を通して，小学校教員はICT活用能力を習得・維持している可能性も考えられる。G2（教授法）やG3（評価）については，すべての基準で見学や指導の経験がある方が高いスコアを示していることから，他の教員がICTを活用した小学校英語指導に取り組んでいる授業を見学したり，実際に自ら小学校英語の授業でICTを活用したりすることで，こうしたICT活用能力を向上させることができる可能性が示唆される。また，G4（技術）については，見学経験がある方が高いス

コアとなっているが，指導経験ではS1（共同作業）以外統計的有意差が確認できていない点から，見学によってコミュニケーション・コラボレーション・効率性向上のためのICT活用に関する具体的なイメージをつかむことができる一方で，実際に自身の指導で取り組むことはできないと考えているのではないかと推察される。つまり，ICT活用についてイメージのみの獲得では指導につなげられないと考えている可能性を示唆している。ただし，G4S1（共同作業）は前述の通り，難易度を高く感じた可能性が強い質問項目であったものの，見学経験や指導経験のいずれにおいても「有」と回答した方のスコアが有意に高くなっていることから，見学や指導の経験は，連絡・共同作業におけるICT活用に対して何らかの効果があると考えられる。

5 研究のまとめと今後の展望

本稿では，小学校英語教育におけるICT活用に関する小学校教員の現状と課題を明らかにすべく，TTSTを用いて調査を行った。本調査によって，小学校教員の現状として，ICTに関する基礎的知識や，小学校英語指導におけるICT活用については一定の理解はあるものの，授業におけるICT活用においては児童の学習状況の把握や評価，オンライン上のコラボレーション，また，最新のICT活用教育に関する研修・情報収集といった点で課題があることを確認することができた。また，これらの課題については，ICTを活用した小学校英語の授業を見学したり，実際に自身で指導したりすることで，改善が期待できる点もあるという示唆が得られた。ただし，本調査では158指標から28項目を選出しており，TTSTの本来の趣旨をすべて調査できたわけではない点については留意する必要がある。

Kessler（2018，215頁）は，TESOL Technology Standardsについて，教師がソーシャルネットワークに広く参加したり学習者が教科書では味わえないわくわくする体験を作り出す様々な最新技術を調べたりすることの必要性や，教職を目指す学生に対してICT活用の意義の理解を促すことの重要性を指摘している。本稿では，紙幅の都合上，RQを2点に絞って論じたが，調査で得られたデータをさらに詳細に分析すると共に，小学校教諭免許課程

を履修する学生を対象とした TESOL Technology Standards を用いた調査研究を行い，教員養成及び教員研修の具体的方策についての提言につなげたい。

[キーワード]

小学校英語教育（English Language Education in Elementary School），ICT 活用（the Use of ICT），小学校教員（Elementary School Teachers），TESOL 技術標準（TESOL Technology Standards），自己評価（Self-Evaluation）

謝辞　本研究のためにご多忙の中，調査への回答にご協力くださいました多くの先生方に，深く感謝申し上げます。

〈注〉

(1) 竹内・水本（2012，52-57 頁）を参考に，効果量 d については，$d = .20$ を小，$d = .50$ を中，$d = .80$ を大と判定し，検定力についても，同氏らが指摘する Cohen（1998）による提案である $power$（$1-\beta$）$= .80$ 以上を推奨値とし分析を行った。

〈引用文献〉

Cohen, J., 1998, *Statistic Power Analysis for the Behavioral Sciences*（*Second Edition*），Lawrence Erlbaum.

藤谷哲・峯村恒平，2019，「改訂『教員の ICT 活用指導力チェックリスト』を用いた全国小学校教員に対する意識調査」，『日本教育工学会研究報告集』2019 年第 1 号，77-82 頁。

Healey D., Hegelheimer V., Hubbard P., Ioannou-Georgiou S., Kessler G., Ware P., 2008, *TESOL Technology Standards Framework* https://www.tesol.org/docs/default-source/books/bk_technologystandards_framework_721.pdf.（2022 年 2 月閲覧）

Healey D., Hanson-Smith E., Hubbard P., Ioannou-Georgiou S., Kessler G., Ware P., 2011, *TESOL Technology Standards: Description, Implementation,*

Integration. tesolpress.

東口貴彰，2020，『小学校英語×ICT「楽しい！」を引き出す活動アイデア60』，
明治図書，10-22頁。

Kessler G, 2018, Technology and the future of language teaching. *Foreign Language Annals*, Volume 51, Issue 1, pp. 205-218.

真崎克彦，2014，「小学校外国語活動の現状」吉田晴世・野澤和典（編著），『最新
ICTを活用した私の外国語授業』，丸善出版，128-141頁。

文部科学省，2018，「教員のICT活用指導力チェックリスト」，https://www.mext.
go.jp/a_menu/shotou/zyouhou/detail/1416800.htm（2022年2月閲覧）

文部科学省，2020，「外国語の指導におけるICTの活用について」，https://www.
mext.go.jp/content/20200911-mxt_jogai01-000009772_13.pdf（2022年2月閲覧）

文部科学省，2021a，「GIGAスクール構想の下で整備された1人1台端末の積極
的な利活用等について（通知）」https://www.mext.go.jp/content/20210414-
mxt_jogai01-000014225_001.pdf（2022年2月閲覧）

文部科学省，2021b，「令和2年度学校における教育の情報化の実態等に関する調
査結果」，https://www.mext.go.jp/a_menu/shotou/zyouhou/detail/
mext_01635.html（2022年2月閲覧）

坂本南美，2020，「小学校英語における授業改善に向けたICT活用に関する意識調
査−教員養成課程で小学校教員を目指す大学生の視点から−」，『岡山理科大学
紀要．B，人文・社会科学』第56号，65-73頁。

竹内理・水本篤，2012，『外国語教育研究ハンドブック　研究手法のより良い理解
のために』松柏社，52-57頁。

山本淳子，2010，「小学校英語教育におけるICTの活用について」，『新潟経営大学
紀要』第16号，111-121頁。

吉住香織，2018，「英語授業指導とICT教育に関する一考察：教職課程履修生の
ICT英語授業経験とICT教育への意識を探る」，『言語メディア教育研究センタ
ー年報』2017，61-75頁。

吉田晴世，2008，「小学校英語活動教材」吉田晴世・松田憲・上村隆一・野澤和典
（編著），CIEC外国語教育研究部会（著），『ICTを活用した外国語教育』，東京
電機大学，119-138頁。

【付記】

　　本稿は，日本児童英語教育学会（JASTEC）2021年度第41回秋季研究
大会（2021年11月28日，オンライン開催）にて口頭発表した内容を再構

小学校英語教育における ICT 活用に関する小学校教員の現状と課題に関する研究

成したものである。

子どもケース会議における合意形成の過程
—教師の権利・義務・責任をめぐるディスコース分析—

東京大学大学院　**小田　郁予**

1．研究の目的

　複雑，多様化する子どもたちの課題や，新たな教育への対応等，現在学校では教師らの多様な視点や経験を活かした課題対処や実践創出がこれまで以上に求められている。本研究はそうした課題のうち，子どもの支援方策を検討するケース会議において異なる立場や経験を有する教師らが明日以降の子ども支援方策について合意形成を図る過程を明らかにすることを目的とする。会議における相互作用の特徴を検討したものに，合意形成が他の参加者や決議事項が提示される相手に配慮した形で成される特徴があることや[1]，教師間の暗黙のコードに基づいて会議場面の秩序が保たれ合意形成が図られること[2]，ローカルな相互行為の中で，ある事柄の正しさではなく適切さが議論されること[3]等が明らかにされてきた。これらは会議が会議として成立していく方法に焦点があり，異なる視点を有する成員一人一人の物事の捉え方の違いやその背景，調整過程には踏み込めていない。そこで本研究は立場や経験の異なる教師らの主張が文脈や相互作用の中でどのように正統性あるものとして訴えられ，競合する主張がいかに調整の機会を得て合意形成に至るか，そのプロセスを明らかにする。これにより重要でありながらも容易ではない教師間の合意形成について，難しさ解消の端緒となる知見を見出すことを目指す。

2．研究の対象と方法

2.1. 対象ならびにデータ収集

　公立Q小学校におけるケース会議の音声記録82分の逐語録を分析対象とする。ケース会議を対象とするのは，会議場面において立場や経験の異なる教師らが各々の視点から支援方策を出し合い，それらにより明日以降の子ども支援について合意形成が図られていく可能性があり，合意形成の過程を検討する本研究の目的に合致するためである。

職名・担当クラス	教職年数
校長	37
教頭	32
教務主任	21
特別支援学級担任	30
学級担任A（a児担任）	13
学級担任B（a児同学年担任）	1
学級担任C（児童指導主任）	9
養護教諭	38

※出席者

表1　ケース会議参加者属性

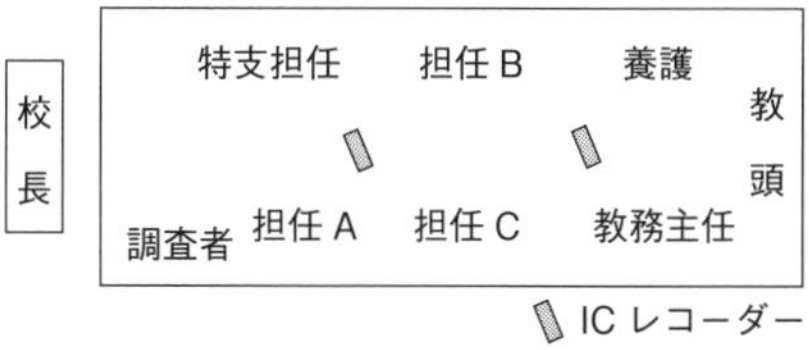

図1　ケース会議座席配置

　Q小学校は児童数200名強，教職員数22名の公立小学校で，対象児童（以下a児）は3学年で，連日遅刻し一日の大半を自席で眠って過ごす状態が半年以上続いていた。会議は課題の長期化に悩む担任からの要請により臨時招集され，20XX年3月YY日放課後にa児に関わる教師らと管理職，計8名が参加し（**図1，表1**）特別支援学級担任（以下：特支担任）の司会の下で開催された。音声記録82分と担任A作成の会議資料（A4・3枚），会議後補足点として提示された担任手記（A4・3枚）を収集した。筆者は教職経験を持つ大学院生で2018年4月より2022年5月まで終日学習支援ボランティアとして児童の生活や学習の支援を継続している。本研究は筆者所属機関の倫理審査，並びにQ小教職員の書面による承諾を得た上で開始し，データ収集には別途該当教師らの承諾を得た。逐語録ならびに分析結果は参加者それぞれのメンバーチェッキングを受け，担任，校長との研究懇談，教師らとの研究協議を経て加筆修正し，改めて公開の許諾を得た。

2.2. データ分析

　当事者の置かれている文脈や場における他者との相互作用過程で顕在化する物事の捉えられ方の違いや変化を検討するにあたり，教師らのやりとりのディスコース分析を行う。ディスコースは，コミュニケーション過程の中でダイナミックに作り上げられるものとして個人の発話や行動を捉えるもので[4]，本研究では発話行為と自他の位置づけであるポジション，ストーリーラインの3極構造に着目するポジショニング理論に基づき，ポジション，発話行為，それにより生成されるストーリーラインの分析を行う。例えば，噂話をすること（発話行為）は自他を互いに信頼できる相手と位置づけ（ポジション），信頼関係があるというストーリーラインを形成する[5]。この分析は相互作用が発生する発話や書き言葉にも適用可能で，ポジションに着目することによって個人としての自己だけでなく集団の一員や代表としての自己の観点からもポジションに付随する権利・義務・責任やグループ内外における成員の関係性，歴史性，メンバー間の力関係などを明らかにすることができる[6]。教員養成を担う大学教員，実習生，メンター教師のメンタリング関係をポジショニングに着目して分析した研究ではメンターと実習生が互いを「同僚」と位置づけ，大学教員を「管理者」と位置付けたことが大学教員の実習生に対する指導助言の差し控えに繋がるとするポジショニングの影響を明らかにしている[7]。ポジションに付随する権利や義務，責任はモラルオーダーとされ，文脈の中で変化する。綾城は日本社会が持つ否定的な「宗教」ディスコースに日本人キリスト教徒が対処する際，対話の中で自己を"キリスト教"ポジションではなく"個人的"ポジション（personal position）で語ることによりキリスト教のモラルオーダーからの逸脱に対する正当化を達成していることを明らかにしている[8]。この"個人的"ポジションをとることで，例えば患者が依頼したシーツ交換を看護師が行わない場合，看護師として患者を支援するという自己が置かれた社会的立場に付随するモラルオーダーからの逸脱を，「今朝ドクターから別の用事を頼まれているので」のように説明し，シーツ交換を行わない正当性を説明することができるようになる。この"個人的"ポジションは自己の属性に関わる言及や，これまでの経

表2　本研究におけるスクリプト表記のきまり

記号	定義
[	複数の話し手の音声が重なっている場合，重なりの始まりを示す
=	二人の話し手の発話が途切れなく密着していることを示す
(.)	発話の流れが途切れていることを表す
＿	強調された語はアンダーラインで示す
::	音が引き延ばされていることがコロンで示される。コロンの数が多いほど長く引き伸ばされていることを示す
?	語尾の音が上がっていることは疑問符で示される

験に言及するライフストーリー等によってなされる[9]。本研究は子どもの課題解決のために集まった教師らが会議の中で自他をどのように位置付け支援方策を協議するか，発話，ポジション，ストーリーラインに着目することで会議内における教師らの相互作用場面における合意形成の過程を明らかにする。なお，カッコ内の数字は発話番号で，教師らの語る「行政」は月に一度訪問するスクールカウンセラー（以下：SC）や教育委員会を指す。逐語録は鈴木（2007）[10]を参照し作成した（**表2**）。

3．児童の課題解決に向けた支援方策を巡る異なる認識とその調整

　本ケース会議は冒頭約11分の間に7度SCへの援助要請を訴えた担任Aの現状説明により始まった。会議序盤担任Aの要望を受けSCへの接続を含む支援方策の検討か，校内での支援継続に向けた検討かが争われその後，明日以降の子ども支援についての具体が議論された。以下，合意形成過程での相互作用の特徴を明らかにするため会議中の教師らのやり取りを時系列に検討する。まず，倫理的配慮から保護者の個人情報や地域の医院に関する情報がやり取りされている発話を分析対象外として除外し，その上でa児の支援方策についての教師らの協議中のポジションの対立（3.1），揺らぎ（3.2），合意形成に向けた議論（3.3）のやりとりを抜粋し，合意形成に向けた教師らの相互作用の特徴を明らかにする。

3.1.【16分〜37分】他者からのポジショニングを再ポジショニングすることによる対抗

3.1.では会議冒頭，行政への援助要請を強く要望した担任Aの発話を受け，外部への接続を前提とした支援方策の検討か，校内支援方策の検討かで意見が対立し，会の司会を担当する特支担任が校長から会議の目的を尋ねられた場面（46）を検討する。特支担任は，担任Aの訴えに対し「どっか力を借りなきゃいけないかも（47）」と外部への援助要請を否定しない姿勢を示しつつも「力を借り」られるまでの間a児が「学校生活をどう送れるようにしていくか」「そこが大事」（47）とし，校内での対処方策を検討したい意向を示した。その意見に校長が賛同するが（50），教頭が「最初から引っかかってる」こと，とし「どこかに繋ぐことありきの話し合いの雰囲気」がある（54）としてこれまでの議論に異議を唱えた。これは「どこかに繋ぐ」前に「私たちがまだやれることとかやるべきことがあるんじゃないか」（56）とする「私たち」教師，学校のスタッフという自他のポジショニングによってもたらされている。この位置づけによりa児が「一番心開くのは担任であり学校で」，本当の気持ちをa児が行政の人に話すとは思えない，というストーリーラインが立ち上がっている。教頭が発した「私たち」は「行政」「どこか」との対比の上で自分も含む参加者らを"Q小の内部者"として位置づけ，児童の問題解決に義務を負い，同時に保護者面談を含め家庭に介入する権利を有する，とする発言と理解可能で「やるべきことがまだあるんじゃないか」の発話は単なる疑問や提案としてではなく，a児の問題に対し責任や義務，介入の権利を有する者がその責任を負うことなく行政への援助要請に向け議論をしようとすることを非難する発言とも聞くことができる。これを受け，校長も「我々が」できることとし"Q小の内部者"ポジションを受け入れ「父親にまず関わってもらう」とする校内支援の具体方策を提示した（59）。

すると"Q小の内部者"ポジションを与えられた担任Aは，自己を別のポジションに位置づけなおすことによって校内支援継続に向けた議論に向かうストーリーラインの再構築を試み，議論の流れに対抗していく。担任Aは一連のやり取りを受け（63）にて児童の変化については認めるものの，「一過性かな」として，特支担任の「問題はないかな（62）」とする発言に「学校でできる事はってあったんですけど」として"担任"ポジションから

表3　特定ポジションから争われる教師の責任

番号	発話者	発話内容
46	校長	あの (.) 特支担さん (.) この話し合いは (.) 目指すaの解決法，目指す像を追究する (.) という話し合いよりも (.) 原因を追究するっていう話し合いになるの？
47	特支担	＝いや (.) 私としては (.) 事前に状況 (.) 原因を探ったとしてもそれを解決するために (.) 確かにどっか力を借りなきゃいけないかもしれない (.) でもその間彼女は学校生活を送っていくんですよ (.) その学校生活をどう送れるようにしていくか (.) まずはそこが大事なのかなって
50	校長	［なるほど (.) ［賛成
51	教頭	［私ちょっと
52	特支担	［だから (.) お母さんに (.) もし (.) 眠たくても (.) 朝定時に学校に連れてきてもらうっていうことを推奨していきましょうっていう風にまとまれば
53	担任A	［あ (.) はい
54	教頭	［私ちょっと (.) すごく (.) この (.) <u>最初から引っかかってるのは</u> (.) なんとなく (.) 最初からどこかに繋ぐことありきの話し合いの雰囲気が (.) 私は (.) 最初に<u>すごくひっかかってて</u> (.) 担任A先生は行政に何を求めてるのかな？何を期待してるんだろう？
55	担任A	はい
56	教頭	担任C先生もそうなんだけど (.) 私たちがまだやれることとかやるべきことがあるんじゃないか (.) だからそのために共通理解が必要だと思った (.) aさんが一番心開くのは担任であり (.) 学校であると思ってるので本当の気持ちを行政の人が入ったからとんって話すかって言われたら私は話さないと思うので (.) だからその前に養護先生が保護者面談するとか (.) 私が保護者面談するとか本当のお母さんの思いを汲まないと (.) どこに繋いでもうまくはいかないと思うので私たちにできることはないのかっていうところが一番私はひっかかったの (.) けど今は先生対aさんのお母さんってなってるから (.) それは苦しいと思うんで (.) 学校としてできること (.) aちゃんのママが一番心ひらくのは学校だと思ってるので (.) 私たちに出来ることがまだあるんじゃないかなって
57	校長	＝ちょっと発表していい？
58	特支担	はい
59	校長	今，教頭さんが何かやれることがあるんじゃないかっていうことで (.) 担任Aさんが作ったレポートには父親の存在が一切ないんで (.) 父親にもまず関わってもらう (.) 我々がまずできることの一つかなって (.) そうすることによって (.) これからaにとって，彼女にとってどんな姿を描いていけばいいのか，何をすべきか話し合いができるんじゃないんか
60	特支担	今SC先生と面談がとれたことで外部機関との道は開けたと思うんですね (.) で (.) そっちが展開されるのを待つとして今のaさんにどういう指導をしていこうかっていうのを ［これから
61	担任A	［あ::どういう指導
62	特支担	＝どういう指導っていうか (.) でも問題はないかなって (.) ここ一週間くらい授業見させてもらってたんだけど (.) ま (.) ぼ:っとしてる (.) 眠ってるっていうか (.) 前は眠いっていう状態 (.) 眠いっていう状態からは脱出したのかな (.) 算数だったからわかんないよ::っていう状態だよね (.) そういうわかんねえよ::っていう状態の中で (.) 応じられてたかなっていう印象もったので (.) 何が今出来るか (.) 学校で出来ることは何なのかっていうことをちょっと相談できればいいのかなって

63　担任 A　あ (.) はい (.) じゃ (.) 今の状態 (.) 特支担先生 (.) の (.) この 1 週間くらいの
　　　　　　状態だったら (.) まだ (.) 支援 (.) 可能 (.) かな (.) っていう印象は (.) 僕も (.)
　　　　　　受けます (2.0) だからさっきは一過性かな (.) っていう風に言ったんですけど (.) す
　　　　　　みません (.) さっき (.) 学校でできる事はってあったんですけど (.) a さんほんと
　　　　　　うに眠い (.) 本当に眠い (.) 本当に寝てるので (.) 僕がその状態で (.) できる事っ
　　　　　　ていうのは (.) ほんと限られてるかなって (.) その状態で (.) 僕ができることって
　　　　　　あまり考えつかないかなって (.) だからこそ即行政に (.) 頼らざるを得ない (.) こ
　　　　　　の状態で他の先生に支援していただいても本人寝てますので (.) 体 (.) 熱くなって
　　　　　　るので (.) こういう状態じゃ

反論を開始する (63)。担任 A はここで「ほんとに眠い, 本当に眠い, 本当
に寝てる」と学級内での a 児の具体的な日常の様子を説明することで「その
状態でできる事はほんと限られてる」「その状態でできる事ってあんまり考
えつかない」とした。教室内の終日の様子を知りうる担任が持つ児童の具体
的な様子を語り, 本来 a 児の指導や支援において校内の誰よりも効力が及ぶ
はずの担任が, 教室空間においてその責任を果たし得ない, すなわち a 児の
現状では行政に即頼らざるを得ないとするストーリーラインを形成し, 校内
支援継続を検討する議論に対抗する。これは「学校でできる事」を行うべき
とする "Q 小の内部者" に付随するモラルオーダーからの逸脱を, 体温が上
昇するほど眠り込み, 教室内の支援が不可能な a 児に対し, 外部への援助要
請を通して支援を試みることで "担任" の責任を果たすものであるとするス
トーリーラインであり, これにより校内支援継続検討の議論に対抗している。
この後, 空き時間などを利用して a 児の様子を観察してきた特支担任も a 児
の現状説明を行い a 児の捉え方を巡り意見が対立し, 支援方策について検討
する議論は再び停滞する。

3.2.【37 分〜 58 分】相互作用の中で生まれる様々なポジション

　　3.2. では参加者間の相互作用の過程で自他のポジションが流動的に変化し,
児童の支援を巡って様々なストーリーが展開される過程を検討する。そこま
での議論を引継ぎ a 児の変化を肯定的に捉えようとする教頭 (115) に対し
難色を示す担任 A (116) に教頭は (117) にて会議冒頭から行政への援助要
請を強く望む担任 A にその思いを尋ねている。その上で担任 A の求める養
育支援を「私たち」が担ってはだめかと, 改めて校内支援継続の検討を提案
する (121)。ここでの「私たち」は "Q 小の内部者" としての「私たち」と

表4　相互作用過程で変化する自他のポジション

番号	発話者	発話内容
115	教頭	ａちゃんに関しては（.）今（.）いい傾向が見れてるじゃない
116	担任Ａ	今のところはです
117	教頭	来なかったところから来て寝てる（.）寝てるところから起きてるとこまできたんだから（.）先のことはもちろんわからない（.）けど今の状態だったら（.）できる事を支援していくっていうんで教室内はいいと思うんよ（.）でも必ずお母さんの支援が必要になってくるじゃない（.）で（.）多分そこで担任Ａ先生はそこで一番困って行政をって言ってるんだと思うんだけど（.）先生が行政に一番やってほしいことって何？
118	担任Ａ	＝養育方法
119	教頭	＝お母さんへの支援をしてほしいんだよね？
120	担任Ａ	はい
121	教頭	例えばそういうのをまずは私たちがやっちゃダメなんですか？
122	担任Ａ	は：
123	教頭	行政とか入ってもらっても一切入り込めないっていうケースも実際ｘ君の所であるから何をどこまで期待して行政を考えてるのかなって思ってるんですよ（.）行政に頼んだから大丈夫っていう風には絶対にならないと思ってるの
124	担任Ａ	僕も行政に頼んでどういう支援があるのかっていうのも僕全然専門ではないので分からない状態なんで，だからＳＣ先生にご相談をしたところ（.）家庭への養育支援が（.）例えば僕ら（.）僕らのしご（.）と（.）に（.）なるのかどうか［っていうのが
125	教頭	［それ今目指してるところ，［目指してるからね
126	担任Ａ	［踏み込んで
127	教頭	ま（.）目指してるところだからね分業をね（.）でもなんとなく私は自分ではお母さんと話をしてお母さんの悩みをちょっと聞いてあげたいなって思っちゃう（.）でも担任とは違う例えば母親？っていう立場で一緒に聞くとか私たちにはちょっとできるかなって（.）どうですか養護先生？
128	養護	はい（.）それはあると思います
129	教頭	＝急に行政が入っても心ひらかないと思うんですよね：
130	担任Ｃ	あ（.）すみません（.）僕も最初行政って言ったのは（.）あのここやってダメ（.）ここやってダメっていうんじゃなくて（.）できるだけ効率的に詳しい人に入ってもらいたいっていう思いで担任Ａ先生の話をきいていたので（.）もしそれが一番効果的なのが養護先生なのであればそれが結論であればそれがいいと思いますし（.）教頭先生だっていうんであればそれがいいと思います（.）あの何が何でも行政って言ったわけではないです
131	教頭	＝効果的かどうかは分からないけどね：：
132	担任Ｃ	＝もちろんやってみないと効果はわからないですけど（.）あの試行錯誤する時間もａちゃんはこんな時間を過ごしているわけで試行錯誤に半年一年と経ってしまうのであれば最短でお母さんの支援が得られる方がいいっておもったので（.）その（.）プロフェッショナルがいるのであればプロフェッショナルに頼むのがいいんじゃないかって

もその後に続く女性，母親としての「私たち」ともとれるが，「行政に頼んだから大丈夫っていう風には絶対ならないと思ってる（123）」「お母さんの

悩みをちょっと聞いてあげたいなって思っちゃう（127）」「急に行政が入っても心ひらかないと思う（129）」などと個人の思いや過去の経験を共有する"個人的"ポジションから校内支援継続の検討を訴えている(注1)。

　しかしこの提案に対し担任Aは「家庭への養育支援が僕らの仕事になるのか（124）」とする発話によって自身を"労働者"として位置づけ校内での支援継続に向けた議論に対抗するストーリーラインを形成する。これは「SCに相談をしたところ」と権威ある他者からの位置づけでもあることを示すことで前述の"Q小の内部者"としての責任放棄のディスコースに正当性をもって対抗するもので，この「僕らの仕事か」によって家庭への養育支援を本来担うべき他者に援助要請を訴える冒頭からの主張を維持している。するとこれに対し教頭は「母親？っていう立場で一緒に聞く（127）」としてa児の母親と同じ"母親"として自らや養護教諭を位置付け，引き続き校内での支援方策を探る姿勢を見せた。「一緒に聞く」は同じ立場の存在として共感的に悩みを聞くことができることを想起させるもので，共に解決の方向性を探ることが出来るかもしれないという校内支援の可能性を提示するストーリーラインを形成している。すると担任Cは「僕」がこれまで担任Aや他者の議論をどのような思いで聞いていたか，と"個人的"ポジションでの理解を示し，担任Aの訴えにも言及しつつ「一番効果的な」方法という視点から「プロフェッショナルがいるのであれば」専門家に頼む方がいいのではないか（130）と新たな視点を提示した。担任Cは「ここやってダメ，ここやってダメ」という担任Aのこれまでの支援の経緯やケースの長期化を踏まえ，「効率的に詳しい人に入って」もらうことによる問題解決策の検討を提案している。（130）にある「最初行政って言ったのは」の発言は会議冒頭，担任Aの現状説明を受け，「担任A先生の望みとして繋ぐ先っていうのが具体的にどこなのか，繋いだ時に誰が窓口になるのかっていう所を今日決定できるといいのかな（21）」とし行政に繋ぎたいとする担任Aの思いを尊重した発言をしていたことを指している。発言数は少ないが担任Cは後半の（171）においても「俺がもし来年このクラスの担任になるとしたらA先生と同じように思うと思いますね」として担任Aの訴えに共感を示し一日でも早い

問題の解決策検討を改めて訴えている。担任Cは"Q小の内部者"や"担任"，"労働者"として何をすべきかではなく，自分"個人"として担任Aの思いに共感し自分であればどんな支援が必要だと思うかを一貫して語り課題解決に向けた最短で効果的な方法の検討を訴えた。この後，各参加者が「自分にできるa児の課題解決に向け最短で効果的な方法」というストーリーラインを軸に，各々の経験や専門性，活用可能なリソースを踏まえ可能な支援方策を提案し始めていった。

3.3.【72分〜82分】新たなストーリーラインを軸とする合意形成

3.3.では「a児の課題解決に向け最短で効果的な方法」という新たな次元が追加され，それを軸に明日以降の支援方策についての議論が進展した場面の抜粋である。ここでは会議の大半で争われてきた誰が支援を担うべきかという論点は消え，長期化するa児の課題解決に向け「効率」いい支援方策の検討というストーリーラインが軸となり議論が展開された。特支担任は（294）にて以前関わった別の児童（b児）に対する支援経過や成果を踏まえ，校内連携が奏功してきたこと，学外への援助要請にはリスクもあること（「あんただれ？」「なんで私のこと言うの？」）を示し，「関係性のできている」先生の一人として養護教諭を名指し，対応の可能性を尋ねた。これを受け養護教諭が血圧測定であれば対応可能であるとすると担任Cが血圧測定を軸とし，これをルーティーン化し継続支援に繋げていく方途を構想した（296）。すると養護教諭も血圧測定の際に「生活記録」を付け（297），血圧の数値を介した健康指導や日常的な声掛けに繋げる（299）等，具体策を構想していった。これまで議論に対抗してきた担任Aも「いいですね，ベース[注2]があるんで（298）」とし，現状のリソースが活用可能であればと，提案に賛同している。このあと「そういう資料が蓄積されていくだけでも違うんじゃないか（301）」とする特支担任や，月に一度のSC訪問の不十分さを示すことで賛同の意を示す教頭（302）や養護教諭（303）が続いた。さらに担任Cも「まず何か，学校が，って言うのであれば（304）」と限定的ともとれるが賛同を示し，会議終了に向け具体的にどのような流れで血圧測定を行い，記録を介した保護者への声掛け，とりわけ家庭での生活リズム改善に向けた指

表5　「効率的」で「効果的」な支援方策をめぐる議論

番号	発話者	発話内容
294	特支担	例えば2年のb児に関しても (.) S先生だけじゃなくてK先生も私も入って指導するっていうのが今まで頑張ってきたことで (.) だから色々よくなって (.) だから (.) あんただれ？あんたなんで私のこと言うの？ってなっちゃったら (.) 何もできなくなっちゃうんで (.) まずは関係性ができている先生が (.) なにかこう (.) 養護先生とか定期的に (.) 1週間に1回でも2回でも (.) 時間があってもいいかなって思うんですけど (.) いかがですかね？
295	養護	大人用の血圧計でよければ計ります (.) 測れますよ (.) ちょっと低く出ちゃいますけど
296	担任C	昼休みが (.) たとえば (.) あ (.) 食べた後はだめか (.) ま (.) 一日の中でこの時間は保健室に行って，測定する時間とか (.) 行って挨拶はするとか
297	養護	=その時に生活記録 [を
298	担任A	[あ：いいですね: [ベースあるんで
299	養護	[持ってきてもらって (.) そこに血圧書いて「あ：今日は早く寝られたんだね」とかやることは可能なんで
300	担任C	=それいいですね
301	特支担	=そういう資料が蓄積されていくだけでも違うんじゃないかな (.) 担任以外の人も関わるすべを作って (.) こうなんか関われる人ふやしたいよね:
302	教頭	SCは月一回 [だからね
303	養護	[はい (.) 月一なので
304	担任C	まず何か (.) 学校が (.) っていうのであれば誰か一人
305	特支担	=作りたいよね:お母さんどうですか？最近どう？って (.) 要は担任ってやっぱり利害関係もあって大変だから
306	教頭	だよね:

導助言に繋げていくかが議論された。そして会議開始後82分，「これでやってみようと思います。(350)」とする担任Aの発言を受けて会議は終了した。

4．合意形成を促進したストーリーラインを基軸とした議論

　以下，ポジショニング理論にて検討した児童の課題解決をめぐる議論の合意形成過程を概括し，その要因について述べる。会議序盤“Q小の内部者”ポジションから校内支援継続を検討すべきとする主張と，“担任”や“労働者”ポジションから教室内支援の限界や家庭問題に踏み込む不適切さを訴える主張とで議論が停滞した。対立は異なるポジションから描かれる異なるス

トーリーラインの競合によって生じた他，他者を特定ポジションに位置付け合意形成を図ろうとする発話に対し，付与されたポジションを別ポジションに位置付け直す再ポジショニングによって抵抗し議論停滞が継続する場面も見られた。しかしながらこうした異なるポジションから生まれる異なるストーリーラインによる議論の停滞は"個人的"ポジションから提示された新たなストーリーラインの共有を契機に収束へ向かった。これは，そこまで担任Aの指導経緯や長期化している事例状況を聞いてきた担任Cが，僕が思う事，として「効率的」で「効果的」な策を検討したいとする発話を契機としたものである。これによってそこまでに優勢であった各ポジションに付随する規範や責任の観点から，個人的な経験や思いを踏まえる"個人的"ポジションの観点から自分には何ができるかの捉え直しが促されたためと考えられる。"個人的"ポジションにより提示された「効率的」「効果的」な支援方策の検討を求めるストーリーラインにより会議参加者らは効率的で効果的な方策は何かとする"問いに答える主体"ポジションをとり，解決策検討のストーリーラインの下で各々ができる事を提示した（発話行為）と考えられる。これは異なる立場や経験を有する教職員らの合意形成場面において，具体的な論点，且つ議論参加者が解決策探究の主体となる論点の共有が重要であることを示す。ポジショニングには自己を位置付ける多様な選択肢の中から主体的にポジショニングする意図的自己ポジショニング，噂話をもちかけることで「信頼されているあなた」のポジションを相手に与えるような意図的他者ポジショニング，嫌疑をかけられた際などに自己の状況を説明する必要に応じ言い訳によって抵抗したり免責を試みたりする外的要因自己ポジショニング，法廷場面等で弁護士，被告等，付与された自他のポジションを踏まえやりとりする外的要因他者ポジショニングの4種類がある。この4種のポジショニングは相互作用過程で変化すると共に対立構造も流動的に変化する[11]。本事例では意図的自他ポジショニングによってそこに付随するモラルオーダーをめぐり衝突や議論の停滞が生じていたが，新たなストーリーラインにより効率的で効果的な支援策の検討が求められ，参加者が自己を解決策探究の主体者と位置付け主体的に解決策の検討を開始し議論が活性化したことで合意形

成が達成されていった。

　本研究の意義は複雑で多様な課題に対し意思決定や合意形成を行うことが求められる現場に成員の視点や経験を活かした議論形成に資する知見を提出したことにある。これは今後も多様で複雑な課題対処に向け教師らがそれぞれの視点や経験を活かしながら課題解決をしていく上で重要な視点を提供するものである。他方，ケース会議という場面において他者に自己の主張の正当性を訴えるために戦略的にポジション選択がなされていた可能性や，扱う事例や成員構成，場面等が変わることによって衝突や葛藤も異なり合意形成過程も変わってくる可能性がある。教師らは日常的に多様で複雑な課題に直面しており合意形成の場や内容も多岐に及ぶ。異なる場面，成員，事例を対象とした検討は今後の課題とする。

[キーワード]

　ディスコース分析（Discourse Analysis），ケース会議（case conference），合意形成（consensus building），ポジショニング理論（positioning theory）

〈注〉

（注１）　教頭は二児の母で，教職で多忙な中，娘らの養育の悩みを度々担任や学年主任に相談し支えてもらってきたと筆者に語ってきた。そうした経験がこの発話背後にあると考えられる。

（注２）「ベース」とは（224）にて言及されていた一日の生活リズムや反省を記録して自己の生活を振り返る「生活記録」用紙のことで，児童らは一定期間生活記録を付ける活動をしていた。

〈引用文献〉

⑴　金澤貴之，吉野公喜，1999，「聾教育における指導法の構築過程に関する研究：会議における合意形成過程から」『心身障害学研究』第23巻，pp.109-119.

⑵　鈴木雅博，2015，「教員コードによる職員会議の秩序構築：解釈的アプローチによる相互行為分析」『日本教育経営学会紀要』第57巻，pp.64-78.

⑶　鈴木雅博, 2019,「下校時刻は何の問題として語られたか―時間外の仕事に規範を結びつけて解釈すること―」『教育社会学研究』第 105 巻, pp.27-47.

⑷　能智正博, 2015,「質的研究におけるナラティブとディスコース」, 鈴木聡志, 大橋靖史, 能智正博編著, 2015,『ディスコースの心理学：質的研究の新たな可能性のために』ミネルヴァ書房, pp.3-23.

⑸　Harré, R., & Langenhove, L. v., 1999, "Positioning theory: Moral contexts of intentional action", Oxford, pp.14-31.

⑹　Tan, S. L., & Mogghaddam, F.M., 1999, "Positioning in Intergroup Relations" In "Positioning theory: Moral contexts of intentional action", edited by R. Harré and L.van Langenhove, Oxford, pp.178-194.

⑺　Bruneel, S., & Vanassche, E.,2021, "Conceptualising triadic mentoring as discursive practice: Positioning theory and frame analysis", pp.1-17. http://doi.org/10.1080/02619768.2021.1985456（accessed on 2022/02/24）.

⑻　綾城初穂, 2014,「『聖域』としての個人：日本人キリスト教徒は日本社会の『宗教』ディスコースにどうポジショニングするのか」,『質的心理学研究』13(1), pp.62-81.

⑼　Harré, R., & Langenhove, L., 1999, 同掲書, pp. 21-22.

⑽　鈴木聡志, 2007,『会話分析・ディスコース分析：ことばの織りなす世界を読み解く』新曜社, p.15.

⑾　Harré, R., & Langenhove, L., 1999, 同掲書, pp. 23-28.

教師の成長と子ども認知との関連
──教師の認知的複雑性の視点から──

東京都板橋区立志村第六小学校
（兵庫教育大学大学院連合学校教育学研究科）　渡邉　信隆

1．問題と目的

　教師の成長とは，何をもっていうのであろうか。授業の向上をいうのであれば，授業技量に関する内容を構造的に分析し，授業力量から教師の成長を検討した木原（2004a）の研究などがある。さらに幅広く，長期的なスパンによって教育社会学的視点から教師の成長を検討したものには，「教師のライフコース研究」がある（山﨑，1993他）。そこでは，教師が成長する場は授業場面に限定されず，学校における教育活動全体や教師が所属する地域社会も含んでいる。そして，教師の人生における転機経験が力量形成上の契機として重要視されている。転機（turning point）とは，教職に就いた以降の経歴の中での，教材観や子ども観，あるいはそれらを含めたトータルな意味での教育観に関する変容や転換を意味している（山﨑，1993）。そして，山﨑（2012）は，教師の成長を単調な右肩上がりの積み上げ型の向上曲線を描くことを否定しており，教師の経験とは単なる時間の経過や長さを意味するのではないと指摘している。つまり，教師のライフコース研究は，Schön（1983）の"行為の中の省察"概念，つまり，熟練教師に共通する思考様式である「実践的思考様式」につながり，日々の経験と省察の積み重ねが長い年月をかけて教育観や子ども観などの様々な観・信念へと結びつくと考えられる。この場合，教師の成長とは，子どもについての情報理解が深まるだけではなく，教師の日々の省察が転機となり，子どもの見方，捉え方，つまり，認知の枠組みが変容し，子ども理解が深まることだといえるのではないだろ

うか。

　対人認知の研究において，環境（特に他者）を多くの側面で知覚し，その側面を相互に関連づけることのできる性質・能力として認知的複雑性がある（坂元，1993）。認知的複雑性とは，社会環境を多次元に認知できる能力であり，認知的複雑性が高い者ほど他者の行動を正確に予測できる（Bieri，1955）。先行研究では，認知的複雑性が低い人は偏狭な認知の傾向が高く，高い人は他者に関する予測が正確であることが示されている（坂元，1993；鈴木，2004 他）。したがって，教師は子どもを多面的に，また正確に理解するためにも，認知的複雑性は高いほうが望ましいといえる。

　それでは，教師の認知的複雑性は，教職経験と伴に高まるのであろうか。また，教職経験と伴に認知次元は変容するのであろうか。坂元（1993）は，認知的複雑性はある一定の年齢までは下降し，その後再び上昇するという曲線的変化の可能性を示している。鈴木（2004）は kelly（1955）を引用し，既存の認知構造は，環境に対する予測が不適切であった場合に修正され，適切な予測ができるように進展すると指摘している。しかしながら，近藤（1994）が指摘する通り，認知次元は，教育観，人間観や自身の置かれた状況や経験によって形成されるため，教師が自らの認知次元を変容させることは容易ではないことが予想される。味香（1990）は，認知枠組み自体を壊し，変容をもたらすような出来事や介入がない限り，対人認知は変容しづらいと主張しているが，そのような出来事に当たるものこそが転機経験だといえるのではないだろうか。人は転機を語ることで自分が変わったと気づき，変わったことに気づくことによって現在の自己を肯定的に捉えることができる（杉浦，2001）。

　都丸・庄司（2005）は，中学校教師を対象に，生徒との人間関係における教師の悩みと認知変容の関係を検討した結果，教師が悩みとなっている事柄をふり返り，捉え直すことで，教師に認知変容を促し，その後の生徒に対する見方，接し方に影響を与えることを示している。茅野（2010）は，中学校教師を対象に生徒認知の多様性を規定する要因を，生徒が授業に遅刻する場面（ネガティブな印象が強い場面）と生徒が昼休みに作品を貼っている場面

（ポジティブな印象が強い場面）という教師によって多様な解釈が可能となる場面において検討している。その結果、教職経験が長い教師ほど生徒認知が多様になるわけではないことを明らかにしている。そして、阪下（2019）は、高校教師を対象に、教師がどのような経験を通し、生徒を捉える視点を変容させてきたのかを検討している。その結果、異動の経験や異なる性質の集団を担任するという経験が生徒を捉える視点を大きく揺るがすものになっていた。しかしながら、同じような出来事を経験しても、教師の子ども認知が既に多様な場合は転機とはなり得ない場合があることも示している（阪下、2020）。

　これらの研究から、教師自らの行き詰まり感等による省察を生む転機経験によって、教師の認知的複雑性が高まったり、子ども認知が変容したりする可能性があり、それらが子どもを多面的に、また正確に理解することができる教師へと成長させる要因となることが窺える。また、先行研究から教職経験を重ねるだけでは認知的複雑性は高まらないことも窺える。しかしながら、茅野（2010）の研究における認知の多様性とは、生徒が遅刻する場面や作品を貼る場面といった特定の行動場面を見て教師がどれほど多様な解釈が可能かを検討したものであり、対人処理変数としての認知的複雑性を測定したものではない。また、先行研究から教師の転機経験が認知的複雑性を高めるきっかけをもたらす可能性があるが、どのような転機経験が認知的複雑性を高めるのかは詳細に検討されていない。さらに、認知的複雑性に関する研究は、中学校、高校の教師を対象としたものは見られるが、小学校の教師を対象としたものは少ない。小学校の教師は、教科担任制である中学校、高校の教師と比べ、多くの教科・領域を担当する。木原（2004b）は、学級担任制の長所について、全教科に関する学習指導と生活指導を担当すれば、児童を様々な側面から理解し、評価することを可能にすると指摘している。そこで、本研究では、小学校の教師を対象として、第1に、教師の成長を認知的複雑性の高まりから捉え、教職経験の違いによって教師の認知的複雑性や認知次元においてどのような差異が見られるかを検討することを目的とする。第2に、教師の認知的複雑性と転機経験との関連を明らかにするため、どのような内

容や種類の転機経験が教師の認知的複雑性を高める要因となり得るのかを検討することを目的とする。

2. 方法

⑴**分析対象者**：公立小学校8校（関東甲信越の都市部4校，農村部や住宅街と隣接した地方中堅都市4校）の教師132人に対し，質問紙調査を実施した。

⑵**手続き**：調査は郵送により各学校の協力者である教師に質問紙を送付し，協力者から分析対象者に配布した。調査は，2020年10月下旬から11月下旬に実施した。

⑶**倫理的配慮**：質問紙の実施にあたり，筆者の所属大学の研究倫理審査委員会による審査と承認を得た。質問紙の冒頭に，調査への協力を依頼し，回答は無記名であること，途中で中断できること，得られた研究内容は研究以外の目的に使用しないこと，さらに回答を終了した時点で調査協力に同意したことになること等を明記し，回答に進むようにした。

⑷**質問紙の構成**：質問紙は，初めにフェイスシートにおいて，性別，年代，教職年数，勤務校数，担当学年または担当教科，役職，校務分掌経験を尋ねた。次に，以下の調査について回答を求めた。

　1）認知的複雑性　教師の認知的複雑性を測定するために，鈴木・坂元（2002）によって考案された制限記述法を採用した。鈴木（2004）は，認知的複雑性の発達を検討する際，コンストラクト（対人認知の視点のようなもの）を捉える枠組を，人々が共通して用いる主要な次元である基本認知次元から捉え，認知的複雑性を測定する方法として制限記述法の有効性を示している。そのため，コンストラクトが多様であれば，認知次元は多様であり，認知的複雑性は高くなると考えられる。この方法では，コンストラクトを4つの認知次元で分類している。測定方法は以下の通りである。

①役割人物の性格をよく表す言葉を4語ずつ自由に記述する。その際には「ウマの合う児童」，「ウマの合わない児童」に「自分」を加えた3人の役割人物で尋ねた。

②3人の役割人物において，それぞれ記述された4語を「社会的評価」，「知的評価」，「力量性」，「活動性」の4つの認知次元に筆者が分類する。言葉は両極的に分類され，例えば「社会的評価」次元に当たる"親切な"は正の極，"意地悪な"は負の極に分類される。分類は，鈴木（2004）の「認知次元の分類例」（表1）を参考にし，筆者を含め小学校教員である3人の評定者によって行った。

③それぞれの役割人物の認知次元について，3人の評定が一致した場合と2人の評定が一致した場合は，その認知次元に分類し，3人とも一致しなかった場合は討議によって認知次元を決定した。

④3人の役割人物内における認知次元の重複は1つの認知次元と見なし，1つでも使用された認知次元の数を算出し，3人の役割人物で使用された認知次元の合計を認知的複雑性得点とした。したがって，最低値は3（それぞれの役割人物で使用された4つの言葉全てが同じ認知次元で重複する場合，1次元×3人＝3），最高値は12（それぞれの役割人物で使用された4つの言葉全てが異なる

表1　鈴木（2004）の認知次元の分類例

	極	
	正	負
社会的評価	親切な	意地悪な
	思いやりのある	自分勝手な
	心の広い	心の狭い
	気が長い	気が短い
	さっぱりした	しつこい
	正直な	うそつきな
	明るい	暗い
	楽しい	つまらない
知的評価	頭の良い	頭の悪い
	まじめな	不まじめな
	しっかりした	おっちょこちょい
	慎重な	軽率な
	信頼できる	信頼できない
	責任感のある	責任感のない
	誠実な	誠実でない
	熱心な	あきっぽい
力量性	意志が強い	意志が弱い
	意欲的な	無気力な
	厳しい	甘い
	決断力のある	優柔不断な
	自信のある	自信のない
	堂々とした	卑屈な
	はっきりした	曖昧な
	勇敢な	臆病な
活動性	うるさい	静か
	おしゃべりな	無口な
	元気のよい	おとなしい
	外向的な	内向的な
	社交的な	非社交的な
	せっかちな	のんびりした
	でしゃばりな	控えめの
	恥知らずな	恥ずかしがりの

認知次元の場合, 4次元×3人＝12) となる。このように制限記述法においては,「社会的評価」,「知的評価」,「力量性」,「活動性」を対人認知の基本次元として, これらがどの程度重複して使用されたかを算出することで, 認知的複雑性を把握する。

2) 転機経験に関する自由記述　教示文は,「転機として印象に残っている出来事について1つ選び, 転機前後で変わったことについてお書きください」とした。質問紙は, 初めに「転機となった出来事」を書く欄を設け, さらに「転機前と転機後では, 何がどのように変化したか」を書く欄を設けた。

3. 結果と考察

分析対象者は, 調査回答に不備がなかった, 男性47人, 女性61人, 合計108人を対象とした。詳細な属性は, **表2**の通りである。

表2　分析対象者の属性

	Mean	S.D
年齢	33.62	11.66
教職経験	13.04	10.53
小学校の教師経験	10.40	8.65
小学校以外の教師経験	2.64	5.43
勤務校数	3.53	2.39

(1) 認知的複雑性得点

分析対象者の認知的複雑性得点の平均値は7.79 (標準偏差1.29), 最小値は4, 最大値は11であった。教職経験の違いにより, 認知的複雑性得点に差があるのかを調べるために, まず, 教職経験が初任から5年未満の教師を「若手教師」, 5年以上15年未満の教師を「中堅教師」, 15年以上の教師を「ベテラン教師」と3つに分類した。この分類については, Berliner (1988) の教師の成長・熟達モデルをもとに吉崎 (1998) や木原 (2004a) が教職経験によって3段階に分類しており, 本研究においても木原 (2004a) の分類を採用した。次に, 教職経験群を独立変数とし, 群間における認知的複雑性得点に差があるかどうかを調べるために, 1要因参加者間の分散分析を行った結果, 有意な差は見られなかった ($F_{(2,104)}=0.51$,n.s.) (**表3**)。この結果から, 教師の認知的複雑性は教職経験と伴には高まらないことが窺える。そして, 教師の子

表3　教職経験別の認知的複雑性得点

条件	若手教師	中堅教師	ベテラン教師
N	27	36	45
Mean	7.67	7.72	7.44
S.D.	1.47	1.12	1.29

$N = 108$

ども認知の多様性と教職経験には関連がないという茅野（2010）の主張とも一致する結果となった。また，教師の成長は，単調な右肩上がりの向上曲線を描くことを否定する山﨑（2012）の主張とも，子ども認知においては重なる結果となった。

⑵　認知次元の偏り傾向

　認知的複雑性の４つの認知次元の中でも，教師は主にどのような認知次元で子ども認知を行う傾向にあるのかを調べるために，「社会的評価」，「知的評価」，「力量性」，「活動性」の４つの認知次元の記述語数の差を調べた。カイ二乗検定を行った結果，各語数に有意な差が見られた（$\chi^2(3)=88.76$, $p<.01$）。ライアンの名義水準を用いた多重比較の結果，「社会的評価」は「知的評価」，「力量性」，「活動性」よりも有意に多く，「知的評価」は「力量性」と「活動性」よりも有意に多かった。これらの結果から，教師は４つの認知次元の中でも概ね「社会的評価」，「知的評価」次元から子どもを認知することが多いといえる。

　次に，「若手教師」，「中堅教師」，「ベテラン教師」間において「社会的評価」，「知的評価」，「力量性」，「活動性」の４つの認知次元の記述語数に差があるかを調べるために，カイ二乗検定を行った結果，各語数に有意傾向が見られた（$\chi2(6)=12.09, p<.10$）。残差分析の結果，「若手教師」は「知的評価」が有意に少なく，「活動性」が有意に多かった。また，「ベテラン教師」は「知的評価」が有意に多かった（表４）。坂元（1993）は，認知次元の中でも，加齢に応じて「社会的評価」と「活動性」次元の使用が減り，「知的評価」と「力量性」次元が増えると指摘しているが，これらの結果からも，その傾向は窺える。

　さらに，認知的複雑

**表４　教職経験別の認知次元の偏り傾向
（カイ二乗検定結果）**

$N = 108$

	社会的評価	知的評価	力量性	活動性
若手教師	114	62 ▽	63	78 ▲
	0.135	-2.699 **	0.234	2.556 *
中堅	158	109	83	79
	0.627	0.079	-0.048	-0.793
ベテラン	185	153 ▲	103	95
	-0.718	2.285 *	-0.158	-1.476

上段：実測値　下段：調整された残差　†$p<.10$　*$p<.05$　**$p<.01$

性が高い教師と低い教師において，４つの認知次元の記述語数に差があるのかを調べるために，分析対象者の認知的複雑性得点の平均値

表５　認知的複雑性低群・高群別の認知次元の偏り傾向
（カイ二乗検定結果）

$N = 108$

	社会的評価	知的評価	力量性	活動性
認知的複雑性低群	249 ▲	143	102 ▽	121
（$n = 52$）	3.513 **	-1.652 †	-2.487 *	0.054
認知的複雑性高群	210 ▽	184	149 ▲	132
（$n = 56$）	-3.513 **	1.652 †	2.487 *	-0.054

上段：実測値　下段：調整された残差　† $p < .10$　* $p < .05$　** $p < .01$

（7.59）を基準に，低群（$n=52$, 平均値 6.50, 標準偏差 0.77）と高群（$n=56$, 平均値 8.60, 標準偏差 0.72）に分けてカイ二乗検定によって比較した。その結果，両群の認知次元の語数に有意な差が見られた（$\chi^2(3)=14.97$, $p<.01$）。残差分析の結果，低群の教師は「社会的評価」が有意に多く，「力量性」が有意に少なかった。一方，高群の教師は「社会的評価」が有意に少なく，「力量性」が有意に多かった（**表５**）。この結果から，低群の教師は，「社会的評価」や「活動性」といった外面的な評価的情報によって子どもを認知する傾向があり，高群の教師は「知的評価」と「力量性」といった内面的な情報によって子どもを認知する傾向があることが窺える。

⑶　転機経験に関する自由記述

　自由記述欄に回答したのは，分析対象者108人のうち88人であり，無回答は20人であった。まず，転機となった出来事の内容を検討するため，88人の転機となった出来事をKJ法により分類した。分類は，筆者を含む小学校教員である３人の評定者によって行った。３人の評定が一致した場合と２人の評定が一致した場合は，そのカテゴリに分類し，３人とも一致しなかった場合は討議によってカテゴリを決定した。転機となる出来事は，「児童に関すること」，「児童の家庭事情に関すること」，「授業・指導に関すること」，「教師の環境変化に関すること」，「教師の学びに関すること」の５つのカテゴリに分類することができた（**表６**）。次に，認知的複雑性が高い教師と低い教師とでは，転機経験の内容に違いがあるのかどうかを統計的に検討するために，前述の基準で分けた認知的複雑性高群，低群別の５つのカテゴリの記述数を調べ（**表７**），統計的に差があるのかどうか調べるために，カイ二

表6 転機経験の分類

	転機経験の分類	記述数	転機となった出来事の例
1	児童に関すること	23	・特徴的な言動により，周囲と関係が築けない小5女子児童との出会い ・指導上，問題行動が多い児童が，頼りにしてくれたこと
2	児童の家庭事情に関すること	7	・持ち物がそろわない理由は，難しい家庭環境であることを知ったこと ・児童の成育歴や生活環境を知ったこと
3	授業・指導に関すること	19	・初任でもったクラスが学級崩壊になったこと ・自分の指導力に限界を感じたこと ・自分に従わせようとしていたが，受け入れてもらえなかったこと
4	教師の環境変化に関すること	21	・自分の出産，育児 ・学級担任から特別支援の担任になったこと ・学校を異動したこと
5	教師の学びに関すること	15	・校内で優れた同僚に出会ったこと ・ベテランの先生が，児童と信頼関係を築いているのを知ったこと ・同僚と指導法の話をしたこと
6	その他	3	・コロナ禍において臨時休業になったこと ・これといった経験はなく，今までの積み重ね

乗検定を行った。その際，「児童の家庭事情に関すること」の低群が0であったため，この分類と「その他」を除く4つのカテゴリで検定を行った。その結果（**表8**），4つの分類に有意な差が見られた（$\chi^2(3)=11.494, p<.01$）。残差分析の結果，低群は「児童に関すること」が有意に多く，「教師の環境変化に関すること」が有意に少なかった。高群は「児童に関すること」が有意に少なく，「教師の環境変化に関すること」が有意に多かった。「児童の家庭事情に関すること」については，低群の値が0であるので統計的な比較はできないが，実測値による比較では低群は0，高群は7であった。（**表7**）。

表7 認知的複雑性低群・高群別 転機経験の分類

	児童に関すること	児童の家庭事情に関すること	授業・指導に関すること	教師の環境変化に関すること	教師の学びに関すること	その他の記述	記述合計
認知的複雑性低群 ($n = 45$)	18	0	12	6	8	1	45
認知的複雑性高群 ($n = 43$)	5	7	7	15	7	2	43

　これらの結果から，次の点が示唆される。第1に，教師には，様々な特性をもつ児童への対応が求められるが，その児童のよさを認めつつ，柔軟な対応を行えるかどうかは教師の子ども認知による影響が大きいと考えられる。

表8　認知的複雑性低群・高群別による転機経験の分類
（カイ二乗検定結果）

	児童に関すること	授業・指導に関すること	教師の環境変化に関すること	教師の学びに関すること
認知的複雑性低群	18 ▲	12	6 ▽	8
	3.721 **	1.125	-4.617 **	-0.317
認知的複雑性高群	5 ▽	7	15 ▲	7
	-3.721 **	-1.125	4.617 **	0.317

上段：実測値　　下段：調整された残差　　$\dagger p < .10$ $^{*}p < .05$ $^{**}p < .01$

転機経験の「児童に関すること」の分類の記述には，低群の教師において"誰も信用していないという児童に出会い，自分のこれまでの教育観をもう一度見直し，新たな教育観で学級経営をした"などの記述が見られた。つまり，低群の教師にとって，対応が難しい児童との出会いは，自らの指導を省察するきっかけになるといえる。一方，高群の教師にとっては，対応が難しい児童でも，多様な視点から当該児童を捉えることができ，対応も適切に行うことができるため，そのような児童との出会いや対応等は転機とはならないことが考えられる。

　第2に，転機経験の「授業・指導に関すること」の分類の記述には，低群の教師において"指導力の限界"，"学級経営の行きづまり"などの記述が見られた。「児童に関すること」と同様に，教師には，様々な特性をもつ個々の児童が集まった学級において学習指導力や学級経営力が必要になる。低群の教師ほど，児童に対する指導や学級経営に関して難しさを感じ，さらには，その困難さが自らの指導を省察する転機となる傾向にあるといえる。一方，高群の教師ほど，個々の児童や集団を多様な視点から捉えることができ，それが授業や指導を適切に行うことにつながり，転機と呼べる経験までには至っていないといえる。

　第3に，転機経験の「教師の環境変化に関すること」の分類では，"自らの出産育児"，"特別支援学級の担任になったこと"，"異動の経験"などが環境の変化となり，転機経験となっていた。このような経験は，教師自らが努力して起こせる経験ではなく，自らを取り巻く環境の変化によって引き起こされる出来事であるという意味では，他の転機経験とは異なる。この環境変

化が転機といえる経験となるのは，いわゆる，外部要因からの強制的な変化が，否応なく教師の従来環境とともに対人関係や地位，役割，責任の重さなどを変えてしまうからであろう。その経験が，認知的複雑性を高める要因となることが予想される。

　最後に，転機経験の「児童の家庭事情に関すること」の分類では，実測値の比較において低群が0，高群が7であった。この結果は，低群の教師は，児童への指導や対応，そして日々の授業のみに注目しがちであり，児童の家庭事情を知るまでには至っていないが，高群の教師は，児童の家庭事情等の背景までにも注目していることを表していると考えられる。

4．まとめと今後の課題

　本研究の第1の目的に関しては，認知的複雑性の測定結果から，教師の認知的複雑性は教職経験と伴には高まらないことが窺えた。さらに，認知次元の偏り傾向は，「若手教師」は「知的評価」が有意に少なく，「活動性」が有意に多かった。一方，「ベテラン教師」は「知的評価」が有意に多かった。茅野（2010）は，教職経験が長い教師ほど生徒認知が多様になるわけではないことを明らかにしている。これらの結果から，教職経験によって教師の認知次元は多様になるとは限らないが偏りが見られ，異なる認知次元を用いることが示唆された。したがって，教師の子ども認知の枠組みも教職経験によって異なるといえる。また，認知的複雑性が高い教師は，教職経験とは関係なく，多様な子ども認知を行うことができることが示唆された。その際，「知的評価」と「力量性」といった児童の内面的な情報を重視するとことが窺えた。

　本研究の第2の目的に関しては，認知的複雑性によって転機経験が異なることが窺えた。認知的複雑性低群の教師の転機の例として，児童との出会いなどが挙げられた。こうした児童との出会いが当該教師にとって教育観の転換を迫るものとなり，転機となり得たのは事実であろう。しかし，それは認知的複雑性を高めるまでには至らなかったといえる。一方，認知的複雑性高群の教師の転機として，外的環境の変化や児童の背景を知ったことなどが挙

げられた。こうした教師の外的環境の変化や表面には見えない児童の背景を知ることで教師の認知枠組みを変容させ，認知的複雑性を高めたと考えられる。さらに，認知的複雑性の高さと転機経験は互いに関連し合っていることも考えられた。杉浦（2001）は，現在の自己のあり方が変われば，転機のあり方も変わると述べている。つまり，教師がその時，どのような出来事を転機と捉えるのかは，教師の認知的複雑性が影響するのではないだろうか。したがって，この場合，教師の成長を検討するうえで，単に転機のみが教師の成長を促すという仮説では，不十分となる。その意味で，教師の成長の1つの観点として，教師の認知的複雑性を取り上げる有効性が示唆された。

　課題として，本研究では，教師の認知的複雑性と転機経験が関連し合っていると仮定することで，認知的複雑性を教師の成長に関わる対人情報処理変数の1つとして捉えた。しかしながら，教師の認知的複雑性の高まりや認知次元の多様化を促すものは，1つの転機のみとは限らず，さらに転機を「この時点」と定めることはできない。今後は，転機の捉え方を検討する必要がある。また，認知的複雑性が高い教師は，転機経験の前から既に高かった可能性も否定できない。今後は，縦断的な調査によって，さらに詳細に検討する必要がある。

[キーワード]

　教師の成長（teacher growth），教師の子ども認知（teacher's cognitive toward students），転機（turning point），認知的複雑性（cognitive complexity），認知次元（cognitive dimension）

〈引用文献〉

味香信子（1990）．Role Construct Repertory Testの一貫性に関する研究－合成グリットを用いての検討－東京大学教育学部紀要，30，pp.165-175

Bieri, J.（1955）．Cognitive complexity-simplicity and predictive behavior. *Journal of Abnormal and Social Psychology*,51,pp.263-268.

茅野理恵（2010）．「中学校教師の生徒認知の多様性を規定する教師の要因の検討」

筑波学院大学紀要，5，pp.81-89

Kelly, G.A.（1955）．*The psychology of personal constructions*, New York, Norton

木原俊行（2004a）．「授業研究と教師の成長」日本文教出版

木原俊行（2004b）．「小学校における教科担任制の新展開　児島邦宏（編）確かな学力をはぐくむ教育組織の多様化・弾力化」，ぎょうせい，pp.88-96

近藤邦夫（1984）．「教師と子どもの関係づくり－学校の臨床心理学」東京大学出版

坂元章（1993）．「「認知的複雑性」と「社会知覚システムの進展」」風間書房

阪下ちづる（2019）．「転機によって教師の生徒認知はいかに変容するか－高校の学級担任の語りによる変容過程モデルの生成－」東京大学大学院教育学研究科紀要，58，pp.279-289

阪下ちづる（2020）．「高校教師の生徒認知変容プロセスの検討－学級担任の縦断的インタビューを通じて－」東京大学大学院教育学研究科紀要，59，pp.217-229

Schön, D.A.（1983）．「専門家の知恵：反省的実践家は行為しながら考える」佐藤学・秋田喜代美（訳），ゆみる出版

杉浦健（2001）．「生涯発達における転機の語りの役割について」近畿大学教育論叢，12(2)，pp.1-29

鈴木佳苗（2004）．「認知的複雑性の発達社会心理学」風間書房

鈴木佳苗・坂元章（2002）．「認知的複雑性の発達における測定方法の検討―自由記述法，修正自由記述法，制限記述法の有用性―」人間文化論叢，4，pp.23-33

都丸けい子・庄司一子（2005）．「生徒との人間関係における中学校教師の悩みと変容に関する研究」教育心理学研究，53(4)，pp.467-478

山﨑準二（1993）．「教師のライフコース研究－その分析枠組みの提起－」静岡大学教育学部研究報告．人文・社会科学篇，43，pp.177-192

山﨑準二（2012）．「教師教育改革の現状と展望－「教師のライフコース研究」が提起する〈7つの罪源〉と〈オルタナティブな道〉」教育学研究，79(2)，pp.182-193

吉崎静夫（1998）．「一人立ちへの道筋」浅田匡・生田孝至・藤岡完治編『成長する教師』金子書房，pp.162-173

授業実践における C.S. パースの「アブダクション」
―「巨大パン」実践のメディア論的再検討―

東京学芸大学大学院院生
連合学校教育学研究科（博士課程）学校教育学専攻教育構造論講座 　宮坂 　朋彦

1. はじめに

　教育者が学習者に「仮説」を立てるよう促すことは，学校教育において珍しい光景ではない。プラグマティズムの創始者C・S・パース（C. S. Peirce, 1839-1914）は，「帰納」（induction）と「演繹」（deduction）に加え，「仮説形成」と呼ばれる第三の推論形式「アブダクション」（abduction）を提唱した[1]。教育学的研究においてアブダクションは，各教科の探究的な授業作りの方法論として取り上げられてきた。例えば，国語科では「解釈する力」（佐藤 2010 etc.），算数・数学科では創造的な思考（和田 2008 etc.），理科では科学的な問題解決能力（益田・柏木 2013　etc.），社会科では子どもの社会認識（杉田・桑原 2013 etc.）など，これらは共通して，アブダクションを特定の教育目的に寄与する手段として導入することを論じている。

　対して本稿は，アブダクションの教育学的意義を特定の教育目的への寄与と捉えてその導入方法を論じることに伴う課題を指摘し，アブダクションを，教育的営みを規定している諸条件を解明する分析視角として提示することを目的とする。研究方法として，アブダクションを教育思想と関連させて論じた先行研究に対する教育哲学的考察を行う。検討対象としては，藤岡信勝による「巨大パン」実践に関する考察と，立川明によるその批判を取り上げる。両者の論は，先述した方法論的諸研究と異なり，アブダクションを道具的に位置付けるのではなく，日常的に授業内で発生している現象として捉える教育原理的考察を試みているため，教科固有の目的への寄与に限定されない考

察と言える。また，同一の実践に関する意見対立を含む議論であることから，両者の相違と共通性の双方に着目することで，アブダクション解釈の多角的検討が可能であると考えられる。

　まず，藤岡・立川が，両者の論の相違点であるにもかかわらず，パースにおける日常的思考の「知覚判断」（perceptual judgement）とアブダクションの関係を十分に論じていないことを指摘する（第二節）。次に，パースのアブダクションとの類似性が指摘できる（宮坂 2020）ことから，今井康雄の教育学的メディア論を参照し，藤岡・立川の論の背景に「学習の美学化」と「メタ能力」の統合を見る。これにより，両者がアブダクションについて「授業とカリキュラム問題とを原理的に論ずる」（立川 1994，333頁）としていたにもかかわらず，他の方法論的諸研究と同様に教授・学習の方法論へ帰結することを示す（第三節）。最後に，こうしたアブダクションの方法論的解釈が，二つのリアリティ喪失という教育学的問題へと接続していることを，教育学的メディア論の立場から指摘し（第四節），それを打開する教育学的アブダクション論の展開可能性を示す（第五節）。

2．「巨大パン」実践とその批判：知覚判断とアブダクションの連続性を巡る議論

　一般命題から個別の事例に関し結論を出す「演繹」と，個別の事実から一般命題を導出する「帰納」に対し，アブダクションは，これまで観察したことのない一つの「驚くべき事実」から，それを説明可能な仮説を導出する。

　ある驚くべき事実Cが観察される。
　もしAが真であれば，Cは当然の事実として説明される。
　したがって，Aが真であると考えるべき理由がある。

（EP2:231）

　例えば「化石が発見される。それはたとえば魚の化石のようなもので，しかも陸地のずっと内側で見つかったとしよう。この現象を説明するために，

われわれはこの一帯の陸地はかつて海であったに違いないと考える」（CP2.625）という推論がその例である[2]。

　藤岡信勝は，小学校の社会科授業の導入をアブダクションの活用として紹介している。教師は，直径20センチ，長さ2メートルもの巨大なフランスパンを紙に包み，中身がわからないよう提示する。子どもたちはそれが何かを当てようとし，匂いからパンであることを予想する。最後に包みを開け，パンであることを確認する。藤岡によれば，包みの中身を予想するとき，子どもたちは活発にアブダクションを行っており，教師は，対象を紙で包み，匂いという断片的属性のみ与えたこと，匂いと大きさから導かれる予想が一致しないことという二つの工夫でそれを活性化させている。「あいまいな属性」と予想の「矛盾」によって，パンは「驚くべき事実」となり，探究を触発する（藤岡 1987，101-7頁）。

　立川は藤岡に二つの批判を加えている。第一に，巨大パンは「驚き」ではなく「冗談」として受け取られ，探究への適切な導入となっていない。子どもたちは包みを見て匂いを嗅いだ瞬間に「パンだろう」と予想し，包みを開けた後「やっぱりパンだ」と反応することから，「授業者によるパン制作の依頼という作為」を見抜いており，巨大パン自体には驚いていない。驚きは巨大パンの存在理由ではなくその「制作因」にあり，アブダクションの発生は包みの中身を予想する段階にではなく，「こんなに大きなパンをどうやって作るのか」を予想する段階にある。よって立川は，パンを包みで覆わずに提示しその制作因を推論させる方が，パンの制作過程への関心の喚起としても，探究の過程としても適切であると結論付ける（立川 1994，338-45頁）。第二に，藤岡がアブダクションを日常的思考における「知覚判断」にも働くものとした（藤岡 1987，103-4頁）のに対し，立川は，巨大パンは非日常的であり，日常的思考は停止してしまうと批判する。立川によれば，巨大パンを前に発生するのは日常的思考と異なる「新しい命題を生み出す生産的な推論形式」であり，それこそが「本格的なアブダクション」である（立川 1994，336-7頁）。ここで立川と藤岡では日常的思考と本格的推論の線引きが異なっているが，いずれも主な論点はアブダクション発生のための教師の工

夫にある。藤岡はアブダクションが日常的思考の知覚判断にも働くことの教育学的意義を十分論じておらず，立川は日常的思考を明確に定義していないため，なぜ巨大パンが日常的思考を停止させるのか論じていない。

　では，日常的思考の知覚判断は，アブダクションといかに関係しているのか。パースによれば，知覚判断とアブダクションの推論の境界は曖昧で，知覚判断をアブダクションの極端な一例と捉えることすら可能である（CP5.181）。C・フックウェイ（C. Hookway）は，パースにおける知覚判断とは知覚対象の直接的な写し取りではなく，「推論的かつ概念的」なものであると説明する（Hookway 2012，16頁）。パースは錯視を例にこの判断を論じている（CP5.183）[3]。ウサギにもアヒルにも見えるだまし絵を見たとき，その両方を同時に認識することはできず，「ウサギ」や「アヒル」という「観念」（idea）を媒介に対象を解釈することで，「アヒルである」「ウサギである」といった判断を下すことができる。ウサギの観念を持たず，アヒルのみを知っている人がこのような絵を見た場合，「ウサギである」という判断は得られない。知覚判断とは，「これがアヒルだとすれば，あの部分を目，あの部分をくちばしと捉えることで説明がつく。そのため対象をアヒルであると判断するのが妥当であろう」という，観念を媒介とした仮説形成的推論と言える。

　一方，知覚判断は「批判を完全に超越している点で［純粋なアブダクションと］異なる」とも述べられている（CP5.181）。「アブダクティブな示唆は，その真理性を疑問視することや，あるいはそれを否定することさえ可能なもの」（CP5.186）であり，「純粋なアブダクション」における「仮説」は必ず「疑問」として，いわば意識的に受け取られるとされる（CP6.528）。対して，知覚判断の過程はアブダクティブであるにもかかわらず，「制御しようと十分に意識されることはなく，あるいはより正確にいえば制御不能であるがゆえに十分に意識されない」（CP5.181）。伊藤邦武によれば，パースにおける知覚判断は「単に予見からの強制の下にのみあるのではない」が，「それが直接的な知覚対象からの強制の下にあるという相貌のみを，我々の前に見せて」おり，通常は意識されない（伊藤 1985，199頁）。錯視は，対象から同

程度の確実性を持つ複数の判断が可能であるため，判断がその間を揺れ動き，知覚の過程が半意識化される例である。一般的な知覚判断において媒介の過程は意識されず，そこでのアブダクションは「反省的な根拠の重要性を一切含まない」（Hookway 2012，15頁）。フックウェイは知覚判断のこうした側面を「制御不能なアブダクション」（uncontrollable abduction）と呼ぶ（同書，82頁）。

3．「学習の美学化」と「メタ能力」の結合

　立川における本格的なアブダクションは，その過程が意識的である点でパースの純粋なアブダクションに近い。その教育的意義は，巨大パンの制作過程の探究へ子どもを動機づけることと，パン工場の見学という「検証」に先立って仮説を立てさせることで，検証の「準備」をすることにあった（立川 1994，347頁）。ここで，本格的なアブダクションの生起は目的化され，教授メディア（巨大パン）はその手段として問題となる。また，アブダクションの内実は“仮説を立てること”に換言可能な科学的探究の“手順”へと矮小化されており，無意識で制御不能なアブダクションとしての知覚判断は考慮の外にある。

　他方，藤岡の論は錯視の例に近い。子どもたちは，匂いから「これはパンだ」という判断を，大きさから「これはパンではない」という判断を導出し，矛盾する二つの判断を批判的に再考する。「あいまいな属性」と「矛盾」という教師の工夫は，意識化されない制御不能なアブダクションとして日常的思考に遍在している知覚判断を，人為的に意識化させる。そして藤岡は，教師が「教材の刺激特性を人為的にコントロールして矛盾を作り出す方法は，思考を活性化させ，学習を楽しいものにする上で重要である」と述べ，アブダクションの教育的意義を学習の「楽しさ」の担保に見出している（藤岡 1987，119頁）。

　アブダクションは，立川においては問題解決の手段へ，藤岡においては「楽しさ」という価値の発生源へ位置づけられる。この二つの解釈は，今井康雄が1980年代後半からの教育をめぐる議論を規定していると指摘する，

とある構図を反映していると捉えられる。藤岡における学習の「楽しさ」の強調は，今井が「学習の美学化」と呼ぶ，「学ぶこと自体が喜びであるような自己充足的な活動としての学習」観を想起させる（今井 2004, 83頁）。今井によれば「学習の美学化」は，経済成長の終焉を背景とする1970年代以降の日本社会における「生活の美学化」―結果の享受を目的とする目的合理的価値観から，過程を味わうこと自体を目的とする自己充足的価値観への転換―から帰結した（同書，77-83頁）。それは，80年代の政府及び文部省主導による学校改革と相まって，「1989年の学習指導要領改訂の基本方針を表現するキャッチフレーズとして1991年ごろに登場した用語」（同書，83頁）である「新しい学力観」として具体的なかたちをとることとなった。

　「新しい学力観」は，「構成主義的知識観」，すなわち客観的な実在の表象として知識を伝達するのではなく，子どもたち自身が自ら知識を構成するという知識観にも支えられていた（同書，84-6頁）。この知識観のもとでは，「自ら学ぶ意欲や社会の変化に主体的に対応できる能力」としての「メタレベルの能力」の育成が教育の目的とされ（同書，88頁），「学習の美学化」が提供する「楽しさ」の体験によって，子どもをいかに「メタ能力」へと誘導するかが教育的関心事となる。構成主義的知識観を媒介とする「学習の美学化」と「メタ能力」の統合は，知識の客観性や実在性を括弧に入れた相対主義や主観主義の蔓延というかたちで問題化し，その後「知識軽視」として「新しい学力観」批判の中心となった（同書，85頁）。しかし，今井によれば「新しい学力観」自体への批判の一方で，その中核を成した「学習の美学化」は批判の対象にならずに教育論を規定する構図の一部であり続けた（同書，91-2頁）。さらに「学習の美学化」と「メタ能力」の結合は，「様々な暴力や心身の失調といった否定的な形で現れる子供の生活のリアリティ」を抑圧し，そのリアリティを「カウンセリングなどによって処理すべき個人の心の問題に還元してしまう」という，もう一つのリアリティ（実在）の喪失を孕んでいた（同書，92頁）。

　藤岡の論の背景には，この「学習の美学化」と「構成主義的知識観」の双方を見てとることができる。例えば，学習活動全体にわたって，パンに関す

る知識を獲得することより「自分で分析し総合する喜び」（藤岡 1987, 112頁）や，「他人から教えられずに［中略］新しい知識を作り出す」という「人間にとって楽しいこと」（同書, 116頁）の実感が強調されている。さらに重要であるのは，藤岡について「冗談」のような「楽しさ」を批判する立川の論が，リアリティの喪失に帰結する構図のもう一端，すなわち「メタ能力」の育成という観点から出発しつつ，やはり「学習の美学化」へと結合していることである。立川は，科学的探究としての「本格的なアブダクション」を推奨しつつ，その効果を「パンを作る過程への子どもの関心」や「探求への動機」をかきたてるという目的へと統合する（立川 1994, 344頁）。藤岡・立川の解釈は，力点こそ異なるものの，アブダクションの意義を「学習の美学化」と「メタレベルの能力」の「ポジティヴな統合」（今井 2004, 94頁）に求めることで，教育に付随する学習者のリアリティを抑圧したまま，「楽しさ」の担保と学習の統御を両立するための方法論へと移行してしまう点で共通している。

4．アブダクションと間接性のメカニズム：失われた リアリティの回復へ

　これに対し，知覚判断としてのアブダクションを，教育を規定する「間接性のメカニズム」（同書, 277頁）として捉え，その際メディアが生じさせる「自由の制限と保障」（今井 2012, 221頁）の分析視角とすることで，今井が指摘したリアリティの喪失への応答が可能である。ここで「メディア」（media）とは，「マスメディアや教授メディアにとどまらず，『中間にあって作用するもの』という広い意味」（今井 2004, 1頁）で用いられ，教育に遍在するものとされる。それにもかかわらず，教育は伝統的に他者への情報の直接的伝達や教化を志向する「麗しい直接的接触の物語」として成立してきた（同書, 38頁）。教育メディアはこの直接的接触のメカニズムの障害物として批判されるか，メディアを利用することでメカニズムをよりよく機能させる道具として称揚されるか，いずれにせよ教育にとっての「客分」として論じられてきた（同書, 8頁）。教育の枠組みを支えていた直接性のメカ

ニズムへの信頼は，近代以降，抑圧的構造や暴力性などの問題が現場と理論の両レベルで噴出したことにより喪失し，教育者と学習者の間に生じていたメディアの構造，すなわち間接性のメカニズムが，教育学的考察に浮上することとなった。

　今井が間接性のメカニズムに関する考察として展開する「教育学的メディア論」と，パースにおけるアブダクションとには，共通する媒介の構造が指摘できる（宮坂 2020）。知覚判断が知覚対象からの制約とアブダクティブな推論を同時に含むというパースの構想は，教育学的メディア論から見れば教育的コミュニケーションの「不確実性」（今井 2012，220頁）として論じることができる。教育における知覚対象の多くは，教育者によって教育的意図をもって表象され，学習者の知覚を一定程度制約するとともに，可謬的な仮説形成，すなわちアブダクティブな知覚判断を引き起こし，学習者にとって「自由の制限と保障」（同書，221頁）という二つの契機として機能する。直接性のメカニズムを前提とするメディア利用−批判の文脈では，これらの契機は二項的に対置され，批判の文脈では，知覚判断に伴ってメディアが導入してしまう自由（障害物）の教師による制限が論点となる。利用の文脈では，メディアが認識に自由を与えるほど，それは発見の「楽しさ」と捉えられ，教師の意図するメタ能力の育成へと結合するものとして奨励される。

　対して，パースにおけるアブダクションは複数のアスペクトの併存を前提としており，自由の制約と保障は二項的に対立するのではなく，緊張関係を持ちながら不可分に結びついているものと捉えられる。この併存はパースの「カテゴリー」（category）論から見て取れる。パースは，現象を「何ものからも独立である存在の概念」である「第一性」（firstness），「何かと関係している，何かに反応している，という存在の概念」である「第二性」（secondness），「媒介の概念」である「第三性」（thirdness）の三つに区分した（CP6.32）。三つのカテゴリーは「三位一体の実在」（triune Reality）（CP5.436）とされ，すべての現象において同時に現前し，一つだけを「純粋な観念」として認識することはできないとされる（Bernstein 2010，130頁）。観念を媒介とする推論である知覚判断は第三性に該当するが，知覚対象の制

御不能さは第二性としての「経験」（experience）における「獣性的制約」（brute compulsion）（CP5.97）であり，「経験が教えるものはすべて驚きによって与えられる」（EP2:154）。ここで留意すべきは，経験に伴う「驚き」は，制御不能な「制約」であると同時に，第三性としてのアブダクションの発生条件でもあることで，形成される仮説の可謬性という自由を保障する点である。知覚における判断（自由の保障）と「制約」（自由の制限）の両契機は，異なるカテゴリーでありながらアブダクションにおいて併存するアスペクトとして構想されている。

　この両契機の分かち難さは，今井が指摘した教育における二つのリアリティの喪失への応答を示唆している。第一に，知覚対象による「制約」は，構成主義的知識観における「知識軽視」へ繋がるような（間）主観主義・相対主義に歯止めをかけ，客観的実在に関する問題を繋留する。つまり，構成主義的知識観に立ってアブダクションを楽しさやメタ能力として位置づけたとしても，それが制御不能な「驚き」[4]と不可分である限り，知覚対象との接触を伴うため，知識の主観的構築に制約を与える客観的実在性の問題が，教育における知識の表象をめぐる議論に再浮上するのである。

　第二に，メディアが引き起こす日常的知覚の可謬性としてアブダクションを捉えることで，今井が指摘する子どもの生活の「否定的なリアリティが顔を出す隙間」（今井 2004，93頁）が創出される[5]。知覚の可謬性は，教育の不確実性を教育的活動とその考察に突き付ける。教育における否定的なリアリティの責任は，個人に帰属する能力や特性にではなく，教育を成立させている教育的表象と知覚判断の不確実性として，反省的に分析されるべきものとなる。これによって，不確実性を引き起こしている知覚対象の分析，すなわち間接性のメカニズムを前提としたメディアの分析が，重要な教育学的考察として浮上する。

5．アブダクションとメディア分析の視座：メディアとしての巨大パン

　藤岡・立川の議論は，アブダクションをメディア利用的文脈で考察するも

のであった。最後に巨大パン実践に立ち戻って、「教育者の意図から始めるのでも、子供の欲求、興味、発達等々から始めるのでも、またこの両者の何らかの「関係」から始めるのでも」（今井 2004，33頁）ない，利用‐批判を越えた教育学的メディア論的分析を一つ示しておこう。

巨大パンの存在理由を子どもたちが「まともに」推論したとすれば，"巨大パンを食べる巨人がいる"という仮説も形成され得るが，「子どもは他の授業の経験からも，授業者がそんな途方も無いことを持ちださないとよく知っている」（立川 1994，342-3頁）と立川は指摘する。確かに，パンを見て巨人の存在を想像したとしても，社会科の授業中にそう反応する子どもは少ないだろう。授業者もファンタジー的な仮説を立てさせることを意図してパンを用意したわけではない。しかしここで，パン作りの工程という現実的な主題に注意を向けさせることを意図して投入されたメディアが，まるでファンタジーの世界から飛び出したかのような巨大パンであったことに留意したい。子どもたちは，社会科の「他の授業の経験」に照らし合わせ，知覚判断において生じたファンタジー的仮説を選択肢から除外する。しかし，国語や美術の授業なら選択は異なるかもしれず，教師もおそらくそれを期待している。ファンタジー的な仮説の形成は，単に社会の授業で国語教育や美術教育的な想像性・創造性が育まれたという「意図せざる副次効果」（今井 2004，35頁）ではない。そこに顕れているのは，教育者の意図とは異なる選択の余地の存在（自由の保障）と，特定の教育的状況におけるメディアの提示による知覚判断への制約（自由の制限）という両契機の併存である。ここにおいて，直接性のメカニズムを前提とするメディア利用的文脈では隠蔽されていた，教育の間接性のメカニズムが浮き上がる。巨大パンは，それがどれだけ教師の意図を反映できたかという効果の検証ではなく，教育実践を可能あるいは不可能にしている条件を考察するためのメディアとして，分析の対象となる。

こうした分析におけるアブダクションの可視化は，楽しさやメタ能力に向けたメディアの有効性の検証ではなく，知覚を引き起こしている提示や表象が教育的状況に対して与える条件の解明に寄与するものであり，アブダクシ

ョンの教育学的意義は，それによって失われたリアリティへの通路を回復する方途としての射程を得ることとなる。

6．おわりに

　本稿は，知覚判断とアブダクションの連続性に着目し，それを「間接性のメカニズム」として論じた。これにより，藤岡・立川に代表されるような，教育にとって「客分」としてアブダクションを導入する解釈の課題を指摘し，教育に遍在するメカニズムの分析としてアブダクションを論じる射程を示した。このような解釈においてアブダクションは，構成主義的な知識観が陥る相対主義を回避し，教育における客観的実在に関する議論を繋留するとともに，教育の不確実性を教育実践とその考察に突き付ける。これによって，教育に伴って生じる学習者の否定的なリアリティは，個人の特性や能力の欠陥，或いは社会的背景の問題に「還元」（今井 2004，92 頁）されるのではなく，教育そのものの課題として，教育学研究の領域へ再浮上する。このリアリティの回復がいかに可能であるのか，メディアとアブダクションを巡り具体的に分析することが今後の課題となるだろう。

[キーワード]

　C.S. パース（C.S.Peirce），プラグマティズム（Pragmatism），アブダクション（abduction），メディア（media），知覚（perception）

〈注〉
⑴　「最良の説明のための推論」（Inference to the Best Explanation）とも呼ばれる現在主流のアブダクション論は，仮説の正当化を論点とし，「驚くべき事実」に伴う仮説形成に重点を置くパースの論から区別される。詳しくは Schickore 2018，Douven 2021 を参照。
⑵　「この魚は陸上に生息していた」といった仮説も形成可能であるが，どの仮説が適切であるかは既有知識との照合や，新たな事実の観察によって検証・判断される。
⑶　パースは「段」（step）の図等を用いているが，本稿ではウサギ - アヒルの図を

採用する。この図は，パースの論理学講義に参加し，感覚に関する共著論文も執筆した心理学者Ｊ・ジャストロウ（J. Jastrow, 1863-1944）によるものであり，後期ウィトゲンシュタインが『哲学探究』第二部における知覚論で取り上げたことで知られている。

(4) パースにおける「驚き」とは，一般的な感情としての「驚き」より広義であり，経験における「反応」と，それに伴う自我と彼我の二重性（CP 5.53）という心的作用全般を指す「統制不可能なもの」とされ，意識に無関係に常に稼働しているとされる（CP 5.54）。

(5) 立川は，デューイと藤岡の論を比較するなかで「新しい条件の下に生きる現在の子どもの新しい想念」としての「現在の諸条件」を考慮に入れることを主張している（立川 1994，353頁）が，アブダクションがその応答となり得ることは十分論じていない。

〈参考文献〉

Bernstein, Richard J., 2010, *The Pragmatic Turn*, Polity Press.

Douven, Igor, 2021, "Abduction", PDF version of the entry, *The Summer 2021 Edition of the Stanford Encyclopedia of Philosophy*, Stanford University, 1-41.

藤岡信勝，1987，「社会認識教育の方法」東洋他編『岩波講座　教育の方法　五　社会と歴史の教育』岩波書店，95-133頁.

Hookway, Christopher, 2012, *The Pragmatic Maxim : Essays on Peirce and Pragmatism*, Oxford University Press.

今井康雄，2004，『メディアの教育学　「教育」の再定義のために』東京大学出版会.

――――，2012，「表象とメディア　教育学的メディア論のための一考察」田中毎実編『教育人間学　臨床と超越』東京大学出版会，201-224頁.

伊藤邦武，1985，『パースのプラグマティズム』勁草書房.

益田裕充・柏木純，2013，「論理的推論に基づく仮説形成を図る教授方略に関する実証的研究」『理科教育学研究』54(1):83-92頁.

宮坂朋彦，2020，「C.S.パースの「アブダクション」が開く教育学のメディア論的可能性の考察」『日本デューイ学会紀要』61:41-50頁.

Peirce, Charles Sanders, 1992-98, *The Essential Peirce: Selected Philosophical Writings*. 2 Vols, N. Houser, C. Kloesel and Peirce Edition Project ed., Indiana University Press.（慣例に従い略記：EP 巻数：頁）

――――, 1931-58, *The Collected Papers of Charles Sanders Peirce*. Vols.1-8, C. Hartshorne, P. Weiss and A. W. Burks ed., Belknap Press of Harvard

University Press.（慣例に従い略記：CP 巻数 . 節番号）

佐藤佐敏，2010,「解釈する力を高める発問：C.S. Peirce の認識論に基づく『読みの授業論』の構築」『上越教育大学研究紀要』29:321-330 頁.

Schickore, Jutta, 2018, "Scientific Discovery", PDF version of the entry, *The Summer 2018 Edition of the Stanford Encyclopedia of Philosophy*, Stanford University, 1-43.

杉田直樹・桑原敏典，2013,「仮説の提示と吟味の方法の工夫による小学校社会科授業改善：C.S. パースのプラグマティズムの理論を活用して」『岡山大学教師教育開発センター紀要』3:106-116 頁.

立川明，1994,「アブダクションと授業　藤岡信勝氏の『社会認識教育の方法』の批判的検討」森田尚人他編『教育学年報 3　教育のなかの政治』世織書房，333-354 頁.

和田信哉，2008,「数学教育におけるアブダクションの基礎的研究：形式の観点からの検討」新潟大学教育学部数学教室『数学教育研究』43(2):4-10 頁.

第3部

実践的研究論文

地理的な見方・考え方を働かせる単元カリキュラムの開発に関する実践的研究

——中学校社会科地理的分野「世界の諸地域」を事例として——

岐阜大学 **長倉 守**
静岡市公立中学校 **金澤 翔平**

1 はじめに

　本研究は，中学校地理的分野「世界の諸地域」を事例に，社会的事象の地理的な見方・考え方を働かせる単元カリキュラムを開発するとともに，中学校において実践し，見方・考え方の駆動や資質・能力の育成の観点から検証し，単元カリキュラムの開発に関する実践的な示唆を得ることを目的とする。

　現行学習指導要領（2017年告示）は，資質・能力の育成に向け，主体的・対話的で深い学びの実現を求めている。とりわけ，深い学びの鍵として「見方・考え方」の駆動を位置付けている。見方・考え方は，各教科等の特質に応じた物事を捉える視点や考え方であり，各教科等を学ぶ本質的な意義の中核をなし，教科等の学習と社会とをつなぐものであると説明されている。そのうえで，児童生徒が学習や人生において見方・考え方を自在に働かせることができるよう，教師の専門性の発揮を求めている。こうした学習指導要領を踏まえ，各学校では見方・考え方を働かせるカリキュラム開発が喫緊の課題となっている。

　中学校社会科地理的分野では「社会的事象の地理的な見方・考え方」（以下，「地理的な見方・考え方」という。）について，社会的事象を位置や空間的な広がりに着目して捉え，地域の環境条件や地域間の結び付きなどの地域という枠組みの中で，人間の営みと関連付けて働かせるものとして整理されている。そのうえで，国際地理学連合・地理教育委員会により1992年に制

定された地理教育国際憲章を踏まえ，「位置や分布」，「場所」，「人間と自然環境との相互依存関係」，「空間的相互依存作用」，「地域」などの5つの地理的な見方・考え方が提示された。

　しかしその一方で，教師の立場からはこれらの地理的な見方・考え方が本質的視点ゆえに専門性が高く，概念の解釈やそれを踏まえた単元カリキュラムや授業実践への実装が容易ではないとの指摘がある（長倉，2020；近藤，2019）。また，実践的課題として，令和3年度版における地理的分野の教科書には，地域的特色を具体的に考察する学習活動を求める場面において，上述の5つの地理的な見方・考え方に関する言及がない。教科書執筆者が捉えた地域的特色や課題に関する記述は厚くあるが，意図的に上述の地理的な見方・考え方の駆動を促す記述は見られない。こうしたことも地理的な見方・考え方を働かせる単元カリキュラムの開発に困難さを感じる教師の認識を生んでいる。

　ではこうした課題に関して，学術レベルではどのような先行研究や現場支援が行われてきたのであろうか。まず，地理的な見方・考え方の概念について理論的に検討したものに，地理教育国際憲章を踏まえて地理学の中心的概念との関係を示した井田（2018），欧州における地理的コンピテンシーの枠組を提示した池（2019），具体的景観と概念の関係に言及した永田（2017）がある。これらの論究は，学術的知見を踏まえて地理的な見方・考え方の概念や学習活動の方向性について説明し，示唆を与えている。しかし，具体的な単元カリキュラムへの翻案には踏み込んでいない。

　他方，学習指導要領を踏まえて地理的な見方・考え方の駆動や育成を企図し，具体的な単元カリキュラムを提示したものに近藤（2019），青柳（2020），ヤン（2020）がある。しかしこれらは単元カリキュラムの構想に留まり，実践や検証が示されておらず，その有効性が立証されていない。また，地理的な見方・考え方を各単元で取扱う内容に関連させた固有の問いに変換して単元カリキュラムを構想しているが，単元を越えた汎用性のある地理的な見方・考え方の駆動や育成について検討していない。上述のとおり見方・考え方については，教科等の本質を踏まえて単元の学習活動における駆動に加え，

人生や社会との架橋を視野に入れており，地理的分野においても単元や学習活動を越えた汎用性のある見方・考え方の駆動や育成が求められよう。

そこで本稿では，学校現場の喫緊の課題への寄与を念頭に，先行研究を踏まえて開発枠組みを検討し，単元カリキュラムの開発・実践を通じてその有効性について検証し，成果と課題を明らかにする。なお，本稿では，事例として「世界の諸地域」を取り上げる。これは，「世界の諸地域」が中学校社会科において生徒の地理的な世界認識を深める中核となる学習項目であること，地理的な見方・考え方の総合的な駆動が期待される単元であることから選定した。

2 方法

2.1 単元カリキュラムの開発枠組みの検討

地理的な見方・考え方の単元カリキュラムへの実装を検討するにあたり，次の二つのフェーズから開発枠組みを検討した。

まず一つは，地理的な見方・考え方の構造モデルの検討である。地理的見方・考え方については，上述のように教師にとって専門性が高く，概念の解釈が困難であることが指摘されていた。また学習指導要領では，地理的な見方・考え方について並列的に示され，相互関係が説明されていない。そこで，先行研究における議論をもとに各概念の関係性を検討し，**図1**に示す構造モデルを作成した[(1)]。これを基に地理的な見方・考え方を構造的に理解し，単

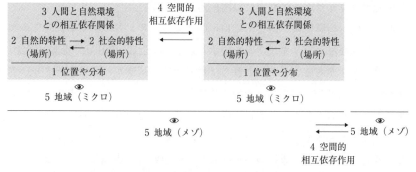

図1 地理的な見方・考え方の構造モデル

元カリキュラムへの実装に援用する。とりわけ本稿で取扱う「世界の諸地域」では，「空間的相互作用」と「地域」の見方・考え方に着目し，世界各州の地誌的特色を大観したうえで，地域的課題の関連について考察を求めている。しかしながら，単に「空間的相互作用」と「地域」の見方・考え方を駆動させるのではなく，それらの基盤にある「位置や分布」，「場所」等の他の見方・考え方との関係性に留意して，単元カリキュラムに実装する必要がある。

　二つは，地理的な見方・考え方の問いのレベルへの変換である。5つの見方・考え方の単元カリキュラムへの実装にあたり，地域的特色や課題を考察する際の本質的な問いとして，見方・考え方を問いのレベルに変換し，生徒に駆動を求める必要がある。そこで，中教審答申（2016）の別添資料に提示された「視点を生かした，考察や構想に向かう『問い』の例」や中山（1991）を参考に，地理的事象に対する着眼や考察に向かう視点として，「それはどこに位置するのか」，「それはどのように分布するのか」等，11の地理的な見方・考え方に関する本質的な問いを表1のとおり整理した。そのうえで単元カリキュラムの開発では，単元において育成を目指す資質・能力や取扱う内容との関連から，単元及び各授業時間において適用させる見方・考え方に関する本質的な問いを検討し，具体的な学習活動との接合を検討しながら単元カリキュラムに構造的に実装させることとした。

表1　地理的な見方・考え方に関する本質的な問い

	見方・考え方	本質的な問い
1	位置や分布	①それはどこに位置するのか
		②それはどのように分布するのか
2	場所	①そこはどのような場所なのか（自然環境のようす）
		②そこはどのような場所なのか（生活，産業，社会などのようす）
3	人間と自然環境の相互依存関係	①そこは自然環境からどのような影響を受けているのか
		②そこは自然環境にどのような影響を与えているのか
4	空間的相互依存作用	①そこは他の場所とどのような結び付きをもっているのか
		②そこは他の場所とどのような結び付きをもつべきなのか
5	地域	①その地域はどのような特色があるのか
		②その地域はどのような課題があるのか
		③そこはどのような地域にすべきなのか

2.2 単元カリキュラムの開発と実践

　本研究では，「世界の諸地域」のうち「ヨーロッパ州」（全5時間）及び「アフリカ州」（全4時間）について，開発枠組みをもとに第一筆者と第二筆者による協議により単元カリキュラムを開発した。カリキュラムの開発にあたり，現行学習指導要領の趣旨を踏まえるとともに，内容に関わる地理学の専門的知見（加賀美，2019；島田，2017）や地理的分野の教科書及び教科書発行者作成の年間指導計画（平成28年度版，令和3年度版）を参考にした。開発した単元カリキュラムについては，A市立B中学校第1学年（単学級）32人を対象に，202X年10月に，ヨーロッパ州，アフリカ州の順に第二筆者が授業を実施した。

　表2はアフリカ州の単元カリキュラムである[2]。例えば，アフリカ州の第1時，アフリカ州の地形や気候について考察する授業場面では，「それはどこに位置するのか」や「それはどのように分布するのか」といった「位置や分布」の見方・考え方を選択し，授業の冒頭において，アフリカ州に対する地理的な着眼や考察に向かう視点をして提示した。そのうえで，アフリカ州の特徴的な地形として，世界最長のナイル川や世界最大のサハラ砂漠に着目し，それらの地理的特徴を理解する学習活動として，ナイル川の流れる国，サハラ砂漠が広がる国を確認した。その際，単に当該国の確認に留まるのではなく，「それはどこに位置するのか」や「それはどのように分布するのか」といった地理的な見方・考え方との接合を図り，ナイル川やサハラ砂漠とそれに関係する国はどこに位置するのか，どのように流れ，どのように広がっているのか等の分布に関する考察を求めた。これにより，自然環境と国の地理的関係を考察する学習活動を通して，アフリカ州におけるナイル川やサハラ砂漠の位置や広がり，地理的距離や面積のスケールを把握していった。

　なお，見方・考え方に関する本質的な問いについては，それぞれを記載した短冊カードを準備し，各単元において見方・考え方の駆動を求める際には，当該カードを黒板に添付し，生徒に意識化を図るとともに思考を焦点化させた。

表2　見方・考え方を働かせる単元カリキュラム（アフリカ州）

単元課題　アフリカ州では，国際的な支援が必要とされているが，どのような背景や取り組みがあるのだろうか。

項目	時	学習課題	主な学習活動	主に働かせる見方・考え方	1 位置分布	2 場所	3 人間自然	4 空間相互	5 地域
大観 自然環境 経済状況	1	アフリカの地形や気候には，どのような特色があるのだろうか。	ナイル川が流れる国，サハラ砂漠が広がる国を確認しよう。	1①それはどこに位置するのか 1②それはどのように分布するのか	○				
			アフリカ州の気候の特色を，赤道からの距離に着目して説明しよう。	3①そこは自然環境からどのような影響を受けているのか			○		
トピック1 歴史的背景	2	アフリカの歴史や文化には，どのような特色があるのだろうか。	アフリカの多くの国の国境線には，どのような特徴がみられるのか確認しよう。	1①それはどこに位置するのか 2②そこはどのような場所なのか（生活，産業，社会などの様子）	○	○			
			アフリカの多くの国で使用されている言語を挙げよう。	1②それはどのように分布するのか 2②そこはどのような場所なのか（生活，産業，社会などの様子）	○	○			
			植民地時代の影響は，どのようなところにみられるのか，説明しよう。	2②そこはどのような場所なのか（生活，産業，社会などの様子） 4①そこは他の場所とどのような結びつきをもっているのか		○		○	
トピック2 産業	3	アフリカの産業には，どのような特色や課題があるのだろうか。	アフリカで栽培されている特定の農作物を確認しよう。	2②そこはどのような場所なのか（生活，産業，社会などの様子） 3①そこは自然環境からどのような影響を受けているのか		○	○		
			アフリカで特定の農作物が栽培されている理由を考えよう。	2②そこはどのような場所なのか（生活，産業，社会などの様子）		○			
			アフリカの国で特定の輸出品になっている鉱産資源を確認しよう。	1①それはどこに位置するのか 2②そこはどのような場所なのか（生活，産業，社会などの様子）	○	○			
			特定の産物の輸出に頼りすぎることで起こる問題を，一つ選んで説明しよう。	4①そこは他の場所とどのような結びつきをもっているのか 5②その地域はどのような課題があるのか				○	○
総括	4	アフリカが発展していくうえで，どのような課題や取り組みがあるのだろうか。	これまでの学習を踏まえ，アフリカで課題となっていることを挙げよう。	5②そこはどのような課題があるのか					○
			アフリカで起こっている課題と必要とされる支援を結び付けて説明しよう。	4②そこは他の場所とどのような結びつきをもつべきなのか 5③そこはどのような地域にすべきなのか				○	○

2.3 検証方法

次の三つの方法により，本実践における見方・考え方の駆動や資質・能力の育成の観点から検証を行った。

(i) 地理的な見方・考え方の駆動に関する自己認識

生徒に対して，授業における地理的な見方・考え方の駆動について，事前，ヨーロッパ州学習後，アフリカ州学習後に，4件法にて質問紙調査を行った。地理的な見方・考え方については，表1に示した5つの地理的な見方・考え方における11項目である（1～4は各2項目，5は3項目）。1～5の地理的な見方・考え方の枠組みごとに項目の得点を合算し，分散分析を用いた統計的分析により変容等について検討した。

(ii) 地理的な見方・考え方の駆動に関する省察

生徒に対して，地理的な見方・考え方の駆動に関する省察について，ヨーロッパ州学習後，アフリカ州学習後に，自由記述を求めた。分析に関しては，佐藤（2008）の定性的コーディングの方法を援用し概念を抽出した[3]。

(iii) 各単元における学習成果に関する記述

生徒に対して，各単元の終末における学習成果として，地域的特色や課題

表3　ルーブリック

評価	ヨーロッパ州	アフリカ州
4	ヨーロッパ州の地域的特色や課題について，生活や産業，EU統合の経緯や影響など，複数の視点に着目してそれらを関連付けて適切に考察している。	アフリカ州の地域的特色や課題について，生活や産業，歴史的経緯，支援の取組など，複数の視点に着目してそれらを関連付けて適切に考察している。
3	ヨーロッパ州の地域的特色や課題について，生活や産業，EU統合の経緯や影響など，複数の視点に着目して適切に考察している。	アフリカ州の地域的特色や課題について，生活や産業，歴史的経緯，支援の取組など，複数の視点に着目して適切に考察している。
2	ヨーロッパ州の地域的特色や課題について，生活や産業，EU統合の経緯や影響など，一部の視点に着目して考察している。	アフリカ州の地域的特色や課題について，生活や産業，歴史的経緯，支援の取組など，一部の視点に着目して考察している。
1	ヨーロッパ州の地域的特色や課題について，生活や産業，EU統合の経緯や影響などに着目して考察していない。	アフリカ州の地域的特色や課題について，生活や産業，歴史的経緯，支援の取組などに着目して考察していない。

について記述を求めた。ルーブリック（**表3**）を作成し，これをもとに思考力・判断力・表現力等や知識・技能に関する評価を行った[4]。評価の分布を示すとともに，評価を得点とした平均値について対応のあるt検定を行い，生徒の学習状況を検討した。

　なお，調査において収集したデータについては，全て統計的に処理し，個人情報を取り扱わないよう倫理的事項に配慮した。

3　結果

3.1 地理的な見方・考え方の駆動に関する自己認識

　まず見方・考え方の駆動に関する生徒の自己認識について，事前，ヨーロッパ州学習後，アフリカ州学習後における質問紙調査の分析結果の概要を示す（**表4**）。

　見方・考え方の駆動に関する回答について，分散分析を行った結果，「位置や分布」と「空間的相互依存作用」に有意差が見られた。また，「場所」と「地域」については有意傾向が認められた。Holm法を用いた多重比較によると，「位置や分布」では，事前に対するアフリカ州とヨーロッパ州学習後に対するアフリカ州において有意に高かった（$MSe = 0.65, p < .05$）。「空間的相互依存作用」では，事前に対するヨーロッパ州学習後とアフリカ州学習後において有意に高かった（$MSe = 0.90, p < .05$）。

表4　地理的な見方・考え方に関する自己認識

見方・考え方	事前		ヨーロッパ州学習後		アフリカ州学習後		F値	多重比較
	平均値	SD	平均値	SD	平均値	SD		
1 位置や分布**	5.75	1.54	5.69	1.36	6.38	1.39	7.15	事前＜アフリカ州* ヨーロッパ州＜アフリカ州*
2 場所†	6.22	1.60	6.44	1.20	6.81	1.21	2.76	
3 人間と自然環境との相互依存関係	5.78	1.43	6.00	1.22	5.84	1.35	0.41	
4 空間的相互依存作用**	4.66	1.43	5.31	1.24	5.47	1.64	6.57	事前＜ヨーロッパ州* 事前＜アフリカ州*
5 地域†	8.50	1.92	8.66	1.81	9.28	1.89	3.15	

† $p < .10,$ * $p < .05,$ ** $p < .01$

表5　省察記述のコーディング

カテゴリー	サブカテゴリー	ローデータ
着眼点への気付き	取組促進	どういう見方で授業をやるとか，どこを見て考えるかなどが分かってやりやすかった。
	理解促進	見方考え方を働かせて思ったことは，このことを働かせることによってより授業の内容が分かってくると思いました。
	カード効用	先生が黒板にはっているのを意識して授業を行うといつもより考え方がわかるような感じがします。
	省察視点	他の国との結びつきをあまり考えていなかった。次回はしっかり考えたい。
変容の認識	深化認識	考える所がどういうのかがよく分かりました。おかげで前よりも考えが深まりました。
	情意変容	前とは違う楽しい授業になっている。前よりもおもしろくなった。（前もおもしろかったけど）
困難の実感	駆動困難	働かせるのが大変だった。ぜんぜん働かせることができていないと思う。

3.2　地理的な見方・考え方の駆動に関する省察

　次に，単元ポートフォリオにおける見方・考え方に関する省察記述について，佐藤（2008）を用いた質的分析の結果を示す（**表5**）。

　省察概念については，《着眼点への気付き》，《変容の認識》，《困難の実感》の３つのカテゴリーに整理された。《着眼点への気付き》については，〈取組促進〉，〈理解促進〉，〈カード効用〉，〈省察視点〉の４つのサブカテゴリーから構成される。地理的な見方・考え方の駆動により，思考の焦点となる着眼点の意識化により，取組や理解，省察視点の可視化の促進，短冊カードの有効性について指摘があった。《変容の認識》については，〈深化認識〉，〈情意変容〉の２つのサブカテゴリーから構成される。従前と比較して，思考の深化や追究の面白さに関する変容が指摘された。他方，《困難の実感》については，地理的な見方・考え方の駆動に困難さを感じる現状が指摘された。

3.3　各単元における学習成果に関する記述

　各単元における学習成果に関する記述について，上述の**表3**のルーブリックをもとに評価を行い，評価の分布（**表6**）と対応のあるt検定による分析結果（**表7**）を示した。

表6　評価に関する分布表

評価	ヨーロッパ州		アフリカ州	
	（人）	（％）	（人）	（％）
4	9	28.1	12	37.5
3	14	43.8	15	46.9
2	7	21.9	3	9.4
1	2	6.2	2	6.2

表7　評価に関する統計的分析

ヨーロッパ州		アフリカ州		t値	p
平均値	SD	平均値	SD		
2.94	0.86	3.16	0.83	2.55	*

$^*p < .05$

表6については，先に学習したヨーロッパ州では，評価4と評価3の合計が23人（71.9％）であったが，後に学習したアフリカ州では，27人（84.4％）であった。また表7については，評価を得点とした平均値についてt検定を行ったところ，ヨーロッパ州とアフリカ州に有意差が認められた。

4　考察

まず，表4の結果について考察する。有意差が見られた「位置や分布」については，単元カリキュラムの開発にあたり，見方・考え方に関する本質的な問いと単元における各学習活動との意図的な接合が機能した。例えば，アフリカ州の自然環境を把握する授業場面では，「それはどこに位置するのか」，「それはどのように分布するのか」について生徒の思考展開に即して問いを重ねた。また，言語の分布を確認する場面においても，公用語の広がりがどこに位置し，どのように分布するのかについて問い，考察を求めた。

また「空間的相互作用」については，見方・考え方の構造的理解に基づき，単元カリキュラムにおける汎用性のある問いの構造的な連鎖が有効に機能した。授業では，地域の結び付きについて単独で考察するのではなく，位置や分布，場所といった他の見方・考え方と関連付けて生徒に考察を求めている。例えば，アフリカ州とヨーロッパ州の結び付きを考察する授業場面では，「そこは他の場所とどのような結び付きをもっているのか」を提示し，その契機として上述の公用語に関する位置や分布，場所に関する考察を足場として，その地域で主に話されるヨーロッパ系言語への認識を深めた。そのうえでなぜその言語がその場所で話されるのかを問うことで，過去のヨーロッパ諸国による植民地支配に着眼し，歴史を踏まえて現在の生活や産業の影響に

ついて考察した。

　こうした本単元開発の枠組みは，その他の分析結果にも寄与している。**表5**の結果からは，地理的な見方・考え方の駆動による取組や理解の促進，認識の変容が可視化された。これらは上述の授業場面例のように，具体的な学習活動と接合を図りながら，汎用性のある問いを構造的に提示したことにより，「どこを見て考えるかなどが分かって」，「より授業の内容が分かってくる」といった生徒の省察に繋がった。また，**表6**及び**表7**の結果については，見方・考え方の構造的な駆動により，ヨーロッパ州では，地域的特色や課題について複数の視点に着目して考察した生徒が，ヨーロッパ州では7割程度，アフリカ州では8割以上存在した。見方・考え方に関する問いの構造的な連鎖が個別の社会的事象に関する構造的な思考や理解に繋がり，思考力・判断力・表現力等や知識・技能に関する地理的な資質・能力の形成に至ったと考察される。

　以上のように，見方・考え方の構造的理解と本質的な問いのレベルへの変換を基盤に，各学習活動と汎用性をもった見方・考え方に関する本質的な問いとの接合といった，本研究のカリキュラムの開発枠組みの有効性が示唆された。学習活動を越えた汎用性のある問いの構造的な連鎖が生徒の見方・考え方の理解や駆動に作用するとともに，学習活動に埋め込まれた考察の着眼点が問いにより可視化され，学習活動への取組や思考が促進された。こうした本研究の知見は，地理的な見方・考え方に関する井田（2018）の説明を，教室で展開可能な単元カリキュラムとして具現化する参考点として位置付けられる。

5　おわりに

　本稿では，中学校地理的分野「世界の諸地域」を事例に，社会的事象の地理的な見方・考え方を働かせる単元カリキュラムを開発し，中学校における実践と検証を通じて，単元や各学習活動を越えた汎用性のある地理的な見方・考え方の駆動や資質・能力の育成が確認された。これにより，見方・考え方を働かせる単元カリキュラムの開発に関する参考点として，次の二つが

示唆された。一つは，開発枠組みとして地理的な見方・考え方の構造的理解と本質的な問いへの変換，二つは，その本質的な問いと学習活動との接合によるカリキュラムへの構造的な実装である。これらの開発枠組みは，井田（2018）などの先行研究で指摘される見方・考え方に関する概念を単元カリキュラムとして具現化するための指針として位置付き，本研究の成果として指摘される。こうした知見を視座として各学校や教師の置かれた状況に応じた援用が期待される。

　最後に今後の課題を述べる。見方・考え方については，教科等の本質を踏まえた資質・能力の育成，さらには児童生徒の学習や人生・社会との架橋が期待されている。よって，本研究における知見をもとに地理的分野における他の単元での検証，さらに社会科においては歴史的分野や公民的分野における見方・考え方に関する継続的，実証的かつ実践的な議論が必要である[(5)]。また，総合的な学習の時間をはじめ，他の教科等における見方・考え方の駆動についても，本研究の知見の援用可能性について検討を試みたい。

[キーワード]

　地理的な見方・考え方（Geographical Perspectives and Ways of Thinking），単元カリキュラム（Unit Curriculum），中学校社会科（Junior High School Social Studies）

謝辞　本研究はJSPS科学研究費（課題番号：19K23312）の支援を受けたものです。本研究にご協力いただきました皆様に深く感謝の意を表します。

〈注〉

(1)　2017年版学習指導要領，国際地理学連合・地理教育委員会（1993），中山（1991），井田（2018），永田（2017），山本ら（2021）を基に第一筆者が作成した。構造モデルは，各々の見方・考え方が個別にあるのではなく相互の関係性を示している。図中「2」には人文及び自然的特性があり，その相互依存関係が「3」であり，その場所の位置や分布が「1」である。それらを地域として見出

したものが「5」であり，地域間の空間的相互依存が「4」である。構造モデルの作成にあたり，地理教育学を専門とする研究者の助言を受けた。

⑵　紙幅の関係で，アフリカ州のみを掲載する。

⑶　定性的コーディングについては，まずオープンコーディングとして，記述データの解釈を繰り返し行い，小見出しを付けて構造化を図った。さらに焦点的コーディングとして，データが有する意味を洞察し解釈を行い，サブカテゴリーとして整理し，それらの関連性を検討しカテゴリーとして概念を整理した。佐藤（2008）の定性的コーディングを用いた研究に石上（2019）がある。

⑷　ルーブリックに基づく評価については，第一筆者と第二筆者による検討とともに，中学校現職社会科教員2人にカンファレンスを依頼し，客観性を担保した。

⑸　表5の分析結果からは，見方・考え方を駆動させた考察が困難であると記述する生徒もおり，実践的課題として支援の在り方を含めて継続的な検討が必要である。

〈引用・参考文献〉

青柳慎一（2020）地理的な見方・考え方と地理的技能を育成する地域学習についての一考察－地理的分野「地域調査の手法」の指導計画の構想－，埼玉社会科教育研究 (26)，pp.17-22

池俊介（2019）コンピテンシー重視の教育改革と地理教育の課題－ポルトガルの経験に学ぶ－，新地理，日本地理教育学会誌，67(3)，pp.1-19

井田仁康（2018）地理教育における地理的な見方・考え方の重要性－学習指導要領における位置づけ－，江口勇治監修・編著，21世紀の教育に求められる「社会的な見方・考え方」，帝国書院，pp.76-83

石上靖芳（2019）ベテラン教師の単元開発において活用される指導方略と単元開発過程の解明－小学校国語科文学教材の授業実践を対象に－，日本教科教育学会誌，42(3)，pp.1-13

加賀美雅弘編（2019）世界地誌シリーズ11 ヨーロッパ，朝倉書店，173p.

国際地理学連合・地理教育委員会編 中山修一訳（1993）地理教育国際憲章 1992年8月制定，地理科学，地理科学学会誌，vol.48，no.2，pp.104-119

近藤裕幸編著（2019）「見方・考え方」を育てる中学地理授業モデル，明治図書，131p.

佐藤郁哉（2008）質的データ分析法，新曜社，211p.

島田周平・上田元編（2017）世界地誌シリーズ8 アフリカ，朝倉書店，163p.

中央教育審議会（2016）幼稚園，小学校，中学校，高等学校及び特別支援学校の

学習指導要領等の改善及び必要な方策等について（答申）別添資料，pp.7-27
https://www.mext.go.jp/b_menu/shingi/chukyo/chukyo0/toushin/1380731.
htm

長倉守（2020）教科固有の「見方・考え方」を働かせたカリキュラムに関する研究−中学校社会科地理的分野を事例として−，岐阜大学カリキュラム開発研究，36(1)，pp.89-97

永田忠道（2018）「社会的事象の地理的な見方・考え方」を自在に働かせる授業の在り方−5つの視点を活用した地理的な探究−，中学校社会科のしおり，2017年度3学期号，帝国書院，pp.32-35

中山修一（1991）地理にめざめたアメリカ 全米地理教育復興運動，古今書院，131p.

矢ケ﨑典隆・加賀美雅弘・牛垣雄矢編著（2020），地誌学概論，朝倉書店，184p.

山本隆太・阪上弘彬・泉貴久・梅村松秀・河合豊明・中村洋介・宮﨑沙織編（2021）システム思考で地理を学ぶ−持続可能な社会づくりのための授業プラン−，古今書院，128p.

ヤンジャヨン（2020），世界遺産を用いて地理的な見方・考え方を働かせる授業の構想 −「長崎と天草地方の潜伏キリシタン関連遺産」を事例に−，地域と教育，筑波大学博士課程人間総合科学研究科学校教育学専攻「社会科教育学特講」調査報告，19, pp.1-16

「ラーニングマップ」を活用した授業づくり研修が知的障害特別支援学校の教員集団に及ぼす影響
——教員の経験年数に着目して——

静岡大学　**山元　薫**

Ⅰ　問題と目的

　知的障害教育の概況を見てみると，知的障害特別支援学校に在籍する児童生徒数は，特別支援教育の推進に関する通知（文部科学省，2007）[1]が出され，障害のある児童生徒を対象として特別な場で行われていた特殊教育から，児童生徒の支援ニーズに応える特別支援教育に転換が図られ特別支援教育が推進されると，2007年に92,912人だった児童生徒数が，2021年には133,308人と1.43倍に増加している（文部科学省，2021）[2]。知的障害を主障害とする特別支援学校数も，2010年から2020年の10年の間に，656校から790校に増加し1.2倍になっている。児童生徒の増加に伴い障害の状態も多様化し，児童生徒の実態を把握して適切な目標を設定し授業を実践していくといった知的障害教育における「教師の適応的熟達化」（波多野，2001，1頁）も課題となっている（山元・小﨑，2021，27・28頁）。知的障害教育に関わる教師の適応的熟達化には，長い指導経験を要する。それは，指導するにあたり「障害特性」「発達段階」「学習状況」を総合的に捉える力が必要であり，これは毎日の授業づくりの中で育成される力である。太田（2005，4頁）は知的障害教育における中核的な専門性は，この授業づくりにあると述べている。

　また，特別支援学校学習指導要領解説各教科等編（文部科学省，2018）では，知的障害のある児童生徒を対象とした各教科の目標と内容が整理された。小学部1段階の重度の障害の児童生徒の国語や算数（数学）の内容もこれま

での学習指導要領の記述に比べ詳細に示され，「実際の事物を見たり触ったりして実感をもつ」（国語科）や「対象に注意を向け，注目する」（算数科）の二項関係の成立を発達課題として背景にもつ内容から教科の内容として示された。教員は，児童生徒の障害特性や発達段階を踏まえ，教科の目標や内容を適切に設定していく必要性が高まった。知的障害特別支援学校では，大量採用が続き，若手教員を多く抱えることになっていることから，教師の適応的熟達化に長い時間を費やす余裕はなくなっている。経験が浅くても日々の臨床の中で専門性を身に付け，適切に実態把握をし，最適な目標と内容を設定し学習評価ができる，授業づくりに関する専門性を身に付ける必要性が生じている。しかし，特別支援学校では，学年集団を中心としてティーム・ティーチングで授業をすることが多く，その教員構成も経験年数が5年未満の教員で構成されることがほとんどである。大量採用が続く中で，ティーム・ティーチングの構成が経験年数の少ない教員で構成され，授業づくりの専門性を学年集団の中で育成することが難しい状況になっている（山元・小岱，2021，20・21頁）。

　そのような課題意識のもと，筆者等が開発したのが「ラーニングマップ（以下，L-map）」（山元・笹原，2020a，70頁）である。L-mapを活用した授業づくり研修を行うことによって，「障害特性」「発達段階」「教科内容」の知識を得て，教員一人一人の意識化を図り，適切な目標や内容の設定，学習評価をすることができないかを考えた。L-mapとは，特別支援学校学習指導要領解説各教科等編（小・中学部）（文部科学省，2018）の国語，算数（数学）の記述から最小の学習単位を分節化し，障害の重い子どもの目標設定ガイド（徳永，2014）[3]と感覚と運動の高次化からみた子ども理解（宇佐川，2007）[4]の発達指標をもとに，学習単位の順序性を整理し，小学部1段階から中学部2段階まで，国語科と算数・数学科の目標と内容について，縦軸に発達指標，横軸に各教科の領域を設定し，整理したものである（山元・笹原，2020b, 10-12頁）。

　本研究では，授業づくりプロセスの中で「障害特性」「発達段階」「教科内容」を総合的に捉え，理解できるツールを繰り返し活用することによって，

一人一人の授業づくりへの行動を変化させ，結果的に授業づくりに関する専門性の向上を図ることができるのではないかと考えた。そこで，知的障害特別支援学校において，「障害特性」「発達段階」「教科内容」を整理したL-mapを活用した授業づくり研修を実施し，直後の研修満足度調査と2か月後の追跡調査を通して，経験年数別の研修効果を，教員の授業づくりに関する意識構造と活用状況から検証することで，L-mapを活用した授業づくり研修の有効性を検討することを目的とする。

Ⅱ　方法

1．調査対象と時期

　静岡県内の知的障害特別支援学校3校，合計157人の教員を対象とした。3校ともに知的障害を主障害とする特別支援学校である。20XX年5月に学校ごと研修日を設定して研修プログラム（**表1**）を実施し，その直後に研修満足度を調査した。その後，2か月間L-mapを活用した授業づくりに取り組み，追跡調査を実施した。

表1　L-map を活用した授業づくり研修

時間（分）	研修内容
0-4	研修の目的・見通しについて
4-10	知的障害教育における授業プロセスの共有
10-30	L-mapの構造の理解 発達課題と段階・教科内容の関係について解説 （例：二項関係の成立と小学部1段階の国語科と算数科の内容との関係についての解説）
30-55	演習と解説 L-mapを用いた実態把握の方法と教科の目標設定の考え方と具体的な手法について解説
55-75	演習と解説 L-mapを活用した単元計画，評価計画
75-80	振り返り

※表中の時間は，経過時間を分単位で表示したものである。

2．手続き

　各学校の校長に承諾を得て，研修責任者に質問紙の配布と回収を依頼した。研修満足度調査は，L-mapを活用した授業づくり研修実施直後に配布し回収した。追跡調査は，各学校の研修実施2か月後に質問紙を配布し，1週間の回答期間を設け回収した。

3．質問項目

①研修満足度に関する項目

　教員の属性として教員経験年数，所属する学部，所有免許を質問項目とした。研修満足度として，「研修への積極的な参加」，「研修の有効性」，「研修満足度」，「授業づくりへの喚起」，「ラーニングマップの有効性」の5項目を質問項目とした。この項目により，経験年数別に研修満足度を明らかにすることを目的とする。教員の属性以外の項目については「そう思う」「まあ思う」「あまり思わない」「そう思わない」の4件法で，順に4点から1点の得点を与えた。

②追跡調査項目

　追跡調査では，知的障害教育の専門性（国立特別支援教育総合研究所，2020）[5]，知的障害教育担当教員に求められる専門性（太田，2005，17・18頁）を参考に質問項目を作成し，知的障害特別支援学校研修課を対象とした予備調査を経て質問紙を作成した。質問項目は，意識化に関する項目，L-map活用の活用状況に関する項目，L-map研修・活用の効果に関する項目の全21項目と実践した具体的な内容に関する自由記述で構成した。この調査結果により，L-mapを活用した研修プログラムの授業づくりの意識構造と活用効果について検討することを目的とする。

　活用状況に関する項目以外は，「そう思う」「まあ思う」「あまり思わない」「そう思わない」の4件法で，順に4点から1点の得点を与えた。

4．分析方法

　研修満足度調査では，経験年数別に1要因分散分析を行った。追跡調査では，各回答の研修後要因分析において因子分析（重み付けのない最小二乗法，プロマックス回転）を行った。統計分析にはSPSSver.24を使用した。群間比較においては，1要因分散分析を行った。経験年数の分類は，Beginner層を教員経験0年以上5年未満，pre-Middle層を5年以上10年未満，Middle層を10年以上15年未満，Veteran層を15年以上とした。

5．倫理的配慮

　静岡大学ヒトを対象とする研究倫理委員会の審査を受審し，承諾を得て実施した（承認番号21-5）。同時に倫理上の配慮を明記した同意書を用いて所属長の同意を得た上で，研究協力者に対し，研究への参加は任意であること，

プライバシーは保護されること，途中で中断することができ，研究に参加しなかったとしても悪影響が及ぶことがないことを口頭と紙面上で説明した。

III　結果と分析

1．研修満足度調査

(1)　教員の属性

①経験年数

　回答者の経験年数別の人数は，Beginner 層は 41 人，pre-Middle 層は 48 人，Middle 層は 22 人，Veteran 層は 46 人，合計 157 人であった。

②教員免許状の取得状況

　回答者の教員免許の保有状況は，特別支援学校教員免許状（知的・肢体・病弱）は一種免許状 59 人，二種免許状は 64 人，取得中は 8 人，無しは 20 人，専修免許状は 6 人であった。自立活動教員免許状の保有状況は，一種免許状は 0 人，二種免許状は 4 人，取得中は 0 人，無しは 153 人，専修免許状は 0 人であった。

(2)　満足度の結果

　経験年数別に平均値の差を比べるために，1 要因分散分析を行った（**表2**）。①積極的参加では，$(F (3,157) =0.22)$ で有意差は見られなかった。②研修の有効性では，$(F (3,157) =1.69)$ で有意差は見られなかった。③研修の満足度では，$(F (3.157) =1.66)$ で有意な差は見られなかった。④授業づくりへの意欲喚起では，$(F (3,157) =5.25, P < 0.05)$ で有意差が見られ

表2　研修満足度と経験年数との関連

	Beginner 層		Pre-Middle 層		Middle 層		Veteran 層		F 値	多重比較
	平均得点	標準偏差	平均得点	標準偏差	平均得点	標準偏差	平均得点	標準偏差		
①積極的参加	3.54	0.55	3.58	0.58	3.61	0.50	3.51	0.59	0.22	
②研修の有効性	3.88	0.33	3.81	0.39	3.74	0.45	3.69	0.47	1.69	
③研修満足度	3.68	0.47	3.56	0.50	3.48	0.51	3.44	0.59	1.66	
④授業づくりへの意欲喚起	3.83	0.38	3.48	0.58	3.52	0.51	3.42	0.54	5.25 [*]	Beginner > Pre-Middle, Veteran [*]
⑤ラーニングマップの有効性	3.88	0.33	3.67	0.52	3.52	0.67	3.64	0.57	2.75 [*]	Beginner > Middle [*]

[*]：$P < 0.05$，　[**]：$P < 0.01$

た。そのため Tukey の HSD 法による多重比較を行ったところ，5％水準で Beginner 層群は，Pre-Middle 層群と Veteran 層群より有意に高かった。⑤ラーニングマップの有効性では，（F（3,157）=2.75, P < 0.05）で有意差が見られた。そのため Tukey の HSD 法による多重比較を行ったところ，5％水準で Beginner 層群は Middle 層群に比べ，有意に高かった。

２．追跡調査

⑴　教員の属性

　各学校の校長を介して研修責任者に追跡調査質問紙の配布を依頼し，L-map を活用した研修に参加し研修満足度調査に回答した教員 157 人に配布した。各学校で追跡調査質問紙の回答を実施した。回答者数 135 人であった（回収率 86.0％）。Beginner 層は 37 人，Pre-Middle 層は 45 人，Middle 層は 18 人，Veteran 層は 35 人，合計 135 人であった。

⑵　２か月の実践後の L-map 活用した授業づくりに関する教員の意識構造

　質問の 21 項目を用いて因子分析（重み付けのない最小二乗法，プロマックス回転）を行った。因子数は，スクリープロットと因子の解釈可能性を考慮して 4 因子とした。因子負荷量が 0.40 未満の項目，2 因子以上にわたって因子負荷量が 0.40 以上の項目を削除した（表３）。各因子の信頼性を検討するために a 係数を算出したところ，第 1 因子（a = 0.861），第 2 因子（a = 0.802），第 3 因子（a = 0.833），第 4 因子（a = 0.768）であった。

　第 1 因子は，5 項目で構成され，「授業づくりの際に，目標の設定に L-map を活用している」「授業づくりに関する実態把握で L-map を活用している」「学習評価で L-map を活用している」「国語，算数・数学の授業づくりで L-map を活用している」「ご自身の授業を改善するための手立てとして L-map を活用している」であることから，「多面的な L-map の活用」と命名した。

　第 2 因子は，6 項目で構成され，「L-map に関する研修を行ったことや活用することで，ご自身の専門性は向上している」「L-map に関する研修を行ったことや活用することで，ご自身の授業力は向上している」「L-map に関する研修を行うことや活用することは，働き方改革に貢献できると思う」

「L-mapに関する研修や活用することで，学校の授業力は向上している」
「L-mapに関する研修や活用することで，学年の授業力は向上している」
「L-mapを活用することで，チームで共通理解を図ることができる」である
ことから，「自身と組織への効果の実感」と命名した。

第3因子は，5項目で構成され，「指導する児童生徒の発達段階を意識す

表3　2か月後の授業づくりに関する意識構造

	1	2	3	4
多面的なL-mapの活用				
⑨授業づくりでの目標設定にL-mapを活用している	0.892	-0.142	-0.028	0.089
⑧授業づくりに関する実態把握でL-mapを活用している	0.755	-0.219	0.134	0.016
⑩学習評価でL-mapを活用している	0.732	0.222	-0.248	0.102
⑫国語，算数・数学の授業づくりで，L-mapを活用している	0.688	-0.005	0.093	-0.059
⑬ご自身の授業を改善する手立てとして，L-mapを活用している	0.646	0.269	0.027	-0.132
自身と組織への効果の実感				
⑰L-mapに関する研修を行ったことや活用することで，ご自身の専門性は向上している	-0.078	0.754	-0.036	0.133
⑯L-mapに関する研修を行ったことや活用することで，ご自身の授業力は向上している	-0.086	0.687	0.004	-0.038
㉑L-mapに関する研修を行うことや活用することは，働き方改革に貢献できると思う	0.035	0.593	0.017	-0.031
⑳L-mapに関する研修や活用することで，学校の授業力は向上している	0.007	0.561	0.093	0.017
⑱L-mapに関する研修や活用することで，学年の授業力は向上している	0.036	0.519	0.036	0.166
⑮L-mapを活用することで，チームで共通理解を図ることができる	0.080	0.498	0.205	-0.128
多様な意識				
②指導する児童生徒の発達段階を意識するようになった	0.062	-0.119	0.776	0.208
①授業づくりの際に，実態把握を意識するようになった	-0.060	0.126	0.744	-0.069
⑤指導する児童生徒の段階を意識するようになった	0.142	0.026	0.734	-0.167
③指導する児童生徒の障害特性を意識するようになった	-0.120	0.065	0.636	0.087
④指導する児童生徒の教科の内容を意識するようになった	0.008	0.203	0.451	0.076
目標と評価の整合性				
⑦授業づくりの際に，学習評価を意識するようになった	0.038	0.077	-0.040	0.859
⑥授業づくりの際に，目標の妥当性を検討するようになった	-0.013	-0.034	0.312	0.557
因子間相関 1	1.000			
2	0.380	1.000		
3	0.315	0.528	1.000	
4	0.216	0.463	0.527	1.000

るようになった」「授業づくりの際に，実態把握を意識するようになった」「指導する児童生徒の段階を意識するようになった」「指導する児童生徒の障害特性を意識するようになった」「指導する児童生徒の教科の内容を意識するようになった」であることから，「多様な意識」と命名した。

　第4因子は，2項目で構成され「授業づくりの際に，学習評価を意識するようになった」「授業づくりの際に，目標の妥当性を検討するようになった」であることから，「目標と評価の整合性」と命名した。

⑶　2か月後の授業づくりに関する意識構造と経験年数別との関係

　各因子と経験年数との関連を検討するために，1要因分散分析を行った。経験年数別の授業実践の下位尺度得点は，各因子において構成された項目の合計得点を項目数で除したものとし，平均（標準偏差）と1要因分散分析の結果を表4に示す。

　第1因子「多面的なL-mapの活用」について経験年数別に効果が有意であった（$F(3,135) = 3.33$, $P > 0.05$）。そのためTukeyのHSD法による多重比較を行ったところ，5％水準でBeginner層群は，Middle層群より有意に高かった。第2因子「自身と組織への効果の実感」では，経験年数別に効果が有意であった（$F(3,135) = 2.49$, $P > 0.05$）。そのためTukeyのHSD法による多重比較を行ったところ，5％水準で，Middle層群は，Pre-Middle層群より効果が有意に高かった。第3因子「多様な意識」について経験年数別に有意でなかった（$F(3,135) = 0.24$）。第4因子「目標と評価の整合性」について経験年数別に有意であった（$F(3,135) = 9.10$, $P > 0.05$）。そのた

表4　2か月後の授業づくりに関する各因子と経験年数との関連

| | Beginner層 | | Pre-Middle層 | | Middle層 | | Veteran層 | | F値 | 多重比較 |
	平均得点	標準偏差	平均得点	標準偏差	平均得点	標準偏差	平均得点	標準偏差		
多面的なL-mapの活用	3.34	0.18	3.23	0.17	3.00	0.26	3.08	0.17	3.33*	Beginner ＞ Middle*
自身と組織への効果の実感	3.12	0.13	3.04	0.17	3.29	0.22	3.16	0.19	2.49*	Middle ＞ Pre-Middle*
多様な意識	3.53	0.14	3.58	0.07	3.61	0.26	3.56	0.09	0.24	
目標と評価の整合性	3.41	0.03	3.35	0.18	3.76	0.00	3.30	0.06	9.10*	Middle ＞ Veteran, Pre-Middle*

＊：$P < 0.05$，＊＊：$P < 0.01$

表5　経験年数別のL-mapの活用方法

経験年数	人数	1	2	3	4	5
Beginner	37	実態把握 (26人, 70.3%)	目標設定 (16人, 43.2%)	目標の見直し (12人, 32.4%)	OJTでの活用 (8人, 21.6%)	段階の理解, 学習問題の設定, 教員の共通理解, 障害特性の理解 (4人, 10.8%)
Pre-Middle	45	実態把握 (12人, 26.7%)	目標の見直し (11人, 24.4%)	学習活動の設定, 教員の共通理解, 教科の系統性, 発達的基盤の理解, 障害特性の理解 (4人, 13.3%)	教材開発, 一般化, 意識改革, 子どもの学び方の理解 (3人, 6.7%)	OJTでの活用, 障害特性の理解 (2人, 4.4%)
Middle	18	教員の共通理解 (9人, 50.0%)	実態把握, 発達的基盤の理解 (8人, 44.4%)	段階の理解, 学習活動の設定, 教材開発, グルーピング, 評価への活用, 意識改革 (6人, 33.3%)	教科の系統性, 障害特性の理解 (5人, 27.8%)	目標設定, 目標の見直し, 単元デザイン, 各教科等を合わせた指導の評価, 一般化, OJTでの活用 (4人, 22.2%)
Veteran	35	年間指導計画, OJTでの活用 (8人, 22.8%)	個別の指導計画の作成 (6人, 17.1%)	教科の系統性 (5人, 14.3%)	実態把握, 学習活動の設定, 教員の共通理解 (4人, 11.4%)	目標の見直し, 各教科等を合わせた指導の評価, 授業づくり (3人, 8.5%)
合計	135	実態把握 (50人, 37.0%)	目標の見直し (30人, 22.2%)	目標設定 (26人, 19.3%)	教員の共通理解 (23人, 17.0%)	OJTでの活用 (22人, 16.3%)

めTukeyのHSD法による多重比較を行ったところ，5%水準で，Middle層群は，Veteran層群，Pre-Middle層群より効果が有意に高かった。

⑷　2か月間の経験年数ごとの具体的なL-mapの活用方法

　2か月間のL-mapの具体的な活用方法について，経験年数別に多い順に5位まで**表5**に示した。Beginner層とPre-Middle層では「実態把握」と「目標設定」や「目標の見直し」が上位となり，授業づくりに関する内容が多かった。Middle層では「教員の共通理解」に50%の教員が活用し，2位以下は活用が多岐にわたった。Veteran層では「年間指導計画」や「個別の指導計画」とカリキュラム・マネジメントに関する内容が上位であった。

Ⅳ　総合考察

1．L-mapを活用した授業づくり研修の効果

　L-mapを活用した授業づくり研修は，直後の研修満足度調査で，全ての経験層で平均得点3.40以上と高い得点が得られた。特に，Beginner層で「授

業づくりへの喚起」「L-map の有効性」で有意に高い評価を得られたのは，「発達段階」「障害特性」「教科内容」の知識を得て，授業づくりへの見通しをもつことができたからだと考えられる。徳永（2014，17頁）が指摘するように，知的障害のある児童生徒の教科を指導する際には，児童生徒の発達段階を踏まえて指導することが重要である。つまり，教科内容の背景にある，発達段階や障害特性を考慮して支援仮説を立てたり，教材教具を開発したりすることが欠かせない。Beginner 層にとってみると，L-map の活用は，その思考ツールとしての期待が高いのではないかと考えられる。若手教員が増加している特別支援学校において，L-map を活用した研修を実施することは，知的障害教育における「教師の適応的熟達化」を支える研修になるのではないかと考えられる。

２．２か月のL-map 活用がもたらす教員の授業づくりに関する意識構造

追跡調査での因子分析の結果，４つの因子が抽出された。それらの因子は「多面的な L-map の活用」「自身と組織への効果の実感」「多様な意識」「目標と評価の整合性」の４つから構成された。２か月間，毎日の授業づくり場面で「実態把握」「目標の見直し」「目標設定」「学習活動の設定」「教員の共通理解」にL-map が活用されることで，それぞれの教員に「多面的なL-map の活用」が「多様な意識」を促進し，「目標と評価の整合性」を測りながら授業をしているといった実感がわき，さらに，自身や組織の効果を実感する状況になったのではないかと考えられる。「実態把握」「目標設定」「学習活動の設定」は太田（2005，18頁）が述べている授業力の向上に必要な力と同様であり，「教員の共通理解」は，教員集団の連携・協働に欠かせない要素（国立特別支援教育総合研究所，2020）[5]である。L-map の活用は，個々の授業力を高め，授業集団としての連携・協働性を高めることができたといえる。

３．L-map 活用がもたらす学校組織への影響

経験年数との関連では，Beginner 層では「L-map の活用」でMiddle 層より有意に評価が高い。Middle 層では「自身と組織への効果の実感」と「目標と評価の整合性」で有意に効果を実感している。知的障害特別支援学校は，

実際的な授業づくりを担当する学年主任，学級主任，担任の層と，マネジメントを担当する学部主事や教頭，校長の管理職の層とに組織を分けることができる。授業づくりを担当するのは，Beginner層，Pre-Middle層とMiddle層からなる教員集団である。この教員構成を踏まえてL-mapを活用した研修の効果を考えると，学年主任として学年経営を担当するMiddle層，学級主任や学級担任を担当するBeginner層やPre-Middle層で，各々の実践的な立場に即した効果を示している。Middle層では，学年集団での共通理解や子供の発達的基盤の理解に具体的な活用をすることで，Beginner層やPre-Middle層の育成に効果を実感し，自身と組織への効果を実感していると考えられる。Beginner層とpre-Middle層では，実態把握や目標設定の場面で繰り返しL-mapを活用することで，多様な意識が働くようになり，Beginner層では授業づくりへの個人的な授業力向上や専門性の向上について有効性を実感している。

　以上のことから，L-mapを活用した授業づくり研修は，知的障害特別支援学校の授業を実践する教員集団の協働性を踏まえた，知的障害教育の規模の拡大によって生じている課題である若手教員の育成に貢献できる実践的研修プログラムであり，授業づくりを中核とした組織の専門性向上に貢献できる研修プログラムであると考えられる。

V　今後の課題

　今後の課題として3点挙げられる。1点目として，このL-mapを活用した研修は，3校での実践に留まっていることから，対象校数を増やして調査する必要がある。2点目として調査期間が挙げられる。研修実施後の経過が2か月間と短かったため，期間を長くして定期的に調査し，長期間活用した際の効果も検証していく必要である。3点目として，肢体不自由や聴覚障害，視覚障害と重複障害のある児童生徒が在籍している学校も多くあることから，知的障害の単独校に留まらず，今後は，併設校での効果も検証する必要がある。

[キーワード]

知的障害教育（Intellectual disability education），ラーニングマップ（Learning map），適応的熟達化（Adaptive proficiency），意識構造（Consciousness structure），学校組織（School organization）

〈注〉

(1) 文部科学省「特別支援教育の推進について（通知）」(2007)（https://www.mext.go.jp/b_menu/shingi/chukyo/chukyo3/044/attach/1300904.htm 最終閲覧日 2022 年 2 月 20 日）

(2) 文部科学省「特別支援教育資料」(2021)（https://www.mext.go.jp/a_menu/shotou/tokubetu/material/1406456_00009.htm　最終閲覧日 2022 年 2 月 20 日）

(3) 徳永豊，2014，『障害の重い子どもの目標設定ガイド－授業における「学習到達度チェックリスト」の活用－』，慶應義塾大学出版会，10 〜 19 頁参照。障害の重い子どもの身に付けたい力と各スコアでの発達段階の意義について記されている。

(4) 「感覚と運動の高次化からみた子ども理解」(宇佐川，2007) 学苑社，78 〜 89 頁参照。感覚と運動の高次化理論とは，発達を大きく 4 つの層（第 I 層〜第 IV 層）に分け，下位水準を第 I 層に 3 水準，第 II 層に 2 水準，第 III 層に 1 水準，第 IV 層に 2 水準設けた理論である。8 水準の名称は，感覚と運動の感覚入力，感覚運動水準，知覚運動水準，パターン水準，対応知覚水準，象徴化水準，概念化 1 水準，概念化 2 水準である。

(5) 国立特別支援教育総合研究所，2020,「知的障害教育の専門性とは」(https://www.nise.go.jp/kenshuka/josa/kankobutsu/pub_b/b-198/b-198_4.pdf　最終閲覧日 2022 年 2 月 20 日）では，求められる専門性の変遷，専門性に関するこれまでの論議，知的障害のある子どもの教育を担当する教師に必要な専門性の整理がされ，中核の専門性として授業力が示された専門性モデルが提案されている。

〈引用文献〉

波多野誼余夫，2001，教育心理学年報，40 巻，45-47 頁.

文部科学省，2018，特別支援学校学習指導要領解説各教科等編（小学部・中学部），開隆堂出版株式会社.

太田正己，2005，「授業こそ教師の専門性」，発達の遅れと教育 No578, 日本文化科

学社，4-6頁.

山元薫・小岱和代，2021，「研修課長が抱く校内研修に関する課題意識Ⅲ－知的障害特別支援学校を対象とした質問紙調査－」，静岡大学教育実践総合センター紀要，31，20-28頁.

山元薫・笹原雄介，2020a，「知的障害教育における教材の最適化を図るツールの開発－知的障害国語科の内容の系統性と発達的基盤の整理－」，教材学研究，32，65-72頁.

山元薫・笹原雄介，2020b，『知的障害のある子どものための国語，算数・数学－ラーニングマップから学びを創り出そう』，ジアース教育新社，10-12頁.

第4部

実践研究ノート

キルケゴールと J.S. ミルをテーマにした Google Workspace を利用した対話的な学びの試みと考察

長野県松本県ヶ丘高等学校　本山　修

1. はじめに─問題の所在

　2020 年以来，教師と生徒がマスクをしている教室の風景は変わっていない。こうした状況のなか，相手の微妙な表情の変化など，コミュニケーションにとって重要な情報を欠いたまま授業をしなければならず，コミュニケーションの不全を感じているのは筆者だけではないだろう。授業中の生徒の発話はマスクのために聞き取りにくく，何度か生徒に聞き直さざるを得ない場面に悩まされた。聞き直すたびに生徒の声は自信なさそうに小さくなっていく。本来ならば，堂々と自身の考えを表明し，侃侃諤諤たる議論や対話活動が理想だろう。しかし，生徒が密集し，近距離で対面形式となるグループワーク等の実施については感染防止の観点から配慮が必要となっている。対面の対話が不自由であるならば，書くことで自己の意見をおおらかに表明し，それについて他者から意見・感想・質問を受け，さらに生徒が考えを深めることはできないかと考え，そうした実践を 2021 年 8 月〜 9 月にかけ，高等学校の公民科目「倫理」の授業において，Google Workspace（Google フォーム・Google スプレッドシート）を利用して試みた。

　具体的には，まず，キルケゴールの『ギーレライエの手記』（日本語訳された原典とその解説の一部）と J.S. ミルの生涯，とりわけミルが愛した女性ハリオット・テイラーとの関係についての解説を，それぞれ書籍から一部分を複写したものを資料として生徒に配布し，読ませた。次に，教師の用意した資料の内容に関わる質問に Google フォームを通じて生徒に回答をさせた。

その回答を Google スプレッドシートとして表形式に展開し，シートを生徒と教師が共有し，意見・感想・質問をそこに書き込み，更に生徒が，それに記述（返答）をすることを求めた。いわば，Google スプレッドシートを簡易な電子掲示板（スレッド）に見立てたやりとり（対話）といってよいだろう。本実践研究はコロナウイルスの感染防止を背景に，筆者の勤務する高等学校[1]において対面による直接対話を避けて行った高等学校の教科「倫理」における上記の教育活動が，高等学校学習指導要領（平成30年告示）に示された「対話的で深い学び」となりえたかについて考察する実践研究である。

2．本実践研究の詳細

⑴　対話の具体的方法

　高等学校3年生の「倫理」選択者46名に対する夏季休暇中の課題として，キルケゴールの『ギーレライエの手記』・『キルケゴールの生涯と著作活動』[2]，『ベンサムとミルの社会思想』[3]の一部を印刷し，配布したものを読ませたうえで，Google フォームを通じて，4つの質問事項（表1，2の上段）に対して回答させた。夏季休暇明けに，生徒の回答が表形式に展開されたGoogle スプレッドシートを全員で共有し，1名ずつの生徒の回答（共有したシートではプライバシーに配慮して誰の回答であるかは分からないように匿名化した）に対して別の1名ずつの生徒[4]を筆者がランダムに割り振り（表3の下段1番左のセル），その右隣のセル（表3の下段左から2番目のセル）へ感想を書き込ませた。この授業担当である筆者も寄せられた回答全てに対して，感想と質問をコメントとして記入した（表3の下段右から2番目のセル）。また，教師の質問に対しては，生徒に返答を記入させた（表3の下段一番右のセル）。なお，表1〜表3は共有した Google スプレッドシート中の，ある生徒1名分の記述を本論稿掲載のために便宜上3つに分割したものであり，実際には表1〜表3は横に一続きになっている。また，実際に口に出して話しにくいテーマも，この実践形式では，質問への回答については匿名性を確保することを事前に伝えたため，生徒が自分の考えを開陳しやすいという配慮もした。表1〜表3は書くことで率直に自身の考えを表出した

表1（生徒の記述は表中，本文中ともに誤字・脱字等もそのまま示す。以下同じ）

【質問1】キルケゴールの『ギーレ ライエの手記』（配付資料　P20〜）を読んだ感想を200〜300字程度で書いてください。なお，『ギーレライエの手記』の原典はP22下段14行目までの部分ですが，それ以降の文章も後の課題に関わるのでP23下段10行目まで読んでください。自分にとって生きる上で大事な真理を追究する生き方はあなたにはどう映りますか？	【質問2】『ギーレライエの手記』にあるように，キルケゴールは今そのために生きたい，と思える真理をつかみたいと願いました。あなたが，自分の存在をかけて，今，そのために生きたいと思うことを見つけたいですか？	【質問3】配布資料P23下段「罪と罰の予感」（P23下段11行目〜P24下段21行目）+「憂鬱の源」（P24下段22行目〜P25下段21行目）+「運命の出会い」（P28上段10行目〜P30上段2行目）+「婚約破棄」（P30上段3行目〜P32上段7行目）を読み，キルケゴールになったつもりで婚約者レギーネに対し，なぜ，婚約を破棄するのかを説明する手紙を書いてみましょう。「この（婚約解消）秘密を解く者は私の思想の秘密を解く者だ」とキルケゴールは述べています。
キルケゴールのモットーとなった「私にとって真理であるような真理を発見し，私がそれのために生き，そして死にたいと思うようなイデー（理念）を発見することが必要なのだ」という言葉より，自分が死にたいと思える理念とは具体的にどんなものなのか自分には想像がつかないなと思った。だからこそ私はまず，私にとって真理であるような真理を発見しなければならないのだが，私にとっての真理とは何かもわからない。私には難しい考えのように感じてしまった。	周りがみえなくなるくらい熱中できるものを見つけてみたい…‼	「私には君を愛する資格はなかった。私の過去を考える限り，私は死を選ぶしかないのだ。だからこそ私はあなたとの婚約を破棄する必要がある。私なんかがあなたを縛ってはいけないのだ。私はあなたを愛することをやめるわけではない。もし私が憂鬱の暗雲を払いのけ，信仰を得ようと必死の努力をしてあなたの夫としてふさわしい資格を得ることができたとしたら私はまたあなたと婚約したい。」

表2（質問4の文中「No.10」とは授業で使用している学習プリントの番号を指す）

【質問4】配布資料　関嘉彦『ベンサムとミルの社会思想』P42-P45を読みましょう。NO.10で扱った功利主義の思想家J.S.ミルもハリオット・テイラーへの愛が彼の思想に大きな影響を与えていると考えられます。かたちは異なるにせよ，二人に共通するのは1人の異性に対する愛が自身の人生の在り方，哲学そのものに反映されていたことといえるでしょう。あなたには彼らの生き方はどのように映るでしょうか。二人の思想家それぞれについて，「恋愛」や「人を愛すること」を視点に意見や感想を自由に記述してください。
ミルは他者の幸福を願う利他心を重視したことより，人を愛することは愛する人の幸福を願うことと考えたのではないかなと思った。そしてこの考えはとても素敵だなと思った。他人の幸福を願える人ほど素敵な人はいないと思う。ベンサムは同性愛者を擁護していた点から，恋愛をする権利は全ての人に等しく存在するもので，そこから何を快楽と感じるかどうかは個人の自由であると考えていたと思う。誰が誰を愛そうと自由なのだから，自分の好きなようにするのがいい。

表3（実際の表には「感想記入者の氏名」の欄にその右隣のセルに感想を記入した生徒名が記されている）

感想記入者の氏名	講座の仲間が書いてくれた左側4つの回答を読んで、感想を以下のセルに記入してください	教員からのコメント	教員からのコメントに対する感想・意見等、簡単でよいので、記入してください ※4つの質問について回答してくれた生徒が記入してください
○○○○	「誰が誰を愛そうと自由なのだから、自分の好きなようにするのがいい」という言葉がすごく刺さって、愛に定型なんてないなと思いました。あと、偉そうな言い方かもしれないけど、「自分が死にたいと思える真理」っていうのは、今は狭い世界に生きているからわからなくても、社会に出ていって生きていたら自ずと見つかるんじゃないかなと。だから、無理に探さなくてもいいような気がしました。	1つめの感想は率直なものだと思います。簡単には自分にとっての真理はみつからないものだと思います。2つめについて、ちょうどオリンピックが開催されて若い人たちがメダルをとりましたね。いきいきとして自分の情熱を傾けている姿が思い浮かびます。そういう意味では、ある競技もその人にとっては真実のひとつかもしれませんね。手紙の最後「私はまたあなたと婚約したい」は泣かせますね。4つめのミルについては、なるほどと思わせる内容です。利他心があったからこそ、あからさまな略奪愛にはならなかったとも思いますが、どうでしょうか。ハリエットの旦那さんに対するミルの最大限の配慮が、ああいうかたちになったのかもしれませんね。	自分にとっての真理を見つけるのは難しいと思うけど、様々なことを経験したり、熱中する中で見えてきたらいいなと思いました。4つ目のミルについて、ミルの利他心がなかったら略奪愛になってたと思います。でも奪い取るくらい愛するのもいいのではないかと思いました。

生徒の記述例としても掲載する。

⑵ 質問設定の意図

　先に述べたように、クラウド上に共有されたファイルを利用した「書くこと」による対話活動を企図したが、近距離で対面しながらの対話活動に配慮しなければならない状況を逆手にとり、対話のテーマとしては扱いにくい内容でありながら、青年期にある生徒にとり大きな意味を持つことに関連する質問を作成した。

　具体的には、恋愛や人を愛することをテーマの1つにしたが、平成21年告示の『高等学校学習指導要領解説　公民編』の「第2節　倫理」には「⑴

現代に生きる自己の課題」として，「自らの体験や悩みを振り返ることを通して，青年期の意義と課題を理解させ」るとあり，同解説にはその具体例の1つに「愛と性に関わる悩み」を挙げていた[5]。平成30年告示の『高等学校学習指導要領』にも「自らの体験や悩みを振り返」ることは再掲されているが，青年期に関する内容を扱う場面に限定せず，例えば，古今東西の先哲の思想に関する原典の日本語訳などの諸資料を読みながら，知識・技能として学び得たことを踏まえて，自らの体験や悩みを振り返り，様々な自己の課題を考察し，表現するという実践が可能であることを示唆している[6]。そこで，古今東西の先哲の思想にも，その先哲個人の「人を愛する」体験と悩みが背景となっているキルケゴールやミルの思想を学ぶことを通じて，人を好きになることや愛することについて，生き方として自分事に引きつけて考えさせるという，新しい取り扱い方が工夫できると考えた。本実践研究においてキルケゴールやミルを扱う意義はここにあり，特に質問4（**表2**）にこの意図を反映した。

　質問1〜質問3（**表1**）の具体的な意図について述べる。質問1のキルケゴールの『ギーレライエの手記』はコペンハーゲン大学の学生であった彼が1835年の夏にシェラン島北部ギーレライエに旅したときに得られたインスピレーションを手記として纏めたものである。ここには有名な「私にとって真理であるような真理を発見し，私がそれのために生き，そして死にたいと思うようなイデーを発見することが必要なのだ。いわゆる客観的真理などをさがし出してみたところで，それが私に何の役に立つだろう。」[7]というよく知られた一節が記されている。キルケゴールは自己の実存を確立する上で，普遍性ではなく徹底的に自己という個別性にこだわった実存主義を打ち立てた人物であることを，生徒はこの文章で，事前の授業で得ている知識と重ね合わせて理解できる。ただし，単なる知識としてこの一節を呑み込ませるのではなく，生き方としてとらえたときにどのように自分に引きつけて捉え，それをアウトプットできるか（表現できるか）ということを意図した質問である。そして，質問2はこの意図をより具体化したものである。

　続いて質問3についてである。この質問のなかで生徒に指示して読ませた

いくつかの箇所の内容はキルケゴール自身が「大地震」と呼んだ出来事についての解説が記載されている。それは敬虔なキリスト信者として疑わなかった彼の父が，少年の日に，貧しさと飢えから神を呪ったこと。そして，その父が妻の亡くなる前に女中であった女性を暴力によって妊娠させ，後妻として迎えたこと。これらのことを知ったキルケゴールが父の罪の意識と罰の予感をキルケゴール自身のもの，つまり，憂鬱の悩みとして引き受けたと言う事実について説明がなされている。さらに，彼の深い憂鬱の原因の一つとなるこの「大地震」が婚約者レギーネとの婚約破棄の重要な背景の一つになっていることもこの資料から読み取れる。これらを踏まえて生徒がキルケゴールの立場に立ち，自身の言葉でレギーネに婚約破棄の手紙を書くことは，彼の思想の理解を深めることに加え，パフォーマンスとして生徒自身の個性やオリジナリティ，ユニークさも表出される機会となることを狙った。

3．生徒の記述から見えること

⑴　質問1と質問2に対する生徒A，Bの記述と考察

　質問1に対し，肯定的な回答をしたもののなかで自身に引きつけて考えた，特徴のある生徒Aの記述を以下に示す。

　キルケゴールの手記を読んで1番心に残った箇所は「人は他のなにものを知るより先に自己みずからを知ることを学ばなくてはならぬ」という部分。自分はキルケゴールの言うような精神的な怠慢に溺れている人間なのか，利己的な理由で他人に溶け込むことを求めているのか，はたまたそのどちらでもなく独立な実存を持っているのか，自分では判断がつかないしきっとまだ「自己みずからを知る」ということができていないのだと思う。「自分にとって生きる上で大事な真理＝イデーを追求する」ということはすなわち自分を知るということに繋がるから，自分もこれからの人との関わりや学びの中で見つけていきたいと思う。

　　※下線は筆者による

生徒Aはキルケゴールの「人は他のなにものを知るより先に自己みずから
を知ることを学ばなくてはならぬ」という一節を手掛かりに「自分にとって
生きる上で大事な真理＝イデーを追求する」こととは何かを解釈しようとし
ている。これは他の生徒に見られない観点であった。「そのために生きて死
にたいと思えるイデー」というキルケゴールの言葉が持つ強さに萎縮して，
そのようなものは簡単には見つかりそうもないとした記述例が何人かの生徒
にみられたなかで，生徒Aは，まず自己を知ることを自分にとっての真理
を見つけるためのスタートラインと捉えており，その発想は注目に値する。
一方で，「人との関わりや学びの中で見つけていきたい」と結んでいるのは，
キルケゴールの説く「単独者」とは異なる発想であり，むしろ，実存的交わ
りを説いたヤスパースに近い考え方であるという印象を受ける。そして，こ
うした記述の特徴から生徒Aは原典と向き合いながら自身で哲学していると
いえるのではないかと評価したい。では，哲学していると評価することとは
どのようなことか。得居・河野が一致点の多さを指摘する国際的に知られる
３つの対話型の哲学教育の評価法（モンクレア州立大学の『子どものための
哲学ハンドブック』，クレッグホーンによる評価法，トリッキーとトッピン
グによる評価法）における対話内容の評価項目[8]を踏まえて，以下の観点で
捉えたい。

観点①　先哲の思想をなぞるだけではなく，批判的に自分で考え，根拠・事
　　例を示して賛成，または反対をし，独自性のある見解を付け加えること
　　（ができる）。

観点②　新たな観点や視点をもって世界を捉え直し，自分自身の考えを更新
　　して深めること（ができる）。

　質問１について，例えばキルケゴールの考え方に対して肯定的な内容で記
述した他の生徒のなかには，与えた資料をよく読み込んではいるが，キルケ
ゴールの文章そのままの表面的な内容に止まっているものも少なからずあっ
た。ゆえに，事前に生徒全員に上の①②をルーブリックに組み込んで示し，
これによって評価をすることを予め共有しておくことが必要ではなかったか
と反省している。また，「哲学する」ことを求めるならば，質問の仕方とし

ても，単に資料を読んだ感想や印象を求めているのではないということも最初に理解させることが必要であっただろう。なお，生徒Aは質問2に対しては以下のように回答したが，これも独自性があり，自己に引きつけて考えた見解として評価できよう。

> 見つけたい。小さいときからずっと打ち込んでいることがあるのでそれが自分にとってそういう存在になればいいなと思う。

続いて質問1に対して否定的な回答をした生徒Bの例について見てみたい。

> キルケゴールは生きる意味が分からず，生死を彷徨う感覚だったのだと感じた。私は何か意味を見出して一日を生きるというより，その時の感情でただ生きているが，キルケゴールはその「なんとなく」という感覚が許せなかったように思う。生きる上での大事な真理を見つけることは大事だとは思うが，私はずっと同じものを求めて熱中することが苦手なので，その熱意を持続できるキルケゴールはすごいと思う。でも，<u>それを求めることに夢中になって他のことが見えなかったり，その真理から逸れたことが出来なくなってしまったりするのはすごく行きづらいような気がする</u>。キルケゴールの生き方は綺麗だけど楽しそうではない。　　　　　※下線は筆者による

　質問1の回答としてキルケゴールに否定的な評価をした生徒は回答者42名の21.4%にあたる9人であった。そもそも，先哲の思想に単純に迎合せずに，否定すること自体が観点①に照らして「自分の頭で考え」ている証左になりうる。ただし，そこにはしっかりと理由づけができていなければならないのだが，下線部にあるとおり，「他のことが見えなかったり，その真理から逸れたことが出来なくなって」しまうことが生きづらさ（原文は「行きづらい」）につながっていることを理由として指摘している。最愛の人に対してさえ婚約を破棄せざるを得なかったキルケゴールの行為は自分で自分の首を絞めている行為であり，端から見れば，自分の理屈を貫き通したがための

生きづらさそのものとして感得できる。それを「綺麗だけど楽しそうではない」と表現した生徒Bの感性は鋭い。

⑵　質問３に対する生徒Cによる記述と考察

> 　レギーネへ　元の婚約者との婚約を破棄して私と結婚して欲しいという願いを聞き入れてくれてありがとう。あなたに恋をして，心を通わせ，婚約までたどり着けたことは本当に幸せでした。私はあなたを心から愛し，尊敬しています。けれど，だからこそ私はあなたとの婚約を破棄しなければなりません。私の父は，かつて神を呪い，重大な罪を犯しました。そして，私は一生父の罪に囚われ続けることになるでしょう。死の意識や憂鬱に囚われたままの私ではあなたを幸せにはできないでしょう。ここまで苦労をかけて申し訳なかったと思っています。けれど，本当にあなたと出会えて良かったと思っているし，一生あなたを忘れません。それどころか，あなたに相応しい人間になれるように，私は命をかけて自分の心にある憂鬱を取り払う努力をしようと思います。どうか幸せになってください，そして，たまには私のことも思い出してください。

　この生徒Cの記述からはキルケゴールの置かれていた客観的な状況について資料をよく読み込み，正確に踏まえていることが判る。また，素直で誠実な文体と内容であり，心を動かされるといったら大袈裟だろうか。一方で，こうしたパフォーマンス課題を評価者（読み手）の主観ではなく，客観的に評価するための方法は何か，という難しい問題も突き付けられているとも感じている。もちろん，「⑵　質問設定の意図」で述べたように，オリジナリティやユニークさを表現できているかという評価基準を予め用意していたが，それを事前に示すことで，その評価基準に引きずられ，生徒自身がもつ本来の個性や人柄から乖離した不自然なパフォーマンスになる可能性もあるからである。このことはルーブリックの作成にも関わってくる問題であり，今後の研究課題としたい。

⑶　質問４に対する生徒Ｄによる記述と考察

　この質問４に対して，特にミルのハリエットとの関わり方についてはある部分では肯定的に捉えられる側面はあるとしながらも，実際に自分の感覚に引きつけて考えるのならば，やはり受け入れがたい印象をもつとした記述が目立った。改めてミルとハリエット・テイラーの関係について，詳しく触れることはしないが，既婚者であったハリエットとその夫を含めた三角関係は，離婚や再婚することが容易なことではなかった当時，ミルにとっては家族関係や友人関係も悪化させ，多くの苦悩を与えた。およそ20年近く，いわば不倫の関係が続き，２人の関係に対して冷静に対応してきたハリエットの夫が亡くなると２人は結婚した。こうした経緯がミルの思想，例えば他者危害原則にも大きく影響を与えていることは否定できないだろう。[9]

　キルケゴールの思想と関連させながら，より考察が深められている生徒Ｄの記述を以下に取り上げたい。

　キルケゴールの愛はやっぱり思想を究めた人らしい愛で，私にはちょっと理解が難しい。せっかく結婚という幸せを掴んだのに自らそれを手放してしまうなんて切ない人生だなと思ってしまう。でも，<u>彼がずっと追い求めてきた真理こそレギーネであって，彼はそのために全てを懸けて生きることができたという見方をすると，彼にとっては幸せな生き方だったんじゃないかなと思う。</u>

　ミルは，ハリエットへの愛を貫いたことで交友関係に支障があったが，ミルの価値観からしたらハリエットを想うことより大事なことはなかったと思うから，やはりミルにとっては良い生き方だったと思う。でも，私はやっぱり友達や家族から得られることはすごく大きいと思うから，ミルのような生き方は選ばない。

　　　　　　　　　　　　　　　　　　　　※下線は筆者による

　高等教育機関における研究フレームでこの記述を検討するのではなく，科目の一つとして「倫理」を学ぶ「高校生の哲学」としてこの記述みるならば，

下線部に示される発想は独自性のある見解（個性的なものの見方）として，先に挙げた観点①に照らして評価できる。キルケゴールの思想やふるまいは理解することが難しいとしてはいるが，それだけの一面的な解釈に終わるのではなく，キルケゴールが追い求めていたそのために生き，死んでもよいような「真理」をレギーネ自身として重ねて捉えるという独自の視点が提示されている。それは，キルケゴールの思想と行動のもつ熱量をも説明可能し，信仰する神の向こう側に，実在としてのレギーネを見ていた単独者キルケゴールを想起させる。

⑷　他の生徒からの感想，教員のコメントを含めた生徒Ｅの記述と考察

　他の生徒からの感想，教員からのコメントに対する返答に関連し，特筆すべき特徴のあった生徒Ｅの記述を以下に取り上げる。これについては質問１〜質問４に対する回答を受けて展開されているため，生徒Ｅの記述に関わる

表４（左から質問１〜質問３に対する記述）

「客観的真理などを探し出してみたところで，それが私になんの役に立つだろう。」「キリスト教の意義を説明することができたところで，ここの多くの現象を解明し得たところで，それが私自身と私の生活にとってそれ以上に深い意味を持たないとしたら，それが私に何の役にたつだろう。」という文章がとても大事だと思った。万人に受け入れられるようなことは数を重視しているので，個人にどれだけ当てはまるのかは重視されていない。また世紀の大発見であったとしても，身近なことでなければ実感はわからない。なので，「私になんの役に立つのか。」という言葉はすごく的を得ているなと思った。自分にしか当てはまらなくてもいいから，真理を探し，そのために生きることは人生を豊かにしてくれるのではと思う。	見つけたいと思います。私にとって真理を見つけるというのは「この言葉を人生において大切にしたい」とかそうゆうイメージです。今のところはまだ見つけられていないですが，好きな曲の中に出てくる「死ぬまで死なないように」という歌詞がずっと印象に残っています。いろんな解釈があると思いますが，私の解釈は「生を全うしろ」ということだと思います。死というのは生命の死だけでなくいろんな意味があって，生きていても死んでいるのような状態はあると思います。なので自分で生を終わらせることはもちろん，生を受けたならば，後悔はしないように大切に生きなさいということだと思います。まだ学生なので人生の厳しさとかわかっていませんが，どんな状況になっても，愚直に自分を大切に生きていけたらと思います。	私はあなたと結婚できるような相応しい人間ではない。私はすでに十分に汚れている。なぜなら，私は死にいたる病によって，深い憂鬱者となりキリスト者ではないからだ。これらのことはあなたにとっては重要ではないと思うかもしれないが，私にとってはとても重要ようなことなのである。なので婚約を破棄したいと思う。

表5（質問4に対する記述）

恋愛がその人の思想に影響を与えると言うことは共感できる。好きにもいろいろな種類があると思うが，恋人や好きな人に対しての好きという感情は特別だと思う。例えば，相手が好きだからと言う理由で今まで聞いたことがなかったジャンルの音楽をきいた，好きになったということがあると思う。恋愛をすると自分の行動の理由の中心が相手になることがあると思う。また，恋愛することでしか経験出来ないことが多くあると言うのも一つの理由だと思う。それによって人は変われたり，成長したりすると思うので，その変化や成長に伴って思想も変化すると言うのがあるのではないかと思った。二人の人物も恋愛に思想が影響を受け，自分自身をさらに見つめ直しているように見える。ミルに関しては相手が精神的な拠り所にもなっていた。恋愛はもちろん生物として子孫を残すという使命があるので必要だが，それ以前に，人生を豊かにするかどうかは人によるとは思うが，人間として自分自身を見つめ直したり，変化するため必要なんじゃないかなと思う。

表6（質問1〜質問4以外の記述）

○○○○○	自分の好きな歌詞とリンクさせたのはいいと思います。「死ぬまで死ぬな」という歌詞にはなるほどなと思いました。もし生きていても自分の人生を全うせず怠惰に生きているようならそれは生きている意味がないですし，逆に寿命に達するまでに死んでしまっても自分の人生に後悔ややり残したことがないのならばそれは本望な死と言えると思います。	1つめの回答にある「自分にしか当てはまらなくてもいいから，真理を探し，そのために生きることは人生を豊かにしてくれるのではと思う。」というのはすごくいいですね。例えば，それが2つめの回答にある「死ぬまで死なないように」という「どんな状況になっても，愚直に自分を大切に生きて」いくことは充分当てはまっていると思います。そういえば，ハイデガーは人間が時間的に有限な存在であることつまり，紹介してくれた歌詞にもあるとおり，やがて訪れる死を意識して生きることで，今何をなすべきかを自分の存在をかけて生きることができるとといていましたが，そのことを想起させます。実存主義は自分の人生の生き方にダイレクトに響いてくる思想ですよね。4つめの回答ですが，なるほどと思います。恋愛によって人の思想が変化したり影響を受けることはミルやキルケゴールに当てはまっていると思います。ということは，思想よりも恋愛の方が人を動かす力は強力ということもあるかもしれませんね。「恋愛はもちろん生物として子孫を残すという使命があるので必要だが」というのもなるほど面白い指摘です。なぜ，人間は恋愛をする動物になったのでしょうか？他の動物も恋することはあるのか知りませんが，恋愛はある意味めんどくさいことです。「人間として自分自身を見つめ直したり，変化するため必要なんじゃないかなと思う。」という答えはなるほどと思いますが，あらためて，なぜだと思いますか？	二人が歌詞に居館してくれたのはすごく嬉しかったです。先生の問いについては，人間は生まれたときは不完全で，影響され，変化して完全に近づいていくものだと思います。言い換えれば人間は自己を見つけていく生き物だからこんなめんどくさいこともしてしまうんだと思います。

全てを分割して**表4〜表6**として示す。

表4の中央のセルにもあるように，キルケゴールの思想を好きな楽曲，ロックバンドSUPER BEAVERのメンバー柳沢亮太氏の作詞による『ハイライト』（2020）の一部を引いて，具体的に自分に引きつけて考えているのが生徒Eの特徴であるといえる。感想を寄せた生徒も，その歌詞についての解釈をコメントとして寄せている（**表6**左から2番目のセル）。生徒が人生観や世界観，価値観を確立するための手掛かりは，いわゆる古典と呼ばれる先哲の著作に限らず，日常的に接する機会の多い文章や資料も有効であることが，生徒自身によって示されていると捉えることができるだろう[10]。また，筆者のコメントにおいて（**表6**左から3番目のセル），この歌詞に関わってハイデガーのいう「先駆的決意性」の内容を引き合いに出したのは，哲学は他の思想家とつなげて広がりを持って捉えていくことが深い学びとして重要であることを認識させるためである。

　また，この生徒Eの恋愛観として「恋愛はもちろん生物として子孫を残すという使命があるので必要だが，それ以前に，人生を豊かにするかどうかは人によるとは思うが，人間として自分自身を見つめ直したり，変化するため必要なんじゃないかなと思う。」についてはユニークな発想であったため，もう少し深く追究させたいと考えた。仮に恋愛をするのが人間だけであれば，それは人間の本質とどう関わってくるのかという視点から，なぜ恋愛をするのかを「教員からのコメント」で再び問い直した。これに対し，「人間は生まれたときは不完全で，影響され，変化して完全に近づいていくもの」，常に「人間は自己を見つけていく生き物」という自身の人間観から答えている。筆者は先に「哲学する」とはどのようなことかについて2つの観点を挙げたが，これは図らずもその観点②において述べた「新たな観点や視点をもって世界を捉え直し，自分自身の考えを更新して深める（ことができる）」とした内容とも重なっているとも解釈できる。生徒Eの記述からは目的論的な人間観も伺うこともできるのだが，人が完全に近づくかどうかはさておき，自身の世界観や価値観を問い続けていく（哲学する）という人間像をキルケゴールとミルの恋愛や生き方から導き出したのであり，先に示した観点に照らし，自身で哲学したといえるだろう。

4．実践研究のまとめ

　コロナ禍を背景に，直接的な対面を前提とした口頭による対話のオルタナティブな試みとして行った本実践であるが，直接的な発話による言語活動とは異なる「書く」という行為の豊かさに改めて気付く。書くことで行う哲学対話の利点については，紙上対話（サイレント・ダイアローグ）という，生徒が各々の持つ紙（シート）に哲学的なテーマを記入し，その場でその紙を生徒間でシャッフルして回し読みをしながら，テーマについて短いコメントを書き加えていくという実践の研究においても示されている。例えば，即座に応答する発話よりも，書く行為においては思考をより時間をかけて表出するため，深い考えを導いたうえで交わすことができるというのはその１つであるが，これは「書く」という点で同形式であり，より長い時間をかけて生徒に取り組ませた本実践においても当てはまるだろう[11]。一方で，本実践が紙上対話と異なる意義を持つのは Google Workspace の活用により，直接的な発話を避けて感染防止に配慮でき，対面・リモート・非同期でも記述した意見・考えを交わすことが可能な柔軟性があること，全員がシートを閲覧，共有することもできる点にある。継続するコロナウイルス変異株の出現を背景に，対面とオンラインの併用による対応が続くなか，本実践は更に工夫の余地があるものの，物理的な距離や時間の制約にとらわれず，生徒同士・教師が繋がり合い，意見を交換，共有して学びを深めあう１つの対話方法としての可能性を示したといえるのではなかろうか。

　なお，掲載した生徒の記述は匿名化して公表することに同意を得ている。生徒らが真摯にこの実践に向き合ってくれたことに感謝し，今後の研究の励みとしたい。

［キーワード］

Google Workspace，教科「倫理」（ethics as a subject in high school），
対話（dialogue），深い学び（learning deeply），高校生の哲学（philosophy
as practiced by high school students）

〈注〉

(1) 市街地に位置し，生徒数約 1,000 人中の 95％以上が 4 年制大学への進学を希望する。

(2) 桝田啓三郎責任編集，『世界の名著 40 キルケゴール』，中央公論社，1966，20-33

(3) 関嘉彦責任編集，『世界の名著 38 ベンサム　Ｊ．Ｓ．ミル』，中央公論社，1966，42-45

(4) 責任ある記述を求めるために，この部分について実際の表には匿名化はしなかった。

(5) 文部科学省，『高等学校学習指導要領解説 公民編』，教育出版，2010，26

(6) 文部科学省，『高等学校学習指導要領（平成 30 年告示）解説 公民編』，東京書籍，2019，103

(7) 桝田啓三郎，前掲，20

(8) 得居千照・河野哲也は「子どもの哲学における対話型教育の評価法」（『立教大学教育学科研究年報』第 61 号，2018，5-11）において国際的に知られる 3 つの評価法を示したが，これによると，根拠を持つこと，公平な批判，事例や反対例の提示，考え方の変容，新たな視点の獲得などが哲学対話に関して共通している評価の基準であることがわかる。筆者の観点①②はこれらを踏まえた。

(9) Ｊ．Ｓ．ミルの思想とハリエットの関係については泉谷周三郎の「Ｊ．Ｓ．ミルの思想と『ハリエット・テイラーの神話』」（『横浜国立大学人文紀要 第一類 哲学・社会科学 (23)』，1977，46-65）を参考にした。

(10) 文部科学省，前掲書（平成 30 年告示），120

(11) 村瀬智之は「紙上対話という授業実践の試み‐哲学的議論による思考力の育成を目指して‐」（論文集『高専教育』第 38 号，2015，372-373）において，いくつか利点を示すが，他に発言機会の平等化，生徒が意見表明をしやすい，教師は記述により対話の検証が容易になるという点は本実践とも重なる。

ストレングス・ファインダーを活用した
メンタリングの実践研究
―教職員の強みに着目して―

長野県岩村田高等学校　**後小路　正人**

1. 研究の背景と目的

　教員組織は，従来から校長と教頭の管理職以外は横並びにあり，個々の教員の独立性と分離性が保たれてきた。この傾向は義務教育の小・中学校よりも高等学校の教員組織に顕著にみられる。このことに河村（2017）は，「学校での教育上の問題に対して，組織的に対応するという教員の意識が弱く，主体的に学び続ける姿勢についても教員個々に委ねられてきた」と述べている[1]。これからの学校は，教員一人ひとりの専門性にもとづく個業性を尊重しつつも，学校全体として協働性を発揮していくことが求められている。中央教育審議会（2021）においても，これまでの答申等を踏まえた再整理がなされ，「様々な背景や経験を持った『個人』である教師一人一人の能力，適正等に応じて，それぞれの強みを生かしつつ，それぞれの弱みを補い合い，（中略），『組織（チーム）』として対応する」と言及している[2]。

　筆者は上記のような特徴を持つ学校組織において，「協働的な組織」と「教職員の強み」という一見すると相反する事象を融合したマネジメントの手法を，学校現場において試行錯誤しながら検証している。とりわけ本研究では，若手教員に対するメンタリング実践を行い，メンティ・メンターの強みの組み合わせによる協働性の検証と体系化を目的とした。多くの先行研究や実践からもメンタリングの有効性は明らかとなっているが，特に近年教育を取り巻く環境が急激に変わる中で，若手教員は即戦力でありその成長は学校組織において必要不可欠となる。

2．研究の方法

2.1　ストレングス・ファインダーの活用

　本研究では，人の持つ強みを可視化するために，GALLUP社のストレングス・ファインダー（以下，SF）を活用した。SFとは，全世界で2,500万人以上が利用する強みのアセスメントである。SFテストを受けることで，人の持つ才能を34個に分類した「強みの資質（以下，ストレングス）」のうち，その人固有の上位5つのストレングスがわかる[3]。これまで無意識に使っていた才能をSFにより可視化し，意識的に投資することで，強みとなる（**図1**,Rath,2017)[4]。

> 才能（頻繁に繰り返す思考，感情，行動パターン）
> ×投資（練習やスキル開発，知識を身につけるためにかける時間）
> ＝強み（常に完璧に近い成果を生み出す能力）

※人の持つ才能を34個に分類分けしたものがSFの「強みの資質」

出典：Rath（2017)

図1　強みの方程式

　また，ストレングスは**表1**のように「実行力」「影響力」「人間関係構築力」「戦略的思考力」の4つの領域に分類される[5]。

表1　SFの34個のストレングスと4つの領域

領域	実行力	影響力	人間関係構築力	戦略的思考力
	達成欲	活発性	適応性	分析思考
	アレンジ	指令性	運命思考	原点思考
	信念	コミュニケーション	成長促進	未来志向
	公平性	競争性	共感性	着想
ストレングス	慎重さ	最上志向	調和性	収集心
	規律性	自己確信	包含	内省
	目標志向	自我	個別化	学習欲
	責任感	社交性	ポジティブ	戦略性
	回復志向		親密性	

出典：GALLUP

2.2　実践研究の方法

　勤務校の若手教員2名に対して筆者がメンターとなり，SFのストレングスを活用したメンタリングを実施し検証した。筆者は勤務校において中堅教

員，すなわちミドル層にあたる。実践においての若手教員の変容については，週に１度程度の振り返りアンケートや，エピソードの記述から検証を行った。

３．研究の内容

3.1　ストレングスの測定

　筆者のストレングスの上位５つは，**表２**であった。数字はストレングスの順位を表す。本研究は筆者のストレングスである「最上志向，個別化，親密性」が，メンタリングにおいて効果的に活用できると考え実践した。

表２　筆者のストレングス

	ストレングス	特　徴
1	最上志向	個人や集団の優秀さを伸ばす手段として強みに着目する 優れたものを最高レベルのものに変えようとする
2	着想	ひらめきに魅力を感じる 見た目には共通点のない現象に，つながりを見つけることができる
3	個別化	一人ひとりが持つユニークな個性に興味をひかれる さまざまな個性を持つ人たちによる生産性の高いチームを作る才能がある
4	達成欲	スタミナが旺盛で，精力的に働く 常に忙しく動きまわり，何かを成し遂げることに大きな満足を覚える
5	親密性	他の人たちとの緊密な関係を築くことに喜びを見出す 目標達成のために友人と懸命に努力することに深い満足感を覚える

出典：Rath&Conchie（2013）

3.2　A教諭へのメンタリング

⑴　A教諭のストレングス

表３　A教諭のストレングス

	ストレングス	特　徴
1	学習欲	学ぶことが大好きで，たえず向上したいと思っている 特に学習の成果よりもプロセスを愉しむ
2	収集心	知りたがり屋 あらゆる種類の情報を集め，保管することを好む
3	慎重さ	決定や選択をする際に，細心の注意を払う 常に障害に備えていて，決して油断しない
4	親密性	他の人たちとの緊密な関係を築くことに喜びを見出す 目標達成のために友人と懸命に努力することに深い満足感を覚える
5	調和性	意見の一致を求める 意見の衝突を好まず，同意点を求める

出典：Rath&Conchie（2013）

A教諭は数学科の1学年担任である。初任者として本校に赴任し，教員歴は2年となる。A教諭のストレングスは，**表3**であった。

⑵　**実践**

　A教諭とは，1学年数学において「ICTを活用した自由進度学習」を協働して実践している。「自由進度学習」とは，授業の進度を学習者が自ら自由に決められる自己調整学習の一つである。「『自立した学習者』となる」を最上位の目標として進めている。この実践は，A教諭とメンターのストレングスを効果的に活かせると考え設定した。A教諭とメンターが持つ「親密性」やA教諭の「調和性」は，連携して行う協働的な授業実践に適している。また，A教諭の「学習欲，収集心」とメンターの「着想」は，新しい形の実践を行う上で有効に活用できると考えた。

「親密性」×「調和性」

　A教諭とは前年度までの日常的なやりとりにおいても自然と連携が取れていた。SFテストの結果を見て，それがA教諭とメンターの「親密性」とA教諭の「調和性」からくるものであると改めて認識した。そこで自由進度学習を実践するにあたり，これまで以上に意識的にこれらのストレングスを活用し，密に情報交換しながら協働できる仕組みづくりを行った。具体的な実践は次のとおりである。

実践1：プリント作成から授業までの流れ
①スタディエイド（数学のプリント作成ソフト）で学習プリントを作成し
　PDF化する。
②Googleドライブで共有する。
③iPadのノートアプリGoodNotes5で読み込み，手書きで解答を作成する。
④作成した解答をGoogle Classroomで生徒へ共有する。
⑤授業はiPadを活用し，GoodNotes5で作成したファイルを無線で電子黒板
　に投影し，授業実践する。

　上記の作業を２人で分担して行っている。基本的には同じ研究室内で相談しながら進めているが，常にICTを活用しデータを共有しているため，面と向かって対話することがなくとも，情報共有することが可能となっている。また，２人で協働しながら教材を作り授業実践することで，「教科担当による指導の差」がほとんどなくなった。

　上記の**実践１**に限らず，以下の実践においてもA教諭とメンターの「親密性」やA教諭の「調和性」を前提として実践している。

> ## 「学習欲，収集心」×「着想」

　A教諭の「学習欲，収集心」とメンターの「着想」を組み合わせ，互いにアイデアを出し合い，型に捉われすぎないように授業実践を行った。書籍や実践例などを参考に，高等学校の授業においてどのように実践することが望ましいか検討し，工夫して実践に繋げた。それに加えてA教諭は「学習欲，収集心」を発揮し，YouTubeやブログなどのメディアからヒントを得てオリジナリティあるアイデアを提案してくれる。それを受けてメンターである筆者が「着想」のストレングスを発揮し，アイデアを組み合わせて実際の授業に落とし込み，協働して実践する形をとった。具体的な実践例は以下のとおりである。

実践２：余白ある学習環境の整備

・１学年数学ⅠAの５クラスのうち１，２組，３，４組はそれぞれ同時間割で実施した。１，２組と３，４組は筆者とA教諭が隣の教室で同時に授業を行っている。（５組のみ単独）

・２クラス同時授業に加え，さらにもうひとつ「学習室」も授業の教室として開放した。すなわち２つのクラスに対して３つの学び場を作った。これにより教室内にスペースが生まれ自由に移動することができ，仲間との学び合いが可能となっている。

　実践２の結果として生徒同士の自然な形での対話が生まれた。また，授業

担当2名もそれぞれの教室を自由に行き来する中で，教師同士の対話も飛躍的に増え協働性が高まった。

実践3：単元テストの実施と工夫
・定期考査だけに比重を置くのではなく，単元テストを定期的に実施し，その結果を成績に反映した（例年は実施しても反映されていなかった）。
・単元テストの追試の参加を希望者とした（例年は強制であった）。また，希望すれば何度でも受験できる形をとった。また朝や放課後など，複数回実施日を設けて生徒たちの都合に合う形で実施した。
・単元テストは80点で合格としているため，追試では80点以上とれば合格とした。

　追試を希望者とすることにより，追試を生徒たちが主体的に選び受験できるようになった。すなわち，やらされる追試から自ら行う追試へと変わった。

実践4：ICT環境の利用
①授業プリント・確認テストの共有
・授業プリントや確認テスト（生徒自身で行って自己採点するテスト）などは，紙のプリントと合わせて，Google Classroom を通して PDF ファイルで配信した。
・また，プリントの解答は，紙には印刷せず，PDF の電子データのやり取りのみとした。
・電子ファイルで課題を提出する場合は，タブレット端末に電子ペンで書き込み，オンラインで提出する。
②板書・授業動画の共有
・授業で板書したものは，写真を撮り画像データとして，配信している。
・また授業で解説しきれない問題や，コロナ禍で行ったオンライン授業の動画は，YouTube で限定配信を行った。また，その際の授業スライドも共有した。

　このような形でA教諭の「学習欲，収集心」で集めてきたアイデアを，

メンターの「着想」で一工夫加え，ICT 環境をフル活用し，生徒たちがいつでもどこでも学ぶことのできる授業環境を構築した。これによりコロナ禍で出席停止となり授業を受けられない生徒も，学習を継続することが可能となっている。

⑶ **考察**

　高等学校の現場において，自由進度学習という新しい形の授業を 1 年間通して継続できているのは，A 教諭とメンターのストレングスが有効に作用しているからであるといえる。単元によっては教師側の想定しない事象が起こることもあった。しかし，その都度 A 教諭と話し合い，修正しながら実践してきた。「親密性」のストレングスを持つもの同士の特徴でもあるが，深く関わり合うことが喜びであり，自然な形で密に連携できている。実践を始めた頃は，メンターである筆者が主体となり進めていたが，徐々に A 教諭が主体となりメンターがサポートする形となっている。そして，今回の取り組みは他の数学科の先生にも影響を与え，次年度の 1 学年でも「自由進度学習」を行う計画となっている。

3.3　B 教諭へのメンタリング

⑴ **B 教諭のストレングス**

　B 教諭は数学科の 2 学年副担任である。初任者として本校に赴任した。新卒で講師経験はない。B 教諭のストレングスは**表 4** であった。

表 4　B 教諭のストレングス

	ストレングス	特　　徴
1	包含	ほかの人たちを受け入れる 取り残されていると感じる人たちに気づくと，彼らをグループに入れようと務める
2	回復志向	問題に対処するのが上手 原因を見つけて解決するのが得意
3	社交性	知らない人と出会い，惹きつけ味方につけることが大好き 一歩踏み出して人と心を通わせることに大きな満足感を覚える
4	ポジティブ	ポジティブの資質に優れた人の熱意はまわりに伝染する 楽観的で，そばにいる人たちもこれからすることを愉しみにするようになる
5	コミュニケーション	自分の考えを簡単にことばで表現することができる 話すことがうまく，プレゼンターを務めることが上手

出典：Rath&Conchie（2013）

⑵ **実践**

　B教諭とは，2021年11月の初任者研修の研究授業に向け，「社交性，ポジティブ，コミュニケーション」のストレングスを活用し，「包含」の特徴である「誰一人見捨てない」という授業実践を目指してメンタリングを行った。筆者はB教諭の初任者研修担当教員である。B教諭とメンターである筆者のストレングスはすべて異なる。すなわちメンターがメンティの強みを理解しづらい状態にある。そこで筆者は「最上志向，個別化」のストレングスを活かし，SFを通してB教諭の強みの理解に努め，最大化できるように取り組んだ。

　B教諭は9月および10月の授業実践について，振り返りアンケートに次のように書いていた。

> 「自分の思うように行かなすぎて，とても苦しかった印象です。向上心が無くなって何も成長しない期間でした。」

　この言葉から，本来はB教諭の強みであるはずの「ポジティブ」がうまく発揮できず，悩んでいる様子が伝わってきた。そこで研究授業に向けて，10月から11月にかけて授業を参観し，授業後のメンタリングを通して準備を進めることとした。

> 10月授業参観①：筆者の振り返りノートより
> 　「授業をやってみてうまくいったところや，いかなかったところはどこだった？」と聞いたところ，「うまくいったところはないですね」との言葉が返ってきた。それでも小テストや授業スライドなどの授業準備は丁寧に行えていたことから，「教材や準備はよかったと思うよ」とフォローしたが，あまり反応はなかった。
> 　確かに生徒との対話に関しては，一見生徒に話しかけているように見えても，実際には独りよがりで進めてしまっている面が見られた。B教諭の強みである「コミュニケーション，社交性」が活かせていない状況にあると思われる。

思い描いているような授業ができず自信を失っている様子であった。そのため，その後のメンタリングにおいては，できなかったことに対する改善を促すのではなく，Ｂ教諭の成長やこれからできることに焦点を当て，「ポジティブ」が活性化するように心がけた。

11月授業参観②：筆者の振り返りノートより

前回の授業に比べて非常に落ち着いて見えた。「リラックスしてできた」とのことだった。また，前回の授業の振り返り以来，「社交性」を活かして授業に生徒との対話を盛り込み，「今回は手が止まっている生徒を中心に対話しながら支援した」とのことであった。今回の授業を参観していて，Ｂ教諭のストレングスである「コミュニケーション」をより活かすために，言葉の質を上げていくことが効果的なのかもしれないと感じた。そこで「Ｂ教諭はしゃべることはすごく得意でどんどん言葉が出てくると思うから，言葉により強弱をつけてみよう」とアドバイスをした。

今回のメンタリングでは前回の授業の後よりも，非常に明るい雰囲気であったように思う。少しずつ「ポジティブ」が活性化しつつある。前回の授業に比べて生徒たちとの対話も徐々にできており，「社交性」を活用しながら，1週間で大きな成長を感じた。

研究室での何気ない会話から

Ｂ教諭は「授業で生徒たちに声をかけて回ったら，とても授業が盛り上がったんです」という話をしてくれた。今まではわからない人にだけ小声で話しかけていたが，多くの人に声をかけたとのことだった。授業での遠くの場所からも対話が聞こえてきたとのことだった。それについては，「生徒たちが授業中に仲間と相談したりしていいんだということがわかったんじゃないかと思うんです」と述べていた。この言葉やＢ教諭の表情から，次の日の研究授業に向けての準備，生徒たちの準備は整いつつあるように感じた。

この日，B教諭とはメンタリングと呼べるほどのものではない，何気ない会話をしていたが，途中からB教諭が上記の授業の話をしてくれた。授業に手応えを感じて話をしたかったのだと思う。結果として研究授業へとつながる大切な会話となった。授業において「ポジティブ，社交性，コミュニケーション」のストレングスがうまく噛み合ってきている。本当のメンタリングは，場を設定して起こるのではなく，この時のように不意に訪れた瞬間の対応が大事だと感じた場面であった。

・研究室内での学び合い

　B教諭は日頃から研究室内においては「社交性，コミュニケーション」のストレングスを発揮し，教材研究やICT機器の授業での活用について，非常に熱心に質問してくる。このようなときはいつも，他の先生方も巻き込み研究室内での学び合いが起こる。メンターの「着想」や，同僚であるA教諭の「学習欲」も活かし学び合いを深めてきた。若手教員からの問いかけは，筆者も含め経験を積み重ねている教員にとっても，新たな視点を持つきっかけとなる。

・初任者研修研究授業

　結果として，研究授業は，B教諭のストレングスが十分に活かされているものであった。

　B教諭はグループ学習に入る際に孤立しそうな生徒に対して「包含」を発揮し，自然にグループへの参加を促した。また，グループ学習の場面では「社交性，コミュニケーション」を活かしすべての班を隈なく周り，生徒たちに対して「ポジティブ」な声がけを行った。B教諭から投げかけられた問いに対して生徒たちは，自分自身や仲間と対話をしながら数学的活動に没頭していた。さらに研究授業を参観した先生方も，机間巡視をしているうちに生徒たちとの対話に巻き込まれ，気が付けばその場にいる皆が授業に惹き込まれていた。

(3)　**考察**

　2週間でB教諭の授業は大きく変化した。そして研究授業の前後から，B教諭のストレングスを活かした授業が少しずつ軌道に乗り始めた。「社交性，

ポジティブ，コミュニケーション」のストレングスを効果的に活用したことで，B教諭が目指す「誰一人見捨てたくない」という「包含」のストレングスを活かした授業実践に着実に近づいているといえる。

　その成果として，その後行われた定期考査において，特に前年度まで数学に対して苦手意識があった生徒たちの成績が向上した。また，授業アンケートにおいても，「数学が苦手な私たちに合わせた形で，授業をしてくれてありがたい」という評価を得ている。

3.4　職員研修会での若手教員のフォロワーシップ

　A教諭，B教諭ともに授業実践を通して，ICTのスキルが飛躍的に向上していた。そのため2人に講師を依頼してICTの職員研修会を開催した。ベテラン教員の苦手とする内容の研修を若手教員が講師となり実施することで，教員組織全体へのフォロワーシップや影響力が高まると考えた。義務教育学校とは違い，高等学校の現場ではこのような教員主体の研修会が行われることは非常に少ない。

　今回の研修はメンティ教員のそれぞれのストレングスが効果的に発揮できるように「社交性，コミュニケーション」を持つ初任者のB教諭が前に立ち先生方にレクチャーし，「調和性」を持つA教諭が一人ひとりの状況を見ながら個別にサポートをする形をとった。研修会は若手教員のぎこちないながらも一生懸命に講師を務める姿と，それを温かい目で見守りながらも，意欲的に学ぼうとする先生方の姿勢により充実したものとなった。

4．総合考察

4.1　研究の成果

　研究を通して，次の2つのことが見えてきた。1つ目は，メンタリングにおいて，メンターとメンティのストレングスを「パズル」のように組み合わせていくことで，協働性に「深み」と「広がり」が増すことである。同タイプのストレングスの組み合わせによって「深み」が増し，異なるタイプのストレングスの組み合わせによって「広がり」が増す。メンターが自分にはないメンティの強みを理解し，活かすことができるかが鍵となる。

本実践で言えば，A教諭との協働的な活動に対するメンタリングは，同タイプのストレングスの組み合わせによる「深み」であり，B教諭へのメンタリングは，異なるタイプのストレングスの組み合わせによる「広がり」であった。

　2つ目は，メンタリングにより高めたメンティの力を，メンターが意識的に組織へのフォロワーシップに変換することの有効性である。一般的に企業等でのメンタリングとは，上司・部下の「縦（タテ）の関係」ではなく，メンターとメンティの「ナナメの関係」であると言われている（図2）。そのことは教員組織においても同様であり，初期においては，斜め上のメンターと，斜め下のメンティとの関係が望ましい。しかし，教員は経験年数による上下関係はあるものの実質的な立場に差はない。そこで先輩教員にあたるメンターは，意識的にメンタリングを通してその関係を徐々に変化させていき，成熟期にはメンターが一歩下がり，若手教員であるメンティを押し上げ「逆ナナメの関係」を作る。そして，メンターの後ろ盾のもと，メンティが教員組織へフォロワーシップを発揮することで，協働性が生まれるきっかけとなる（図3）。本実践でいえばメンティ2名が中心になって行ったICTの職員研修会や，数学科内での学び合いがそれに当たる。

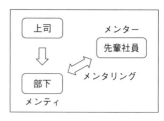

図2　一般的なメンタリングの関係

また，A教諭と協働して行ってきた「自由進度学習」は次年度の学年でも実施されることなり，実践に広がりを見せている。

　メンタリングにSFを取り入れる最大の利点は，メンタリングの初期段階でメンティの強みを知り

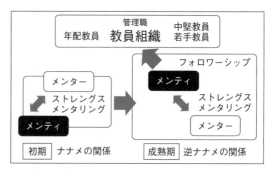

図3　メンタリングにおける逆ナナメの関係

支援につなげることができることと，メンターが持ち合わせないメンティの強みも理解し支援できることにある。もちろん，経験豊富なメンター教員であれば，今回の実践で取り入れたSFを利用しなくとも，メンタリングを通してメンティ教員の強みを活かしていくことは可能であろう。しかし，そのためにはある程度の時間が必要となる。そして，メンター教員自身にはないメンティ教員の強みの理解がなかなか難しく，その結果としてミスマッチも起こりやすい。すなわち本実践において，1年間という短い時間の実践の中で「ナナメの関係」から「逆ナナメの関係」へと関係性を変化させ，組織へのフォロワーシップへ繋げることができたのは，SFのストレングスを活用したからに他ならないといえる。

4.2　今後の課題

　課題としては，SFは強みを可視化することのできる非常に有効なアセスメントだが，ただSFテストを受けただけでは，十分に活用しきれない点が挙げられる。このことはどのようなアセスメントを利用しても同じことがいえるが，まずはメンター自身のアセスメントに対する深い理解が必要になる。筆者自身もSFのストレングスコーチによるストレングス実践会に参加し理解を深めてきた。また本研究ではメンタリングの期間が限られていたため，メンターからの働きかけによりメンティの強みに投資をする場面が多かった。しかし，今後はメンティ自身が意識的に強みに投資していけるように働きかけ実践していく。

　人の持つ強みは，幅広く，奥深い。これからも教職員が自分の強みを自由に活かし，協働的に高め合える教員組織づくりに貢献していく所存である。

[キーワード]

　強み（strengths），メンタリング（mentoring），ストレングス・ファインダー（Strengths Finder），フォロワーシップ（followership）

〈引用・参考文献〉

1）　河村茂雄, 2017,『学校管理職が進める教員組織づくり：教師が育ち，子ども

が伸びる校長のリーダーシップ』，図書文化社，pp.18-10

2） 中央教育審議会，2021，「令和の日本型学校教育」を担う教師の在り方特別
部会（第 2 回）新たな時代における教師・教職員集団の持続的な成長の在り方
について，文部科学省，https://www.mext.go.jp/kaigisiryo/content/20210625-
mxt_kyoikujinzai01-000016379-5.pdf，p.4（2022-02-20 最終閲覧）

3） GALLUP，「Clifton Strengths」，https://www.gallup.com/cliftonstrengths/
en/253868/popular-cliftonstrengths-assessment-products.aspx（2022-02-20 最終
閲覧）

4） Rath, T. & Conchie,B.（田口俊樹，加藤万里子訳），2013，『ストレングスリ
ーダーシップ—さあ，リーダーの才能に目覚めよう』，日本経済新聞出版

5） Rath, T.（古屋博子訳），2017，『さあ，才能（じぶん）に目覚めよう新版 ス
トレングス・ファインダー 2.0』，日本経済新聞出版

第5部

第35回研究大会の概要

《課題研究》

教師教育の高度化におけるミドルリーダーの養成

　　――教職大学院で育成するミドルリーダーの専門的力量とは―ミドルリーダーに求められる教師力とその育成課題―

1．教職大学院におけるミドルリーダーの育成
　　――学校組織マネジメントプログラムの現職院生の学び

2．地域教育課題と向き合い，省察・探究し続ける教員の育成

3．ミドルリーダー期に求められる専門的力量とその育成課題

《公開シンポジウム》

学校の危機を踏まえた教育活動の展開

　⑴　学校危機への対応及び課題について

　⑵　学校危機時における教育活動継続のための視点

　⑶　学校の危機を踏まえた教育活動の展開

教師教育の高度化におけるミドルリーダーの養成
教職大学院で育成する ミドルリーダーの専門的力量とは
―ミドルリーダーに求められる教師力とその育成課題―

【趣旨】

　前期（第32回～第34回までの研究大会）の課題研究では，「教師教育の高度化」を共通テーマに，教職大学院における教科教育の位置，実践知育成の取り組み，地域貢献に焦点を当ててきた。今期3ヶ年では，これらをさらに発展させるため，「教師教育の高度化におけるミドルリーダーの養成」を共通テーマに掲げ，教職大学院をはじめとする「教師教育の高度化」の課題に引き続き取り組むこととした。

　ミドルリーダーの育成に関しては，第一に，中央教育審議会「新しい時代の教育に向けた持続可能な学校指導・運営体制の構築のための学校における働き方改革に関する総合的な方策について（答申）」（2019年1月25日）でも，「経験豊かで専門性の高いミドルリーダーとしての主幹教諭の役割」の大きさが指摘されるなど，働き方改革の文脈でも期待は高まっている。

　第二に，教師力向上に関連して，教育公務員特例法の一部改正後，2017年から都道府県・政令市において，教員育成指標が作成されてきた。この教員育成指標は，教員の各キャリアステージにおける人材育成指標を定めるものであり，ミドルリーダー相当のキャリアステージにおける教職専門性の具体的な姿を可視化する意味をもつ一方，標準化された教職専門性の指標を根拠にする教師力育成のあり方については，多方面からその問題性や課題が指摘されるところでもあり，検討の余地は多分に残されている。

　第三に，教職大学院の創設期には，ミドルリーダーもしくはスーパールーキーなどの呼称を用い，教職大学院において育成する人材の姿が示されるこ

とが少なくなかった。教職大学院においては管理職養成コースを設置すると
いった新たな機能特化の動向も見られることから，その後その中間層に相当
するミドルリーダー養成は各教職大学院においてどのように取り組まれてい
るのかについても関心が寄せられるところである。この点については，教育
単科大学，地方国立大学，私立大学における教職大学院教育の特色化とも関
連させて検討する必要があるだろう。

　ミドルリーダー自身も，上部世代・下部世代に比べて人材層が薄いにもか
かわらず期待値は高まるばかりという課題を抱えている。授業（教育活動）
の模範モデルとして，スクールビジョンやチーム学校の推進役として，世代
間の実践知継承の要（かなめ）としてなど，業務と期待が一極集中化しやす
い世代に，専門的力量の基準（スタンダード）はどれほど適合しているのだ
ろうか。

　今回の課題研究（3ヶ年計画の第2回目）は，ミドルリーダーに求められ
る専門的力量に焦点を当て，国立大学と私立大学における教職大学院で育成
するミドルリーダーの専門的力量とその育成実態を確認するとともに，教師
力育成の課題の本質に迫ることを目的とした。

（文責＝原田信之）

【報告者と報告の視点】

　浅野あい子・矢嶋　昭雄（東京学芸大学教職大学院）

　　学校組織マネジメントプログラムを通した現職院生の学び

　安藤　雅之（常葉大学教職大学院）

　　学校現場に活性の渦を巻き起こすミドルリーダーの育成

　原田　信之（名古屋市立大学大学院）

　　ミドルリーダー期に求められる専門的力量とその育成課題

【コーディネーター・司会】

　菅原　　至（上越教育大学）

　田中　　謙（日本大学）

教職大学院におけるミドルリーダーの育成
―学校組織マネジメントプログラムの現職院生の学び―

東京学芸大学教職大学院　**浅野あい子　矢嶋昭雄**

1．はじめに

　東京学芸大学教職大学院は，2008（平成20）年4月に教育学研究科・教育実践創成専攻として，定員30名でスタートした。「理論と実践の往還」，「協働による学び」をキーワードに，次世代を担う新人・若手教員，学校や地域を支えるミドルリーダーの育成を行ってきた。2015（平成27）年4月からは，定員を40名にし，「カリキュラムデザイン・授業研究コース」と「学校組織マネジメントコース」を設定し，カリキュラムの実質化・高度化をはかった。2019（平成31）年4月には大きく組織を改編し，定員210名の総合型教職大学院として歩み始め，2021（令和3）年3月に完成年度を迎えたところである。

2．東京学芸大学教職大学院の概要

⑴　組織

　学校教育に期待されている多様なニーズに応えるために，専攻名を「教育実践専門職高度化専攻」と改め，その中に5つのプログラム「学校組織マネジメントプログラム」「総合教育実践プログラム」「教科領域指導プログラム」「特別支援教育高度化プログラム」「学校教育プロジェクトプログラム」を設置した。なお，「教科領域指導プログラム」には，「国語教育」「社会科教育」「数学教育」「理科教育」「音楽教育」「美術・工芸教育」「書道教育」「保健体育教育」「技術教育」「家庭科教育」「英語教育」「情報教育」「幼児教

育」「養護教育」の14のサブプログラムがある。また,「教育プロジェクトプログラム」には,「学校教育課題」「国際理解・多文化共生教育」「環境教育」の3つのサブプログラムがある。

　現組織になってからの入学生は,2019年度が190名（うち現職41名），2020年度が197名（うち現職53名），2021年度が191名（うち現職53名）である。

⑵　カリキュラム

　専攻科目（5科目・10単位），プログラム科目（3科目・6単位），実習科目（2科目・10単位），課題研究科目（2科目・4単位），高度選択科目（5科目・10単位以上）の5つのカテゴリに分け,合計46単位以上の修得を修了要件としている。

3．学校組織マネジメントプログラムでの学び

⑴　プログラムの概要

　ここからは,ミドルリーダーの育成という観点から,学校組織マネジメントプログラムでの学びについて述べる。本プログラムは,現職院生のみを対象としている。

　この3年間の入学生数は,2019年度が7名,2020年度が15名,2021年度が7名である。担当する教員構成は,研究者専任教員1名（学校組織開発・学校評価），実務家専任教員3名（高等学校・教育委員会,中学校・教育委員会,小学校・教育委員会），特命教授1名（小学校・教育委員会）の5名である。

　本プログラムは「学校が組織的に取り組むための学校づくりの基礎理論,学校や教育行政現場の現状や課題を分析・把握し組織する力,若手教員育成の手法や評価方法,学校経営のための危機管理や学校法務の運用の在り方を学ぶ」ことをねらいとしている。カリキュラムの中核となるのが,学校組織マネジメントに関して体系的に学ぶためのプログラム科目であり,「学校組織マネジメント基礎（以下,「基礎」という）」,「学校組織マネジメント演習Ⅰ（以下,「演習Ⅰ」という）」,「学校組織マネジメント演習Ⅱ（以下,「演

習Ⅱ」という）」の３科目で構成されている。「基礎」は，経営学におけるマネジメント論，組織論，学校の組織特性，リーダーシップ論，ミドルリーダー論，組織文化論について概観した上で，勤務校等の学校分析を行い，課題ならびに解決策を明らかにしていく。こうした学校改善のPDCAサイクルを通して，学校組織開発に関する基礎的理論を修得してしいく。「演習Ⅰ」は，「基礎」の学びをベースに，勤務校等の学校分析に基づく学校改善案の共有・検討を通した，今後求められる学校組織開発の視点や方策，校内研修やカリキュラム・マネジメント等による学校改善，家庭や地域との連携による学校改善，働き方改革を通した学校改善など，具体的かつ現実的なテーマを切り口に，学校組織マネジメントのあり方についてさらに探究し，構想できるようになることをねらいとしている。「演習Ⅱ」は，「基礎」「演習Ⅰ」における学びを踏まえて，教育委員会におけるフィールドワーク，現役の校長による講話や現役の指導主事との協議を通して学校支援や学校経営の実際に触れ，学校改善のための実践的な力を育成・体系化することをねらいとしている。

(2) プログラムの特徴

　プログラムのカリキュラムの特徴として，大きく次の３点が挙げられる。

　第一は，学校組織マネジメントの基礎的理論や学校分析の手法について，勤務校の実態と結び付けながら段階的に理解を深め修得していくことができるように構成されている点である。「学校教育目標の実現に向けた学校組織マネジメントの推進」という視座から基礎的な理論を学び，理論的な視点で学校や教育委員会などの教育現場の実態を見つめ直すこと，同時に理論を教育現場の実態に照らして捉え直すことにより，理論と経験の両方に依拠した実践的な力を身に付けることができると考える。

　第二は，実際の取組に触れる機会を設定することで，様々な立場から学校改善について考えを深めることができるように構成されている点である。本プログラムに所属する現職院生のほとんどが，経験年数10年前後のミドルリーダーであるが，若手教員，ベテラン教員，管理職，保護者や地域の方たちなど，多様な立場に立って考え検討を重ねることを重視している。それぞ

れの立場にある人たちがどのような思いをもって教育に携わっているのかを実感を通して学べるよう，都内・都外の様々な地区の学校や教育委員会，関連諸機関におけるフィールドワークと，管理職やミドルリーダー，指導主事との直接対話をカリキュラムに盛り込んでいる。このような学びを通して，学校を取り巻く諸課題の解決に多角的な視点でアプローチできる力を高めていくことができると考える。

　第三は，省察を通した学びの体系化に重点を置いている点である。本プログラムが開設している科目は，全て授業後のリフレクションを課しており，「印象に残った内容やキーワードとそれに関する自分の考え」を記述させている。院生の言葉を引用すると，「現職院生は知っているつもり，できているつもり」であり，リフレクションからは，その自覚を起点として学びを深めていっていることが分かる。そのためには，協働的な学びを軸として理論的な学びと体験的な学びを相互に関連付けることが重要であると考える。

　本プログラムではこれらの特色を生かし，学びの深化と統合を促すとともに，「学校組織マネジメントの視点から，学校教育をどのように捉え分析するか」という枠組みの修得を目指している。

4．現職院生全体の学び

　先に述べたように総合型の教職大学院として規模が大きくなったことから，現職院生は20のプログラム・サブプログラムに分散して在籍することになった。中には，現職院生が1名しか在籍していないサブプログラムも複数見受けられる。必修の専攻科目や高度選択科目において，他のプログラムに所属する現職院生とかかわる機会はあるが，横のつながりは十分とはいえない。そこで本学では，「現職教員連絡会」を設置し，プログラム・サブプログラムを越えた日常的なかかわりの場を保障している。オンライン・ツールを用いた情報共有，読書会や自主研修の企画・運営，学卒院生の教員採用試験に向けた面接指導など，現職院生のニーズに即した活動を展開している。

　本学の現職院生の修学スタイルも他大学と同様，自治体からの派遣研修や休業制度の活用によるものであるが，連携協定を結んでいない自治体も含め，

全国から現職教員が学びにきている点は，本学の特色といえる。授業における様々な自治体の実態を踏まえた協議や互いの勤務校訪問を通した教職専門実習のフィールドの拡大など，本学の広域性は院生全体の学びに広がりと深まりをもたらしているといえるだろう。

5．課題と今後に向けた取組

　各院生が，数年先を見据えて，自身のライフプランと照らし合わせながら指導主事や教育管理職も含めたキャリアプランを描くことが重要と考える。そのため，修了生へのフォローアップとして，キャリアアップに関する相談や，修了後も大学や院生同士のつながりを継続できるようなシステム構築に取り組んでいる。今年度は，課題研究の中間報告会（10月の土曜日に開催）に修了生を招待し，研究内容に関する指導助言を行ってもらったあと，修了生同士の情報交換会を企画している。

　教職大学院における学びの成果は，すぐに目に見えるかたちで得られるとは限らない。修了後を見据えた中・長期的な視点に立ち，個々のキャリアプランに寄り添いながら継続的に修了後の学びや成長を支えていくことが，「教師教育の高度化」につながる重要な視点ではないかと考える。

　なお，学校組織マネジメントプログラムに関しては，2020年3月には，2019年度入学者7名のうち6名が，1年履修制度を利用して修了した。この中で，1名が公立高等学校長に，4名が教育委員会の指導主事となった。また，2021年3月には15名が修了したが，うち1名が公立高等学校教頭に，7名が教育委員会等の指導主事となった。本プログラムでの学びを通して修得した思考の枠組みを，修了後のそれぞれのキャリアにおいて活用・発揮することを期待している。

地域教育課題と向き合い，省察・探究し続ける教員の育成

常葉大学　**安藤　雅之**

はじめに

　学校においてミドルリーダーという用語は，学校の管理職と教員をつなぐ「結節役」，「連結ピン」，ベテラン教師層と若手教師層とをつなぐ「橋渡し役」，あるいは学校づくりを最前線で担う「チームリーダー」，「次代の学校経営を担うリーダー」等，様々に表現されており，学校組織においての位置づけは非常に曖昧で，職位や校務分掌，年齢によっても解釈が異なり一律には定義できない。

１．ミドルリーダーの専門的力量

⑴　ミドルリーダーのイメージ

　マネジメント研修カリキュラム等開発会議（以下，開発会議）が実施した『学校組織マネジメント研修』（平成17年２月）では，ミドルリーダーとは「中堅教職員」であり，「学校のキーパーソン」として教職員に対して実際に影響力をもっている人々である，と明示した[1]。また「キーパーソン」とは主任や学年部会のリーダーと重なる場合もあれば，教職員の仕事上の課題達成に必要な専門的な知識・技術あるいは情報をもっている，あるいは他の教職員の仕事や私生活の悩みごとの相談に積極的に応じているベテラン等，必ずしも公式に地位や役割をもたない人々の場合もあると提示している[2]。

　このように広義かつ多様な役割や担当等で表現されるキーパーソンとしてのミドルリーダーは，学校現場に活性の渦を巻き起こす「ダイナモ教員」で

なくてはならない。ダイナモとは本来「発電機」を指すが，自動車はダイナモが発電を行わないと各種電装部品が機能しなくなり自動車は動かなくなる。このような事態を防ぐためにダイナモが発電を行ってバッテリーの上りを防ぐ重要な役割を果たしている。同様にミドルリーダーには若手教員の手本，「学びの共同体」の中心的役割，「チーム学校」の推進役等，様々な役割が期待されている。ミドルリーダーは単なる「結節点」「橋渡し役」という「つなぎ役」ではなく，学校組織の中核（発電機〈原動力・推進力〉）となって学校の教員集団をまとめたり変革させたりして，学校現場に活性の渦を巻き起こすダイナモ的機能を果たす教員なのである。

(2)　学校におけるミドルリーダーの役割と資質・能力

　開発会議では，ミドルリーダーの役割を複数の公立学校の管理職や中堅教職員へのヒアリングの結果から，「教育者としての使命感」をベースにして，「学校のキーパーソン」としての責任感をもち，「学校ビジョン構築への参画と教育活動の推進」，「職場の活性化」，「同僚教職員の指導・育成」，「学校外部との折衝・対応」の4点であると整理している[3]。

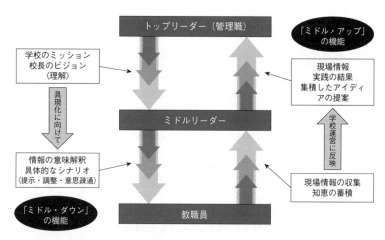

図1　各都道府県等の資料におけるミドルリーダーの位置づけ

　また各都道府県等の研修資料等に散見されるミドルリーダーの役割を整理すると，学校のミッションや校長（管理職）のビジョンを理解し，その具現化のため，具体的なシナリオを提示したり，教職員間の意見を調整して，意思疎通を図ったりする「ミドル・ダウン」の機能と，多くの教職員の情報や知恵，意見等を集積し，校長（管理職）に様々なアイディア等を提案して学校運営に反映させるという「ミドル・アップ」の機能を果たし，そして「同僚性」を高め，教職員が互いを支え合い，高め合い，協働するための環境づくりを積極的に担える存在としている（【図１】）。加えてミドルリーダーに必要とされる「資質・能力」として共通するのは，バランスよく相手の話を聴き，自分の意見を伝える「コミュニケーション力」，自分の意見や考えを相手にわかりやすく提示する「プレゼンテーション力」，教職員間の意見の違いや対立を整理・調整できる「関係調整力」，学校の課題を分析し，課題に応じた解決策（手段・方法）を具体化し，課題解決の取組みを組織的・計画的に進め，取組みの成果について評価・点検を行い，改善につなげる「マネジメント力」である。各都道府県等ではこれらの「資質・能力」を身に付けて，その力量を学校で発揮することを求めている。特に近年は「マネジメント力」を身に付けることは全教職員にとって必須の「教師力」といっても過言ではない。

　しかし，学校教育に対するニーズの変化や課題の複雑化・多様化が進行する中では，ただ単に課題に対応するために「PDCA」サイクルを回すだけでなく，これからのミドルリーダーには「アクション・リサーチ」（①Input（課題発見），②Planning（ゴール設定と計画策定），③Action（実践・活動），④Reflection（実践・活動の省察），⑤Revision（プランの修正），⑥Repeat（修正を反映した実践・活動））を推進・実行・展開できる「研究遂行能力」（以下「研究力」）を身に付けることが必要不可欠だといえる。学校や地域の実情等に即して解決策を積極的に導き出し，計画を実行・評価・改善しながら，学校をより活性化させるための新たなアイディアや方法等を探究し続ける取り組みが必要となるからである。

２．ミドルリーダーの「研究力」育成を図る養成システム

⑴ 常葉大学教職大学院が育成するミドルリーダーの資質・能力

　周知のとおり平成18年7月11日の中教審答申において「教職大学院」制度の創設が求められ，現職教員を対象にスクールリーダーの養成がその目的・機能の一つとされた。この「スクールリーダー」とは「中核的中堅教員」と表現されている[4]。「中核的」とはまさに「ダイナモ」の役割を明示する語であると解釈でき，開発会議におけるミドルリーダーの定義〈中堅教員〉をより鮮明にした表現だといえる。

　筆者が所属する常葉大学教職大学院（以下，本院）は平成20年4月1日の開設来，現職教員に対しては一貫して「ミドルリーダーの育成」を目的とし，「理論と実践の融合」を教育上の基本理念として，大学院における研究と学校現場における実習を通して，深い学問的知識や技能を身に付け，教育現場が抱える問題への高度な対応力，より実践的な教育力（高度な専門的な能力と優れた資質〈「挑戦心」，「創造力」，「理知的論理力」，「総合的判断思考」〉）と学校現場に活性の渦を巻き起こす研究力を備えた「現場に強いタフな教員」を「養成すべき教員像」（通称：ダイナモ教員）としている。尚，本院では10年以上の教職経験を有する現職教員に対しては「1年修了可能」としている。これまで平均年齢39歳，教員経験年数平均16年の教員（静岡県教員育成指標においては「充実期・発展期」，浜松市教員育成指標では「充実発展期」，静岡市教員育成指標では「充実期」に相当の教員）が派遣されてきていることから，本院が養成すべき教員像は浜松市・静岡市・静岡県の教員育成指標に明示された派遣時段階の一段上のまさにミドルリーダー育成を強く意識した設定となっている。

⑵ 「研究力」を育成する地域教育課題対応型カリキュラム

　本院が所在する静岡県は，外国人児童生徒や自然災害への対応，伝統・文化教育の重視，継承等，多くの地域教育課題を抱えている。そのため，本院では地域における教育課題を主体的に打開し，率先して改善・解決に取り組

んでいく教員を育てることが使命であると自覚し，地域教育課題に対応する教育課程を編成し，教育研究と教育実践研究との融合を実現する「課題研究」と「実習科目」（本院では「アクション・リサーチ」）の充実を目指してきた。平成29年度，理論と実践を融合させる学修を一層充実・発展させるために，「課題研究」を教育課程のコアに据え，すべての学習体験が「課題研究」に繋がり「課題研究」で統合されていく体系的な地域教育課題対応型カリキュラムへの再編・整備を行った（【図2】）。

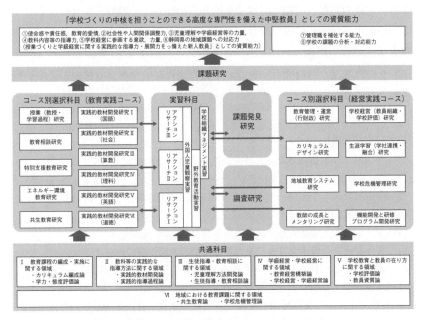

図2 「研究力」育成のためのカリキュラムツリー

また本院では，目指す姿（養成する資質能力）を学生自身が明確に意識し，達成できるようにするために，開設来「自己の発見」「視聴し続ける姿の客観視」「院生としての自覚」「高度専門職として身に付ける資質・能力の具体化」を図り「意欲を高める機会」として「自己評価」（通称「みちしるべ」）を重視している。「みちしるべ」は院生が指導教員と面談時に活用したり，同じコースに所属する教員，院生が一堂に会して「みちしるべ」から見出し

た課題や共有したい問題等を語り合い，省察し合ったりする場（「Team Time」）で活用したりしている。「みちしるべ」を活用する一連の取り組みは学校現場で求められている「生長を支え合う教師集団」の土台作りを目指したものでもある。

おわりに

　学校現場に活性の渦を巻き起こすミドルリーダー（ダイナモ教員）には，地域や学校の状況・問題・課題等を的確に把握し，その解決や改善，新たな方法の創出等が的確に実行できる「研究力」が求められる。そのためにも教職大学院では「理論」と「実践」とを融合・往還させ，「学問知」と「経験知」を交流させた「研究力」を高める教育課程編成や指導方法の工夫が一層必要となろう。

【註及び引用文献】

1） マネジメント研修カリキュラム等開発会議『学校組織マネジメント研修〜すべての教職員のために〜（モデル・カリキュラム）』，https://www.mext.go.jp/a_menu/shotou/kenshu/05031101/001.pdf（令和3年5月28日閲覧），平成17年2月，p.0-1-18.
2） マネジメント研修カリキュラム等開発会議，同上書，p.0-1-18.
3） マネジメント研修カリキュラム等開発会議，同上書，p.0-1-17.
4） 本答申では（注2）に「スクールリーダー（中核的中堅教員）」と明示し，「例えば校長・教頭等の管理職など特定の職位を指すものではなく（中略）社会的背景の中で，将来管理職となる者も含め，学校単位や地域単位の教員組織・集団の中で，中核的・指導的な役割を果たすことが期待される教員」であると説明している。（中央教育審議会「2.『教職大学院』制度の創設－教職課程改善のモデルとしての教員養成教育－」（『今後の教員養成・免許制度の在り方について（答申）』所収）），https://www.mext.go.jp/b_menu/shingi/chukyo/chukyo0/toushin/attach/1337007.htm（令和3年5月2日閲覧）

ミドルリーダー期に求められる専門的力量とその育成課題

名古屋市立大学　原田　信之

1．学校教育におけるミドルリーダーの位置

　本課題研究のテーマに対しては，「ミドルリーダーに求められる教師力とは何か」という見解を示すことでその専門的力量の実像を明らかにし，育成課題に迫ることとする。このスタンスから，ミドルリーダー期といわれる成人年齢や経験年数・勤務年数（年）と専門的力量（力）との論説上の相対的関係性を問い直し，求められる専門的力量の具体像に迫りつつ，その育成課題を明確にすることを試みた。

　ミドルリーダーがどのような資質・能力を備えた人材なのかについての統一された定義は見当たらないが，第一に，中央教育審議会「新しい時代の教育に向けた持続可能な学校指導・運営体制の構築のための学校における働き方改革に関する総合的な方策について（答申）」（2019 年 1 月 25 日）では，「経験豊富で専門性の高いミドルリーダーとしての主幹教諭の役割」が指摘されるなど，主幹教諭，指導教諭，教務主任，研究主任，学年主任等，職責をもってミドルリーダーの位置を示す立場がある。第二に，「従来の『主任・主事論』では説明しきれない内容を含むからこそ，『ミドルリーダー論』が論じられるようになってきた」（阿部他）とする問題意識から，職位を直接的に指す狭い概念として用いるよりも，「現場のリーダー，もしくは頼りになる先輩」（佐久間）としての有経験者論からその位置を示す立場がある。第三に，職位・職責を越えてある役割を担う教師として，ライン（補佐）機能やスタッフ機能としてその役割を機能的にとらえる立場がある（小

島・熊谷・末吉，畑中）。

2．教員育成指標

　ミドルリーダーをどのような人材として捉えるかは多様である一方，都道府県・政令都市で作成されてきた教員育成指標（人材育成指標）では，教員のキャリアをステージに分けて明示する動きがみられる。この教員育成指標は，教育公務員特例法の一部改正後，2017年から作成されてきたものであるが，それ以前から取り組んでいた地域も存在した。

　以下に教員育成指標のキャリアステージに関し，2つの県を例示する。X県の例の方が一般的であるが，Y県のように目安となる経験年数や年齢等を含めた「年（経験年数）」と「力（求められる資質）」との密着型でステージを設定する都道府県・政令市も存在する。

【X県の例】2021年版

ステージ／資質・能力	X県が求める採用時の姿	第1ステージ	第2ステージ	第3ステージ
		教員としての基盤を固める	中堅教員・ミドルリーダーとして教育活動を牽引する	経験を生かして指導・助言し，組織的な運営をする

【Y県の例】2017年版

ステージ／求められる資質	養成期	Ⅰ・初任期	Ⅱ・発展期	Ⅲ・充実期	Ⅳ・円熟期
	採用前	1〜5年経験相当	6〜10年経験相当	11〜20年経験相当	21年経験相当〜

3．経験年数と熟達度

　ビッグデータを活用し，メタ・メタ分析の手法により，表面的な学びと深い学びを比較する視点から教育効果を可視化したJ.ハッティの研究成果によると，教師の経験年数と熟達度は必ずしも一致しないことが指摘されている。すなわち，表面的な理解のレベルでは，経験年数と熟達度との関係において学級間の差は見られなかったが，経験年数が多い教師と熟達度の高い教師が担当する学級を比較すると，前者が29パーセントであるのに対し，後者は74パーセントの割合で深いレベルの学習理解に達していると評価されたという（ハッティ：38-41頁）。

このことからすると，例えば，初任期，ミドルリーダー（中堅教員）期，スクールリーダー期というように，教員のキャリア形成をステレオタイプ的に一律段階化し，資質・能力ならびに育成指標を示すことの問題性に結びつくものと考えられる。このことは，2021年1月に開催されたJASE課題研究（オンライン）において，安藤知子氏（JASE会長）が指摘した教職の「プロレタリア化」という問題につなげてさらに考察すべき課題であると思われる。

4.「プロレタリア化」（マイケル・アップル）という副次作用

「パブリック・サーバント」は「公僕」のことであり，国民のために尽くす公の奉仕者（公務員）を意味し，悪い意味で用いられることは通常なく，体たらくに陥った公務員に自戒を求める場合に用いられることが多い。サーバント・リーダーなら奉仕型リーダーや支援型リーダーを意味するが，カリキュラムのサーバントというと，カリキュラムに支配された下僕を意味しかねない。マイケル・アップルは，これと類似する意味で，カリキュラムの「プロレタリア化」の問題を指摘した。

アップルは，分割された知識をシステマティックに習得させていくカリキュラムの形式が，商品化・産業化のレトリックと一致し，「標準化された，前もってパッケージ化されたカリキュラムの普及の中で，…脱技能化，プロレタリア化される」（赤尾1987：72頁）というのである。パッケージ化されたカリキュラムを利用すると，教育効率は高まるかもしれないが，「教師は自ら学校や地域，目の前にいる子どもの諸条件に合わせてカリキュラムをデザイン・実践するという力を失うことで『脱技能化』され」るが，「それは教師という労働の自律性が失われるという意味で，その『プロレタリア化』に至る」（澤田2009：62頁）というレトリックを展開したことで知られる。

教員育成指標を鳥瞰すると，ステージごとにどのような資質・能力を身につければよいかの標準が示されており，この指標が「学びの地図」の役割を果たすことが期待されている。育成側も育成される側も目途が明確になり，研修側の育成目標および教員側の学習目標，あるいは，相対的に求められる

資質・能力の水準と自己の資質・能力とのズレや一致度を（自己）評価するための参照基準にもなりうるものである。教員の養成・採用・研修（教員歴研修・管理職研修等）のシームレスな設計にも有用とされる。

　その一方で，プロレタリア化は，目の前の学校状況や子どもの問題に苦心して取り組むことで身につけていく経験的確信やコツ，ビリーフ等，実践を奥底で支える力の脱力化という副次作用をもたらすかもしれない。このことは子ども（学習者）よりも育成指標に目を向けさせるトレンドをつくることになるかもしれない，ということである。この弊害は，理論（大学や各種研修機会）と実践（学校現場，研究授業や相互授業観察等）の往還を真に実現することでしか解決しないとも言えるが，プロレタリア化の無自覚な習得という，ヒドゥンカリキュラム論でも指摘されるところの副次作用には注意を向けるべきだろう。

【引用・参考文献】

赤尾勝己（1987）「教育による社会的統制のメカニズム（I）―『カリキュラムの社会学』を手がかりに―」『慶應義塾大学大学院社会学研究科紀要』第27号，67-75頁

阿部二郎他（1997）「教員の研修に関する一考察（第3報）―ミドルリーダーが校内研修に果たす役割―」『教育情報科学』第25号，65-74頁

小島弘道他（2012）『学校づくりとスクールミドル』学文社

佐久間茂和編集（2007）『ミドルリーダーを育てる―71人が語る現場のリーダー・頼れる先輩』教育開発研究所

澤田稔（2009）「アメリカ合衆国における批判的教育研究の諸相（2）：マイケル・アップルの教育論に関する予備的考察（上）」『名古屋女子大学紀要』第55号（人文・社会編），59-72頁

畑中大路（2013）「学校経営におけるミドル論の変遷―『期待される役割』に着目して―」『九州地区国立大学教育系・文系研究論文集』第1巻第1号，1-15頁

ジョン・ハッティ（原田信之訳者代表）（2017）『学習に何が最も効果的か』あいり出版

学校の危機を踏まえた教育活動の展開
―第35回研究大会 シンポジウム報告―
【実施日時：2021年8月7日（土）13：00〜14：40】

報告：本研究大会実行委員長　**鈴木久米男**（岩手大学）

　本シンポジウムは，新型コロナウイルス感染症の蔓延状況を踏まえ，オンラインで実施された。開催校を岩手大学として，各シンポジストとコーディネーター，さらに大会参加会員をネット回線で接続し，Zoomを用いて実施した。

　以下に本シンポジウムの概要を報告する。

1　テーマ設定の背景

　本シンポジウムは，テーマ「学校の危機を踏まえた教育活動の展開」と題して実施した。テーマ設定の背景として，学校における健全な教育活動を阻む危機としての災害や事件・事故等が多発している状況がある。本シンポジウムでは，そのような自然災害や感染症等に対して，教育活動を継続させるためにどのように対応すべきかを模索した。学校における教育活動を阻害する災害や事故として，地震・津波及び洪水等の自然災害や感染症，原子力発電所事故等多様なものがある。具体的には，2011年3月の東北太平洋沖地震による大規模津波や福島第一原子力発電所の事故がある。その後の全国各地での大雨による浸水被害，さらに現在も猛威をふるっている新型コロナウイルス感染症等である。そのような学校の危機といえる状況においても，学校関係者には，教育活動の継続あるいは迅速な再開のための取り組みが求められる。

　本シンポジウムでは，岩手県における津波被害と対応の実態や福島県における福島第一原子力発電所事故での学校移転と復帰のプロセス，さらに岩手

県や盛岡市における新型コロナウイルス感染症への対応に関する知見の共有を目指した。加えて，そのような学校危機への対応における OODA ループ活用の在り方を提示いただいた。

　本シンポジウムをとおして，学校の危機管理の現状と課題とともに，適切な対応の在り方を模索する機会とした。

　本シンポジウムのシンポジスト及びコーディネーターは，次のとおりである。

○シンポジスト

　森本晋也氏（文部科学省）：国の動向・岩手県の災害対応

　阿部洋己氏（福島県立本宮高等学校）：原子力発電所事故への対応

　佐藤　淳氏（盛岡市立生出小学校）：新型コロナウイルス感染症への対応

　大野裕己氏（滋賀大学）：非常時の教育活動の在り方

○コーディネーター

　佐々木幸寿会員（東京学芸大学）

2　シンポジウムの概要

　はじめに，司会である鈴木久米男大会実行委員長よりあいさつがあり，その後４名のシンポジスト及びコーディネーターより自己紹介があった。次に，コーディネーターである佐々木会員より，シンポジウムの趣旨説明があった。その後，４名のシンポジストから学校の危機に関する基調報告等があった。具体的な内容は，学校危機への対応及び課題や危機時における教育活動継続のための視点，さらに危機を踏まえた教育活動の展開の３点であった。

　以下に，シンポジウムの概要を報告する。

⑴ 学校危機への対応及び課題について

　自然災害や事故等の学校危機への対応及び課題について，各シンポジストから発言があった。

　【森本氏】からは，東北太平洋沖地震における岩手の地震・津波による災害の実際と学校の対応，それを踏まえた復興教育の取り組みの報告があった。

2011年3月11日14時46分の東北地方太平洋沖地震（東日本大震災津波）発生により，人間の想像をはるかに超える自然の力により，甚大な被害を被った。岩手県内の被害状況として，児童生徒は死亡90名，行方不明14名，教職員は死亡7名，行方不明4名であった。一方，釜石東中学校のように副校長の適切な判断により，ギリギリのタイミングで被災を免れた事例もあった。岩手県沿岸部のO町の発災後の対応として，被災した7つの学校のうち，5つが使えない状況にあったが，学習の場を別の場所で確保したり教育課程を工夫したりして，学習の権利の保障に取り組んだ。O町教育委員会は，学校再開日の目標を4月27日とした。このことについて校長先生方からは，無理ではないかとの意見もあった。しかし多くの関係者の支援を受け，被災した各学校の教育活動を再開することができた。また県教育委員会では，被害の多寡によらず，県内すべての子ども一人一人が震災津波と向き合い，自分自身を見つめ，他者や社会との関わりを考えることが大切であるとして，県内の全ての学校を対象に「いわての復興教育プログラム」が開始された。併せて，県教育委員会は，学校管理の視点から，学校防災・災害対応指針や危機管理マニュアルを策定した。

【阿部氏】からは，福島県における福島第一原子力発電所事故による学校避難及び学校再開の取り組みの報告があった。報告の第一は，避難区域内の学校及び児童生徒状況である。2011年3月の東日本大震災による福島第一原子力発電所事故により避難を余儀なくされた双葉郡8町村の学校の状況として，現時点で復帰した学校と双葉町や大熊町のように戻れない学校もある。さらに，双葉郡内の小・中学校の児童生徒数の推移として，平成31年度時点で，広野町が復帰の傾向がみられるものの，浪江町では平成22年度末が1,800人弱であったのが平成31年度末の時点で18人，富岡町は1,500人が45人となっている。児童生徒の復帰が進まないのは，避難後に入学した学校に馴染んできたことや学校そのものの復帰が実現できていないこと等がある。第二は，放射線教育の実践状況である。原子力発電所事故後，放射線教育の実践上の課題として，何をどう教えたらよいのかや，何の教科で，さらに指導時間等があげられた。加えて教員や指導主事から，放射線教育に対して研

修の機会がないと自信をもって子どもや教員に指導ができないとの要望があった。そのために福島県教育委員会として実態把握や指導資料の作成，及び指導者養成研修会等を実施した。

【佐藤氏】からは，岩手県及び盛岡市における新型コロナウイルス感染症への対応及び課題に関する報告があった。盛岡市内の各小学校は令和2年3月の一斉休校から始まり，令和2年度は初めて経験する様々な事態に手探りの対応が続き，多くの行事，研修会が中止となった。これらの経験を踏まえ令和3年度はコロナ対策を前提に，どのように教育活動を行うかが主となり，これまでの慣例によらない新たな視点から教育活動の創造が求められた。そのような中，各学校は文部科学省による「学校生活における新型コロナウイルス感染症に関する衛生管理マニュアル〜『学校の新しい生活様式』〜」に沿った対応により，学校行事の見直しに取り組んだ。具体的には運動会での種目の削減や精選，三密や不特定多数の人々との接触の回避による保護者参観の実施形態の見直し等の対応をしてきた。さらにその他の行事に関しては，修学旅行の目的地を県内に変更したりPTA総会を書面決議による代替としたりした学校も，盛岡市内の小学校43校中31校に及んだ。また，生徒指導に関しては，子どもの在家庭時間の増大によるゲーム時間やストレスの増加がみられ，学校も様々な対応が求められた。

さらに不登校出現率の増加もみられた。これらの状況への対応として①的確な対応のために，根拠をもった判断をすること，②前例にとらわれない新たな発想による教育活動の創造，③学校関係者の理解を得るための計画的，段階的な手続き等が必要である。

【大野氏】からは，学校危機の課題及び危機対応の現状についての報告があった。学校危機・危機対応の現状と課題の第一は，学校危機・危機対応の内実の変化である。90年代以降の自然災害や事件事故による学校危機事象のインパクトにより，学校の危機対応の含意・内容の再構成が進んだ。第二にBeforeコロナ段階での学校の危機対応における取り組みの質のばらつきである。文部科学省「学校安全の推進に関する計画に係る取組状況調査（平成30年度実績)」を見る限り，安全計画策定等に全体的な底上げがみられる

一方，設置者間・地域間差や新たな危機事象対応の弱さ等の課題も確認された。第三は，新型コロナウイルス感染症蔓延が学校教育に与えたインパクトの大きさである。学校は否応なく子どもの生命・健康保障として，ステイホームや社会的距離確保への対応が求められた。

　以上のなかで，特に With コロナ期に着目した学校の危機対応の本質的課題として，コロナショック等で短時日での課題が発生する状況で学習機会の保障（オンライン授業等）と教員の業務改善の両立が求められている。このような状況において，PDCA 経営過程論やマトリクス校務分掌組織といった既存の学校組織経営の考え方に機動性・協働性の課題が顕在化していると認識している。

　各シンポジストの発言に対して，佐々木委員により趣旨の再確認があった。

⑵　学校の危機時における教育活動継続のための視点

　続いて学校の危機時における教育活動継続のための視点について，各シンポジストから発言があった。

　【大野氏】からは，危機対応における OODA ループ活用の可能性の提案があった。具体的には，With コロナ期の危機対応・学校経営において VUCA レベルの増大により，PDCA マネジメントサイクルによる対応の限界が顕在化してきた。そのような中で，OODA ループを重視した危機対応・学校経営の枠組みが注目される。OODA ループにより短時日課題への対応として第一線チームの課題解決の高速化を図るとともに，学校経営における PDCA サイクルへの還流を図ることができる。この発表に対して，【佐藤氏】より，OODA ループの活用状況として，危機管理のみの対応なのか，それとも学校経営全体なのかとの質問があった。【大野氏】からは，OODA ループは危機管理における活用場面が主となるが，様々な場面で必要に応じて活用できる。OODA ループの活用により，学校の教育活動がビルド・ビルドになっているという現状の打破と教職員が自律的に判断できるようにしていくことが重要である，との回答があった。

　【佐藤氏】からは，学校の危機時における教育活動継続のための取り組み

として，盛岡市校長会による新型コロナウイルス感染症対策における情報共有に関する実践報告があった。具体的には，盛岡市教育委員会が設置したネット上のファイルに，各校の行事の実施状況や感染症対策等を書き込み情報の共有を図ったことである。さらに定例の市校長会により休校措置等の各校の事例について学んだ。加えて新型コロナウイルス感染症に関わる教職員の勤務形態の様々なケースの対応について，市校長会と市教育委員会が協議し対応マニュアルを作成した。また岩手県小学校長会として，例年県内全校長を対象に実施している悉皆調査に新型コロナウイルス感染症対策に関わる調査項目を追加し，実態をまとめた上で県教育委員会に要望書として提出した。これらの実践から，新たな危機に対して，校長会の機能・役割の重要性を再認識するとともに，行政機関との連携においてより望ましい対応の在り方を模索することの必要性を再認識した。【阿部氏】から質問として，市のイントラネットで役だった情報と職員の休暇対応としての県費負担と市負担職員の勤務上の扱いの違いについての2点があった。【佐藤氏】からは，第一として新型コロナウイルス感染症に職員本人が感染した場合の扱いであり，県費負担職員は病気休暇，市負担職員は特別休暇となる。さらに，PCR検査を実施し，陰性であった場合のその後の自宅での静養についても，県と市では異なっている。第二として，新型コロナウイルス感染症に関する出席停止等の判断について，微妙な状況によって対応が異なる場合があった。その際，各校の情報を共有することにより，対応の混乱を避けた，等の回答があった。

　【阿部氏】から，東日本大震災による福島第一原子力発電所事故後の，富岡町立小・中学校の避難状況及び学校再開の取り組みについて報告があった。富岡第一中学校は，原子力発電所事故による緊急事態宣言を受け，住民や教職員等関係者すべてが避難した。該当児童生徒は，避難した市町村の小学校や中学校に編入学し，学習活動を継続した。富岡町教育委員会は平成23年9月に，田村郡三春町にある曙ブレーキ株式会社の工場旧管理棟を改修して，富岡町立幼稚園・第一小学校・第二小学校・第一中学校・第二中学校を開設して，富岡町としての教育活動を再開した。平成28年4月には第一中学校と第二中学校の教職員が富岡町教育委員会の命課により，一体として教育活

動にあたることになった。さらに平成30年4月には，富岡町の第一中学校校舎の改修工事が完了し，その校舎を用いて小・中学校が教育活動を再開した。その一方，これまでの全小・中学校の三春校も存続した。

平成25年7月31日には，双葉郡の教育長を中心にまとめられた「福島県双葉郡教育復興ビジョン」が公表された。このビジョンに基づいて，ふたば未来学園中学校・高等学校が広野町で開校した。現在同校では，特色ある活動が実践されている。【森本氏】より質問として，富岡町立学校の三春校と富岡校の2校での実践による成果と課題，そしてふたば未来学園中学校・高等学校のふるさと創造学の成果の2点があった。【阿部氏】から，富岡町立学校の三春校と富岡校の2校の遠隔授業に関する課題としては，初期の段階での連絡調整の困難さがあった。成果としては双方の教員の役割分担が進んだことやそれぞれの教員の得意分野を生かすことができた。二つ目のふるさと創造学については，隠岐の島前高等学校の取り組みや文部科学省の田村先生の指導を受けて実践した。成果として多少抵抗があったが，学習を進める中で先生方も学習の意義ややりがいを感じるようになった。課題として授業開始時に，先生方に意義を理解いただくのに時間をかける必要があることである，等の回答があった。

【森本氏】から，学校の安全に関わる文部科学省としての方針等の報告があった。東日本大震災を含め最近の災害発生の状況を踏まえ，防災教育・防災管理等の見直しが進められている。各学校で作成されている防災マニュアルの質向上が課題である。文部科学省より令和元年12月5日付け依頼文書として「学校防災体制の強化及び実践的な防災教育の推進について」が発出された。さらに，学校においては大川小学校事故訴訟の結果に基づいて学校安全計画や危機管理マニュアル，学校と家庭や地域等との連携・協働体制の見直しが求められている。同様に「学校の危機管理マニュアルの手引」の全体構成の再確認とともに，「学校の『危機管理マニュアル』等の評価・見直しガイドライン」（令和3年6月）のチェックリスト編や解説編，サンプル編等の各学校での活用が期待されている。さらに文部科学省は，「学校安全推進のための教職員向け研修・実践事例集」（令和3年6月）を示した。基

礎的な研修・訓練として，危機管理マニュアル等に定める事項等の理解促進や事故・災害時に使用する教材・設備の使い方の習得などを目指す。さらにステップアップとして，実践的な研修・訓練によって状況判断・意思決定に関する態度の向上や実行力・実践力の向上を図るとした。【大野氏】からの質問は，危機管理における臨機応変を踏まえた取り組みの知見をどのように学校経営に生かしうるかに関してであった。【森本氏】から，学校現場と文部科学省の両者を経験してきた。文部科学省において現在所属している部局では，学校安全が中心になりがちである。しかし，学校経営の視点の重要性も話題になっている。今後，学校経営と学校安全を関連させて展開していく必要があり，組織として取り組むことにより学校経営に反映できる。加えて，ノンテクニカルスキルの重要性も研修等において確認していきたい，との回答があった。

　全体の質疑として，コーディネーターである【佐々木会員】から【佐藤氏】に対して，危機管理の在り方として根拠をもった判断や先例にとらわれないこと等のまとめを提示いただいた。このような考えに至った体験は何か，との質問があった。【佐藤氏】から，これまでの学校経営における様々な反省や，これまで身をもって経験したことであり，今回のコロナ禍における，学校行事中止の判断の根拠として説明が求められる場面もあった，との回答があった。

　さらに【佐々木会員】から【阿部氏】に対して，福島第一原子力発電所事故以降に福島県で放射線教育を実践することの難しさがあったのではないか，放射線教育を実践する際の視点，配慮事項は何か，との質問があった。【阿部氏】からは，震災後なぜ放射線教育をするのか，との疑問の声もあった。原子力発電所事故前の放射線教育は，原子力発電を推進する立場からの教育であった。事故後は，放射線教育の目的を，放射線を科学的な視点を踏まえて理解することとした。放射線教育の開始直後には資料の扱いに混乱がみられたことがあった，との回答があった。

⑶　学校の危機を踏まえた教育活動の展開

　最後に各シンポジストから，学校の危機を踏まえた教育活動の展開について，まとめの提案があった。

　【大野氏】からは，新たな危機対応・学校経営の立論に向けた課題が示された。一つ目は新たな実践の環境条件における課題として，危機対応の政策的推進との関わりにおいて，教育行政機関と学校，さらに学校内の管理職と教職員の関係性の在り方を責任と権限の関わりから整理しておく必要がある。このことをとおして，チーム学校や業務改善を実現していく。二つ目は学校教育研究における課題である。新たな考え方・技法の生成に向けて，学校経営と危機管理の研究領域間の相互作用にも留意しつつ，理論研究・少数事例等による仮説提案的な段階から仮説検証段階へ進展していく研究の蓄積が望まれる。

　【佐藤氏】からは，新型コロナウイルス感染対策から見えてきた学校運営の在り方が示された。一つは学校のあるべき姿として，これまで過剰だった教育活動の見直しが進んだことである。このことは働き方改革や学力向上に結びつけることができた。二つ目はポストコロナを見据えた新たな学校教育の創造である。具体的には①学校が取り組むべき課題の精選，②新学習指導要領に基づく教育活動の充実，③教職員が余裕とやりがいをもって職務にあたることができる教育活動の見直しである。これまでの新型コロナウイルス感染症対策に関わる危機管理を，これからの学校教育の充実・発展のステップにしていきたい。

　【阿部氏】先ほどのふるさと創造学の成果に関する質問の回答として，ふたば未来学園中学校・高等学校の卒業生に伝承館を就職先に選んだ生徒がいたことを付け加えておきたいとした。さらに，課題解決に向けた今後の放射線教育の展望が示された。今後の事故発生を想定して放射線教育で児童生徒に理解させたいこととして，自然放射線の存在や放射線の利活用，放射線被曝の危険性，原発事故等から身を守る方法である。さらに防災教育的な視点での放射線教育の展望として，原子力災害等への備えにおける知識理解の促進や避難訓練の活用を進めていく。さらに豊かな心を育むために道徳教育や

人権教育の徹底とともに，コミュニケーション力の育成を図っていきたい。

【森本氏】からは，本シンポジウムのまとめとして次の4点が示された。一つ目は危機管理として，事前の危機管理が重要であることを再認識した。二つ目として，事前の準備をする際教職員の弱い面として危機の状況をイメージすることがある。経験バイアスを認識しつつ，事前の備えの重要性を再認識する必要がある。三つ目として，危機管理は，普段の学校生活から習慣化しておくことが大切である。日常に役立つことが非日常に対して効果があるというフェーズフリーの考え方を鳴門市教育委員会が提唱している。最後に，子ども自身がどのような生き方をしていきたいのかを考えさせるような教育を進めるべきである。

シンポジウムの終了にあたり【佐々木会員】からまとめがあった。本シンポジウムは，東日本大震災や原子力発電所事故さらに新型コロナウイルス感染症対応等，様々な立場からの貴重な意見交換の場であった。国と学校と研究者それぞれの立場から意見をいただいた。その中で教育活動を継続するための危機管理について様々な学びがあった。

最後に当学会の【安藤会長】より，危機管理について有益な情報を聞かせていただいた。改めて森本氏，阿部氏，佐藤氏，大野氏に御礼を申し上げる。本シンポジウムが危機管理を学んでいくためのきっかけとなった，との御礼のことばがあった。

以上がシンポジウムの概要である。

本シンポジウムの実施にあたり，シンポジストとして森本氏，阿部氏，佐藤氏，大野氏の4氏とともに，コーディネーターとして佐々木会員にも多大なるご尽力をいただきました。5名の皆さまに心より感謝申し上げます。

研究者として生きる勇気

白鷗大学　**黒羽　正見**

はじめに

　今ここに，教え子の一人の女性教師から，筆者に打ち明けられた苦悩に満ちた次のような挿話がある。すなわち，「先生，私は教師をやってきて今ほど悔しい思いをしている日々はありません。一人の有名な研究者が言えば，それが学校や教師のブラック問題のすべてであるかのようにマスコミは興味本位に掻き立て，今までの学校や私たち教師の努力は根こそぎ否定されてしまうんです。でも，子どもの前に立ったら，超過勤務や給料の低さなんか，全く考えていません。『ただ，その子を何とかしたい』という一念で，子どもたちにかかわっているんです」と。今日までの学校現場は，上述の女性教師のような熱心な全国の教師たちによって支えられてきたのである。しかし，この女性教師の挿話から，研究者の言葉の重み，そして研究スタンスのあり方を考えさせられるのは，筆者だけであろうか。

　さて，今回の研究余滴の依頼文の趣旨を受け，筆者自身の研究者生活の体験から自戒も込めて，研究のあり方などを思いつくままに書かせていただくことにする。

1　現場教師から研究者へ―研究者としての思い―

　筆者は，17年間の小中学校教員の後，兵庫教育大学大学院連合学校教育学研究科の一期生として研究者への道を歩み始めた。そして，教育実践研究の要として，研究者として生きる「勇気」を大切に今日まで活動してきた。この勇気とは，現場教師の人格（内面世界）とその自己活動性を何よりも尊重し強めることのできる「勇気づけ（Ermutigung）」を意味する。研究者が現場教師を信頼して見守る場合であれ，何かを働きかける場合であれ，学校現場にかかわる研究者は，この「勇気づけ」を第一に考えるべきである。そのためには，何よりも研究者自身が勇気ある生き方をする必要がある。そう

でなければ，いかなる研究的かつ，教育的態度も生きた力を持ち得ず，現場教師の心に響き，耕す力にはなり得ないからである。

2　研究の姿勢—学校現場に軸足をおく—

　筆者は，今日まで研究者としての独自性を大切にしてきた。つまり，学校現場経験者であるがゆえにできる，実証的資料を土台にしたリアリティのある研究である。それは論文作成過程における自身の断定や結論に躊躇いを感じる研究者であり続けることである。また1回や2回の調査で何の不安も感じず割り切った結論を出さず，常に謙虚な気持ちを持ち続けることである。つまり，厳密な客観性を追求する姿勢と方法を確立しようとする心，そして教育や子どもの真実の偉大さの前に畏怖を感じるような心の二層を踏まえた研究である。

3　研究の幅—学校現場を対象とした事例調査研究—

　筆者の研究領域とその方法は，一貫して個別学校を対象とした事例調査研究である。つまり，ある特定の学校集団や教師の教育事象を個別事例的に取り上げ，あらゆる角度から観察・分析を通して，その個別的特性を浮き彫りにするとともに，関係する要素や要因を全体関連的に捉えようとする研究手法である。そして，とりわけ，事例調査研究の技法の一つである「参与観察法（participant observation）」を常に採用している。なぜならば，それぞれ固有な生活史（life history）という背景を持ち，価値観・欲求・興味・関心などの諸点においてパーソナリティの異なる個々の人間のありようを精細に観察し，学校内部構成員（教職員・児童生徒）の視点に立って理解し，記述・説明したいからである。これは，常に正論を求める冷たい客観的観察者の立場をとらないためである。また筆者自身が研究しようとする「現象の中に生きる」ことを通して，学校現場に寄り添った温かで冷静な知見を導きたいからでもある。そのためにも，出来事が起きている正にその現場に長期間にわたり身を浸し，生活に直接参加して，そこで活動している先生方や子どもたちの息遣いを感じながら得た自らの体験の分析・記述に基礎をおく参与観察法に拘り続けてきた。

おわりに

　今日のコロナ禍が続くなかで，教師はかつてみられなかったほどの厳しい試練に晒されている。そして，そのような厳しい状況のなかで研究者の言説に翻弄されている教師たちがいるのも紛れもない事実である。そこで，筆者も含め研究者は，まず今自身に付与された「社会的権威」を客観的に眺める必要があろう。そうすることで，地に足のついた確かな分析によって学校現場と教育のリアリティに接近でき，その結果，上述の女性教師のように，厳しい状況のなかで独り悩み，葛藤を覚えつつ，不満を抱く現場教師の「内なる声（emic voice）」に冷静に耳が傾けられるようになれると思われる。

研究の副次的なしずく

信州大学 青木 一

1. プレイヤーからマネージャー，そしてプレイヤーに戻れて終わる幸せ（well-being）

千葉市の小中学校教員として勤め，在外教育施設ポーランド国日本大使館附属ワルシャワ日本人学校に3年間勤務し，その後，師匠（多田孝志会員）に出会い，本学会と縁が繋がりました。

その後，教育委員会指導主事を経て校長となり，学校組織マネジメントに尽力しましたが，担任や授業の「蜜」を忘れることができませんでした。縁があって，本学（信州大学）に就くことになりましたが，学部や院の授業，ゼミ生たちとの関わりに，今一度，担任に近い形でのプレイヤーに戻れた幸せ（well-being）を噛みしめているところです。学生たちとの関わりの中で，研究指導の他，キャンパスライフ，就職，結婚等人生の大きな分岐点に立つ彼ら彼女らの主観（心）を，指導教員である私の主観（心）において支えることは，間主観的に教職の深さを改めて感じるものです。心の「機微」をもって人の成長・変容に関与する仕事など，滅多にありません。教職は，苦労・心労はたくさんありますが，報われる喜びも大きいものです。

2. 研究テーマの変遷

教育に尽力する一方，実践にこだわった私の研究を支えてくれたのは本学会でした。子どもの日常生活と教員の専門性・人間性との接点において，日々変化する状況の中，繰り返しの効かない1回きりのドラマを積み上げていくという状況の下，そこで生起する問題に着目し，実践を通して問題解決に取り組みました。しかし，解決に至らない場合や，一般化・理論化できないことも多々ありました。大切なことは，そこに至るまで，どのような観点でどのような方法を選び，どのようなことを成したのかを，子どもの様子・教員の様子を含め，そのプロセスをきちんと表現し，考察し，教育という大

きな文脈の中に，どのように位置づくのかを示すことだと気づきました。

振り返れば，細分化された世界における研究の継続ではなく，立ち位置によって少しずつ研究の興味・関心が移動しています。研究のキックオフ時代の国際理解教育，志同じうする仲間たちと多文化共生研究について熱く語ったものです。やがて若手教員対象の授業力向上へのあり方・進め方研究に進み，地域とともにあるコミュニティ・スクール研究（科研費Ｃ課題17K04615），ベテランのUn-Learn研究（科研基盤Ｃ課題21K02237）と広がります。

3．本学会との関わり

本学会は研究と実践が融合することに重きを置き，現職の教員あるいは教員経験を有する研究者が多いという特徴があります。研究大会や各委員会研究会などでは，魅力ある研究発表が多数見られるとともに，実践を熱く語れる研究者も多く，実に居心地のいい学会であると感じています。

私自身，これまでの本学会との関わりを紐解いてみると，2010年第25回大会（東京学芸大学）の自由発表を皮切りに，常葉大学，武蔵大学，鳴門教育大学，仙台大学と毎年拙い研究成果を発表し続けました。一度，発表なしで参加した時，大会が何か味気なく，毎回楽しみにしていた懇親会が表層的なものに感じてしまいました。はやり内容はともかく学会を自分事にするため，傍観者ではいけないのだと認識しました。

2017年に行った宮古島のスタディツアーも思い出に残っています。シンポジウムでは島の地下水を守っている高校生の取組について論議を交わし，夜は，今では考えられない「クース（古酒）の回し飲み」で地元住民と学会員の夜な夜なの交流，和井田清司会員とともにダウンしました。

元会長の佐々木幸寿会員とともに足を運んだ岩手県一関の学力向上への学会関与も興味深い取組でした。学会が社会貢献に寄与する好事例だと思います。

ここ数年，コロナ禍において学会活動が制限されていますが，大会運営スタッフの苦渋の判断，ご苦労・心労をお察し申しあげます。いつの日か，会員の息遣いが直接届く大会が運営できることを祈るばかりです。

進路指導・キャリア教育研究との出会い

早稲田大学　三村　隆男

キャリアのスタートは高校教員：私のキャリアは新設の県立高校の教員としてスタートした。初任時，生徒をよりよい大学に入れることが高校教員の使命と考えていた。赴任校では進学希望者に補習を繰り返した。その甲斐あって，補習の受講者から国立大学の工学部に合格者を出した。しかし，その後この卒業者が退学したことを知った。連絡をとり理由を尋ねると，本人は書籍の編集者になるのが夢で，たまたま理系科目と英語が出来たため合格可能性の高い国立大学工学部を受けるように勧められたとのことである。三村からは英語は学んだが，何になりたいか聞かれたことはなかったと言われた。「主体的な進路選択力の育成」が教師キャリアの課題となった。

　二校目は普商併設校で，商業科の担任を引き受けた。9割以上が就職希望者で，就職指導を初めて経験した。家計を支えるため就職する生徒と夜遅くまで求人票を眺める日が続いた。「勤労観，職業観の育成」が喫緊の課題となった。翌年，進路指導主事と組んで全校の就職指導を担当することになった。就職試験が始まる直前の9月のある日，進路指導主事が交通事故で急逝した。急遽，進路指導主事を拝命し，全校160人近くの就職者の進路指導という責任がのしかかった。進路指導が教師としてのキャリアのテーマになった。この時，実践の限界を感じ，日本進路指導学会（現日本キャリア教育学会）に入会した。二校目の最後の年は，週に2日間大学での進路指導の学びを深める機会を得た。その時にまとめた論文が，後の早稲田教育叢書32『書くことによる生き方の教育の創造—北方教育の進路指導，キャリア教育からの考察—』（学文社）となる。貧しい子供たちに寄り添った東北の生活綴方教師たちの教育運動がしだいに職業指導に収斂されるプロセスを研究する中で，進路指導が教育活動の中で特別な位置づけになるのを感じた。三校目は進学校への赴任であった。当時，私立高校の台頭で，かつての公立進学校は

凋落の一途をたどった。凋落を食い止めようと進学実績をあげることのみに注力する他校を尻目に，英語科の同僚と，普通科に加え外国語科の誘致を企てた。国際化の中で異文化を通した学びが，進路探索における自己理解を促進するとの信念があったからである。誘致には成功した。同時に二学期制を県内で初めて取り入れた。かつての進学校は復活した。

夜間大学院（修士課程）への進学：この間に，開設1年目の夜間大学院で学ぶ機会を得た。当時は，「大学院進学＝退職」であったが，管理職が大学院進学を黙認してくれた。夜の学修を昼間の現場で実践するOJTに近い実践的な学びを2年間重ねた。修士論文が評価され学生研究奨励賞をいただいた。その時の進学校の進路指導実践をまとめたものが，県内の小中高すべてを対象とした教育に関する研究論文の一般教育研究部門で最優秀賞（財団法人埼玉県教育公務員弘済会）を受賞した。研究の成果と喜びを感じた。

キャリア教育の実践・研究を続けて：2000年に，進路指導講座を開設することになった上越教育大学に赴任した。在職中の8年間，上越地域のキャリア教育の普及発展に取り組み収めた成果を，2022年にSpringer社が発行した *Diversifying Schools* に国際的に優れたキャリア教育実践として19ページにわたって紹介した。研究者として理論と実践の往還を実現した。

1999年に導入されたキャリア教育は，学校教育に徐々に浸透しつつあった。これまでの進路指導の実践・研究はそのままキャリア教育研究につながった。2008年に早稲田大学教職大学院に移り，教師のキャリア形成に本格的に取り組むこととなった。我が国教員養成におけるキャリアの概念の本格的な導入を願い，ステフィ＆ウルフら（2000）の "Life Cycle of the Career Teacher" を『教師というキャリア』（雇用問題研究会，2013）として翻訳した。文部科学省も中央教育審議会答申にて教員の育成指標に言及する際，キャリア・プラン（2012），キャリア・ステージやキャリア・システム（2015）を使い始めた。

キャリア教育の実践を通し児童生徒や学生のキャリア形成に携わる教師は，自ずと自らのキャリアを形成していく。進路指導・キャリア教育との出会いから，教員の育成につながる私のキャリアはここで繋がったのである。

●図書紹介●

中田正弘，坂田哲人，町支大祐，脇本健弘（編著）
『データからデザインする教師の組織的な学び』

学事出版，2022年，144頁，2,200円（税込）

　本書の核となるテーマは，「教師の組織的な学び」にあり，具体的には，教師による組織的な学びの効果的な実施，改善・充実を目的として，著者の実施した調査研究で得られた実証的データ分析に基づいて，各学校の校内研究等を支える組織的な学びのアイディアを提供することにある。学校の教育目的を効果的に達成するためには，教師一人一人が力量を伸ばしその継続的な成長を図ることが必要であり，本書は，教師による「組織的な学び」に焦点化し，特に授業研究を中心とした校内研究等の在り方を追究している。

　本書は，はじめに，なぜ，教師の組織的な学びが求められるのかについて，チーム学校の視点，カリキュラム・マネジメントの視点，組織学習（学習する組織）の視点，学び合いとその基盤としての同僚性の視点から追究することの意義を確認した上で，それぞれの視点ごとに議論を整理し，調査分析による知見を提供している。

　日本において，教師の職能成長は，①校内研究等など同僚性を基盤とした職能成長と，②法定研修や教育センター研修などの制度的な仕組みを基盤とした職能成長を両輪として展開している。伝統的に，小学校等においては，校内研究，授業研究など前者を基盤として展開している。それに対して，高等学校等では校内研究などの風土が根付いていないとの指摘もある。高等学校等においても，校内研究や授業研究の取組を定着させようとの取組がなされており，徐々にその動きが広まりつつあるが，未だに広く定着するには至っていないように思われる。それは，「教師の組織的な学び」として，校内研究を進めるという認識が欠けていることによるものかもしれない。あらためて，「組織的な学び」の視点の重要性を確認しておきたい。

　著者らは，具体的な実証的なデータの分析によって，小学校における校内

研究の促進要因として,「リーダー教員」,「進め方の検討」,「協働的テーマの設定」,「事後の取り込み」が重要であることを明らかにしており,その一方で,それは,校種によって異なること(中学校では,小学校とは異なること)を示唆していた。また,教師の専門職の共同体を構成する3つの因子(使命と責任の共有,協働的省察,同僚性)を明らかにするとともに,教師の効力感との関係からの分析によって,小学校において3つの因子は授業力と関係があることを明らかにした(中学校においては,協働的省察と同僚性の関係があることが示されていた)。

また,公立小中学校の教員を対象とした調査分析によって,カリキュラム・マネジメントについても3つの因子(①特色ある教育課程,②学校内外のリソースの利用,③教育課程のPDCA)を析出し,さらに,これらの3因子について,学校の状況を「荒れ」(生徒指導)と「学力困難」(学習指導)の観点から分析し,「生徒指導面でも学習指導面でも困難を抱える学校」「落ち着いているものの,学習指導面で困難のある学校」「学習指導面では問題がない一方で,生徒指導面で課題を抱える学校」「落ち着いていて学力も高い学校」に区分し,それぞれの学校の状況ごとに,3つの因子との関係を分析している。その結果,例えば,「生徒指導面でも学習指導面でも困難を抱える学校」では,①特色ある教育課程,②学校内外のリソースの利用が有意であり,「学習指導面では問題がない一方で,生徒指導面で課題を抱える学校」では,①特色ある教育課程,③教育課程のPDCAが有意となっていることを明らかにし,学校の状況に応じてこれらの因子を重視した対応が必要であることを示唆されていた。

本書は,校内研究をどのように定着させ,カリキュラム・マネジメントにおいてどのようなことを重視すべきなのかということを,実証的に,しかも,わかりやすく解説している。各学校の管理職や研究主任のみならず,教育委員会関係者,教育センターの担当者にとっては,非常に参考になる知見を提供している。

(東京学芸大学　佐々木幸寿)

●図書紹介●

林　幸克（著）

『高等学校と警察の連携が拓くボランティア活動
―青森県・愛媛県西条市・熊本県玉名市の実践事例の検証』

学文社，2021年，200頁，3,080円（税込）

　本書は，高校生の行うボランティア活動全般の効果を示した研究がある中で，特に，高等学校（以下「高校」）と警察が連携したボランティア活動に着目し，実践事例の実態とその成果を実証的に明らかにした研究書である。

　本書は4つの章と「総括」から構成される。まず，第1章では，高校生のボランティア活動及び高校と警察との連携に関する先行研究と連携の実態等をレビューした上で，連携の継続性と（複数学校による）広域性に着目し，本書の検討課題を設定している。次章からは，この視点から実践されている3つの事例の概要説明と成果の分析・考察が展開される。3事例とは，青森県における「少年非行防止JUMPチーム」（第2章），愛媛県西条市における「高校生防犯ボランティアC.A.P.」（第3章），熊本県玉名市における「高校生防犯ボランティア組織ボウハンティア」（第4章）であり，いずれも，15年以上の活動実績を有している。最後に，「総括」では，事例分析の知見を整理した上で，高校と警察の連携による高校生のボランティア活動の成果を総合的に考察し，今後の研究課題を提示している。そして，紹介者としては，多くの知見を提示している本書において，3つの事例に共通して見られる連携の効果として，「高等学校と警察が連携して行う日常性のあるボランティア活動に取り組むことが，自尊感情や規範意識，社会参画意識の涵養に効果がある」（p.182）と結論づけている点が，最大の研究知見と考える。

　紹介者が捉える本書の意義・特色は大きく2点ある。第一は，高校生のボランティア活動と警察との連携というテーマ設定のオリジナリティである。高校生が防犯・安全という切り口から警察と関係を作り，協働的活動によって，主体的に社会に参画する力の形成につながる。また，その活動には，生徒同士，生徒と教員，生徒と関係者・関係機関・地域等との関係やコミュ

ケーションが付随し，生徒の多面的な成長が期待される。その重要な視点を含んだテーマ設定は意義深く，今後の高校教育のあり方に関する実践的展望を提示している。第二は，多様な調査（質問紙調査，インタビュー調査，参与観察）に基づく多面的なデータ分析により，各事例の実態と成果及び事例間の異同点を説得的に提示していることである（紹介者は，特に，高校生インタビューで語られる「本音」に引き付けられた）。また，調査の実施そのものにも感嘆の念を禁じ得ない。事例校・事例自治体と縁のない研究者が研究者ネットワークの活用や「飛び込み」で研究フィールドに迫ることは容易ではない。研究成果とともに，調査法についても優れた著作と言える。

　最後に，今後の研究展開に期待したいことを2点述べたい。第一は，ボランティア活動を経験した高校生の追跡調査である。高校時代のボランティア活動がその後の自身の成長や社会との関わり・向き合い方にどのような影響を及ぼしたかを明らかにすることは，活動・連携による長期的成果の検証につながり，研究と実践に対するさらなる示唆を与えるであろう。第二は，都市部に所在する高校の事例調査の実施である。そもそも調査対象となり得る事例があるのかという問題があるが，著者のネットワーク力と行動力があれば事例の発掘とそれへのアプローチは可能ではないか。「総括」で著者が仮説提示しているように，本テーマにおける地域特性があるのかないのか。それらの分析が，著者の指摘する「どの学校，どの地域でも実現可能な高等学校と警察が連携したボランティア活動のモデルケースを提示（p.183）」につながるであろう。

　「学校教育の発展に寄与する研究」という問題意識に基づき，比較的平易な文体で記される本書は，高校教育関係者のみならず，広く子どものボランティア・社会活動や他者及び社会との連携・協働に関心を持つ研究者や教員志望者等に広くお薦めしたい好著である。

（川崎医療福祉大学　諏訪英広）

●図書紹介●

ジョン・ハッティ，クラウス・チィーラー（著）／原田信之（訳者代表）

『教師のための教育効果を高めるマインドフレーム
―可視化された授業づくりの10の秘訣』

北大路書房，2021年，324頁，2,970円（税込）

「一瞬一瞬の意思決定の中で，なぜ教師たちがこれではなく，それを行うのか」（P11）

授業で展開され続ける教師の意思決定において，何を拠り所とすれば良いのかは明確ではない。しかし，その違いにより，同じ内容の授業でも質の差が生まれる可能性がある。では，よりよい授業をしたいと願い，授業を改善しようとする時，教師は何に目を付け，実践すればよいのだろうか。本書は，その改善に役立つアイディアにあふれている。

著者らは長年の研究の結果から，感覚だけに頼らずに生徒の学習を継続的に評価し，授業を改善していく重要性を示す。1700以上のメタ分析研究の検討を経て，授業準備・授業中・授業後になされる教師の一瞬一瞬の判断にこそより大きな意味があることを明らかにしている（巻末には指導要因と効果量のランキングも示される）。

本書では，「私は生徒の学習に及ぼす影響の評価者である」という第1のマインドフレームが主要なものと示され，それに対して9つのマインドフレームが様々な形で探求される。そして，最終的には10のマインドフレームが「蜘蛛の巣状」につながり，提示される。10のマインドフレームは関連する項目3つに整理され，次のように示されている。(P11-12)

A　影響（インパクト）

1　私は生徒の学習に及ぼす影響の評価者である

2　アセスメントは自身の影響と次のステップを知らせてくれるものである

3　進歩させたいと考えていることや自身の影響について同僚や生徒と協働する

B　チェンジとチャレンジ

4　私は変化をもたらすエージェントであり，すべての生徒が改善できる
と信じている

5　私は「最善を尽くす」だけでなく，チャレンジに努める

C　学習の焦点

6　私は生徒にフィードバックを提供して理解できるように支援し，私に
与えられたフィードバックを解釈して行動する

7　私は一方向の説明と同じくらい対話を取り入れる

8　何ができたら成功なのかを最初から生徒に明確に伝える

9　間違えても他者から学んでも安心して学習できるように人間関係と信
頼を築く

10　学習と学習中の言葉に集中する

　これらの，教師にとって有効なマインドフレームごとに設けられた各章で
は，冒頭「自己省察のためのアンケート」が示される。このアンケートは
500人以上の教師への調査を基に検討・作成され，回答者の自己省察が可能
となっている。同時に置かれる簡単な「エピソード」によって，各章のメッ
セージと具体例を受け取ることができる。

　続いて，「本章の概略」が示され，「マインドフレームを支える要因」が示
されている。それぞれのマインドフレームが何を意図するのか，その要点を
読み解くことができる。さらに，「何から始めればよいか」を解説し，始め
る際の注意点も併せて示されている。

　章末には「チェックリスト」があり，それぞれの章での要点ともするべき
所を収束させる形で提示されている。そして，最後に配置される「エクササ
イズ」において，協同の可能性と，自分の考えや行動についてのエビデンス
の探求が特に求められている。

　ところで，「マインドフレーム」とは何か。本書での訳語と理解は，読者
個人の決定に委ねられる。自身のフィードバックと変容する過程を愉しみな
がら，理解していくことが期待されている。常に授業について考えることを
求める本書，是非ご一読いただきたい。　　　　（長崎国際大学　浦郷淳）

● 2021 年度（2021.8 〜 2022.7）の活動記録●

2021 年 8 月 6 日㈮　第 36 回理事会開催（オンライン）

　　主要議題：会務報告，決算及び監査報告，2021 年度事業計画及び予算案，学会賞について，2022 年度研究大会の開催の確認，他

2021 年 8 月 7 日㈯　第 35 回研究大会開催（オンライン）

　　会場：岩手大学，大会実行委員長：鈴木久米男

　◇シンポジウムテーマ：学校の危機を踏まえた教育活動の展開

　◇課題研究テーマ：教職大学院におけるミドルリーダーの専門的力量とは − Ｍ
　　　　　　　　　Ｌに求められる教師力とその育成課題 −

　◇ラウンドテーブル：

　　その 1「実践的研究論文の書き方」（機関誌編集委員会）

　　その 2「教育委員会の学力向上政策への外部支援の在り方」（実践研究推進委員会）

　　その 3「スタディツアーから見る東アジアの最先端教育実践」（国際交流委員会）

　※詳細は，第 35 回研究大会の概要（本誌 211 頁〜 238 頁）を参照。

2021 年 8 月 7 日㈯　第 36 回仮総会（オンライン）

　　8 月 7 日㈯〜 10 月 7 日㈭　学会ホームページにて公示及びメール審議

　　主要議題：決算及び監査報告，2021 年度事業計画及び予算案，2022 年度研究大会の開催の確認，他

2021 年 9 月 28 日㈫　会報「JASE ニュース」第 44 号発行

　　主要記事：第 35 回研究大会報告，理事会報告，総会報告，他

2021 年 10 月 7 日㈭　総会報告に対する異議申立期間終了 → 総会での承認内容の成立

2021 年 10 月 17 日㈰　実践研究委員会実践研究論文作成オンラインセミナー
　　「第 1 部　論文作成ワークショップ」「第 2 部　分析手法セミナー」

2021 年 10 月 28 日㈭　第 1 回機関誌常任編集委員会開催

　　主要議題：機関誌第 37 号の編集スケジュールについて

2021 年 10 月 30 日㈯　国際交流委員会第 1 回ミニ研究会（オンライン）
　　「地球環境に対応した学校教育」

2021 年 11 月 2 日㈫　第 1 回常任理事会開催（オンライン）

主要議題：第36回研究大会について，各種委員会の活動計画について，会則他の諸規約等の整理・見直しについて（WG報告），他

2021年12月15日㈬　機関誌編集委員会より，「機関誌第37号の編集方針及び投稿論文等の募集について」を会員宛送付（投稿締切：2022年2月28日）

2021年12月18日㈯　国際交流委員会第2回ミニ研究会（オンライン）
　「若手研究者が語るポストコロナの学校教育」

2022年1月26日㈬　第2回機関誌常任編集委員会開催
　主要議題：特集論文，図書紹介，研究余滴の執筆者について

2022年2月23日㈬　研究推進委員会2021年度講演会（オンライン）
　「教師のための教育効果を高めるマインドフレーム〜可視化された授業づくりの10の秘訣〜」ジョン・ハッティ（John Hattie）

2022年3月9日㈬　第3回機関誌常任編集委員会開催
　主要議題：投稿論文の査読者選定

2022年3月16日㈬　第2回常任理事会開催（オンライン）
　主要議題：第36回研究大会について，各種委員会の活動報告，会則他の諸規約等の整理・見直しについて，役員改選について，他

2022年3月19日㈯　国際交流委員会第3回ミニ研究会（オンライン）
　「SDGsを推進する意義とは」

2022年4月10日㈰　第4回機関誌常任編集委員会開催
　主要議題：第一次査読結果の検討，第36回研究大会のラウンドテーブルについて

2022年5月2日㈪　大会実行委員会（日本大学）より「第36回研究大会（オンライン）の案内」を学会ホームページに掲載

2022年5月9日㈪〜27日㈮　日本学校教育学会理事選挙実施

2022年5月15日㈰　第5回機関誌常任編集委員会開催
　主要議題：第二次査読結果の検討，最終判定

2022年7月5日㈫　第3回常任理事会開催
　主要議題：第36回研究大会について，各種委員会の活動報告，他

2022年7月11日㈪　大会実行委員会より「第36回研究大会プログラム」を学会ホームページに掲載

日本学校教育学会会則

第1章　総　則

第1条　本会は，日本学校教育学会（Japanese Association of School Education〔略称〕JASE）と称する。

第2条　本会は，学校教育を中心として，広く教育の理論と実践の発達，普及をめざし，会員相互の教育研究及び実践上の成果の連絡及び交流を図ることを目的とする。

第3条　本会の事務局は，会長が勤務する大学，研究所，又はその他の教育関係機関に置く。ただし，事情があるときは，会長が勤務する教育関係機関以外の教育関係機関に事務局を置くことができる。

第2章　事　業

第4条　本会は，第2条の目的を達成するために，次の各号に掲げる事業を行う。
　　一　会員の研究及び実践の促進を目的とする年次研究大会の開催
　　二　広範な協力や連絡を必要とする教育上の理論的及び実践的課題について，会員の共同研究を目的とする研究委員会の設置
　　三　機関誌「学校教育研究」その他の出版物の編集及び発行
　　四　会員名簿の作成
　　五　内外における教育学及び隣接諸科学の諸団体との連絡提携
　　六　その他本会の目的を達成するために必要な事業

第3章　会　員

第5条　本会の会員は，本会の目的に賛同し，教育の理論的及び実践的研究に関心を有する者で，会員の推薦（1名）を受けて入会を申し込んだ者とする。
　2　官庁，学校，図書館，学会その他の団体が本会の目的に賛同し，会員の紹介（1名）を受けて入会したときは，本会の編集，発行する出版物の配布を受けることができる。

第6条　会員は，本会が営む事業に参加することができ，また，本会の編集，発行する出版物につき優先的に配布を受けることができる。

第7条　会員は，会費を毎年度所定の期日までに納入しなければならない。

　2　会費は，第5条第1項の会員（個人会員）にあっては年額7000円，同条第

　　2項の会員（機関会員）にあっては年額8000円とする。

第8条　会員は，必要ある場合には，申し出により退会することができる。

　2　会員が，次の各号の一に該当する場合においては，会員資格を失うことがあ

　　る。

　　　一　本会の目的に著しく反する活動をし，又は本会の事業を故意に妨害した

　　　　場合

　　　二　会員の地位を濫用し，本会の名誉を毀損し，本会の信用を著しく傷つけ

　　　　た場合

　3　前条第2項の会費の未納期間が3年度を超えた場合には，当該未納会員は本

　　会を退会したものとみなす。

第4章　組織及び運営

第9条　本会の事業を運営するために，次の役員を置く。

　　　一　会　長　　1名

　　　二　理　事　　20名（うち常任理事若干名）

　　　三　監　査　　2名

　　　四　事務局幹事　若干名

第10条　会長は，理事の互選とする。

　2　会長は，本会を代表し，会務を総理する。

第11条　理事及び常任理事は，別に定めるところにより選出する。

　2　常任理事は，会長に事故があるときは，そのうちの一人が会務を代理し，会

　　長が欠けたときは，その会務を行う。

　3　第9条第2項とは別に，必要に応じて若干名の理事を追加することができる。

　4　前項の理事は会員の中から理事会の議を経て委嘱するものとする。

第12条　本会に名誉会員を置くことができる。名誉会員は，理事会が推薦し総会

　　の承認を得るものとする。

第13条　監査は会員の中から会長が推薦し，理事会の承認を得て委嘱する。

　2　監査は，本会の会計を監査する。

第14条　事務局幹事は，会員の中から会長が推薦し，理事会の承認を得て委嘱する。

　2　事務局幹事は，本会の事業に関する諸事務を処理する。

第15条　本会の会議は，総会，理事会，常任理事会とする。

第16条　総会は，本会の最高決議機関であり，本会の事業及び運営に関する重要事項を審議決定する。

2　総会は，定例総会及び臨時総会とし，会長がこれを招集する。

3　会員総数の3分の1以上の署名により請求がある場合は，会長は速やかに総会を招集しなければならない。

4　総会の運営については，別に定めるところによる。

第17条　理事会は，会長がこれを招集し，本会の行う事業の企画立案及び予算案の作成を行う。

2　理事の過半数による請求がある場合には，会長は速やかに理事会を招集しなければならない。

第18条　常任理事会は，会長がこれを招集し，総会の決定に従い，常時執行の任にあたるものとする。

2　常任理事の過半数による請求がある場合は，会長は速やかに常任理事会を招集しなければならない。

第5章　会　計

第19条　本会の経費は，会費，寄付金及びその他の収入によって支弁する。

第20条　本会の会計年度は，毎年8月1日に始まり，翌年7月31日に終わる。

2　決算の承認は，総会においてこれを行うものとする。

第6章　機関誌編集

第21条　機関誌編集，発行は，原則として年2回とする。ただし，編集委員会において特に必要と認められた場合は，この限りではない。

2　編集委員会は，理事をもってこれに充てる。

3　前項の他，理事会の推薦により若干名の編集委員を置くことができる。

4　機関誌の編集，発行の手続きについては，別に定めるところによる。

第7章　改　正

第22条　この会則の改正は，総会における実出席会員の3分の2以上の賛成を必要とする。

第8章　雑　則

第23条　本会の事業及び運営のために必要がある場合には，適当な細則が定めら

れなければならない。

附　則

1　この会則は，昭和60年9月15日から，これを施行する。

2　削除

3　第9条の役員の選出については，第1回目の選出に限り，会則第10条，第11条，第13条及び第14条の規定にかかわらず，本会創設準備会により本会発会式において承認を得るものとする。

4　第9条第2号の役員の員数については，第1回目の選出に限り，同条同号の規定によらないことができる。

5　第21条第1項の規定にかかわらず，機関誌の発行は，当分の間，毎年1回とする。

6　会則第7条第2項は平成元年8月1日から，これを施行する。

7　会則第3条は平成2年11月1日から，これを施行する。

8　会則第7条第2項は平成10年8月1日から，これを施行する。

9　会則第21条第3項及び第4項は平成13年8月1日から，これを施行する。

10　会則第11条第3項及び第4項は平成16年10月12日から，これを施行する。

11　会則第12条は平成25年11月1日から，これを施行する。

日本学校教育学会賞規程

第1条　この規程は，日本学校教育学会会員の研究を奨励し，本学会全体の学問的発展に資するための賞について定める。

第2条　会員が著した著書・論文の内，その研究業績が著しく優秀である会員に対し，年次研究大会の総会において『日本学校教育学会賞』または『日本学校教育学会研究奨励賞』を授与する。また，賞の内容は賞状と副賞とする。

第3条　授賞対象の著書・論文は，本学会の年次研究大会開催時から遡って過去2年以内に発表されたもので，次の条件を満たすものとする。
(2)『日本学校教育学会賞』は，原則として単一の著者による学校教育に関する単行本であること。
(3)『日本学校教育学会研究奨励賞』は，本学会機関誌『学校教育研究』に発表された論文であること。

第4条　授賞対象の著書・論文の推薦・審査・可否の決定については，次の手続きを経るものとする。
(2)会員は，授賞対象の著書・論文を本学会理事（1名）に推薦することができる。この場合，いわゆる自薦も可とする。
(3)理事は，著書・論文本体と推薦状，執筆者の履歴書及び主要研究業績一覧を各4部添えて，理事会に推薦するものとする。また，理事は，会員から推薦のなかった著書・論文についても理事会に推薦することができる。
(4)理事会は，予め学会賞担当理事3名を選任することとし，学会賞担当理事は授賞対象著書・論文の選考事務に従事する。
(5)学会賞担当理事は，理事から推薦された著書・論文の各々について，3名の審査委員を選定し，審査委員会を設置する。審査委員は，会員であることを要し，その内1名を主査とする。主査は理事をもって充てる。
(6)審査委員会は，審査の結果を文書で理事会に報告するものとする。
(7)理事会は，審査委員会の報告内容につき審議し，授賞の可否を決定する。

附　則　この規程は，平成11年8月1日より施行する。

日本学校教育学会機関誌編集規程

第1条　この規程は，日本学校教育学会会則（以下，「会則」という。）第21条第
　　　4項に基づき，日本学校教育学会機関誌（以下，「機関誌」という。）の編集，
　　　発行の手続き等について定める。

第2条　機関誌は，原則として年2回発行とする。「学校教育研究」及び「日本学
　　　校教育学会年報」とする。ただし，「日本学校教育学会年報」については，発
　　　行しないことができる。

第3条　「学校教育研究」には，特集論文，自由研究論文，実践的研究論文，実践
　　　研究ノート，図書紹介などのほか，会員の研究活動および本学会の動向等に関
　　　連する記事を掲載する。「日本学校教育学会年報」には，本学会が企画した研
　　　究活動に基づいた投稿論文等を掲載する。

第4条　機関誌の編集のために，編集委員会を置く。
　(2)　編集委員は，理事をもってこれに充てる。
　(3)　理事会の推薦により若干名の編集委員を置くことができる。
　(4)　編集委員の互選により，編集委員長及び常任編集委員を置く。
　(5)　編集委員長の指名により常任編集委員に副編集委員長を置くことができる。

第5条　編集事務を担当するために，編集幹事（若干名）を置く。
　(2)　編集幹事は，編集委員長が委嘱する。

第6条　機関誌に論文等の掲載を希望する会員は，機関誌編集委員会幹事宛に送付
　　　するものとする。
　(2)　機関誌に投稿できる者は，本学会の会員資格を有するものとする。
　(3)　原稿（特集論文，自由研究論文，実践的研究論文，実践研究ノート，年報投
　　　稿論文）の掲載は，編集委員会の審議を経て決定する。
　(4)　投稿された論文等の審査については，編集委員会は，必要があると認めると
　　　きは，編集委員以外の会員に審査を依頼することができる。

第7条　採択された論文等の形式，内容について，編集委員会において軽微な変更
　　　を加えることがある。ただし，内容に関して重要な変更を加える場合は，執筆
　　　者との協議を経るものとする。

第8条　論文等の印刷に関して，図版等で特に費用を要する場合，その費用の一部
　　　を執筆者の負担とすることがある。
　(2)　抜刷に関する費用は，執筆者の負担とする。

附則　1　この規程は，1986 年 8 月 1 日から施行する。

2　第 6 条第 2 項は 2001 年 11 月 1 日から施行する。

3　この規程の改正は，2015 年 7 月 19 日から施行する。

4　この規程の改正は，2018 年 8 月 5 日から施行する。

5　この規程の改正は，2020 年 8 月 5 日から施行する。

日本学校教育学会機関誌『学校教育研究』投稿要項

1．論文原稿は未発表のものに限る。ただし，口頭発表及びその配布資料はこの限りではない。なお，同一著者による複数論文の同時投稿は認めない。

2．本誌の投稿種別，およびその原稿枚数はA4判1枚を40字×30行として，下記の通りとする（図表・注・引用文献を含む）。ただし，編集委員会が特に指定したものについては，この限りではない。
  (1)　自由研究論文　　10枚以内
  (2)　実践的研究論文　10枚以内
  (3)　実践研究ノート　10枚以内

3．原稿は横書きを原則とし，完成原稿とする。

4．原稿には氏名や所属を一切記載しない。また，「拙稿」や「拙著」など，投稿者名が判明するような表現も避ける。

5．原稿の1枚目には論文題目および英文題目のみを記入し，2枚目以降に本文をまとめる。なお，本文には論文題目や氏名，所属などは書かない。

6．原稿には，キーワード（5語以内：日本語及び英文）を論文の本文末に書く。

7．原稿とは別に，次の事項に関する投稿申込書を作成する。
  ①氏名，②所属，③投稿区分（自由研究論文，実践的研究論文，実践研究ノートのいずれか），④論文題目，⑤英文題目，⑥現住所，⑦電話番号，⑧電子メールアドレス，⑨その他電子公開に必要な事項（この事項に関しては別途通知する）

8．投稿に際し，①投稿申込書，②プリントアウト原稿（4部），③電子媒体（原稿及び投稿申込書の電子データを保存したCD，USBメモリー等。投稿者名を明記），④「投稿に際してのチェックリスト」の4点を送付する。なお，送付物は原則として返却しない。

9．論文等の投稿については，2月末日（消印有効とする）までに原稿を提出する。原稿送付先は，機関誌『学校教育研究』編集委員会宛とする。なお，投稿は郵送のみとする。

10．執筆者による校正は原則として1回とする。執筆者は校正時に加筆・修正をしないことを原則とする。

11．注および引用文献は，次のいずれかの方法を用いて，論文末に一括して掲げる。
  方式①：注と引用文献はともに注記として示す。注記は，文中の該当部に(1)，(2)

…と表記し，論文末に一括して記載する。なお，文献の記載方法は次の様式を準用する。

　[論文の場合] 著者，論文名，雑誌名，巻号，年，頁。

　[単行本の場合] 著者，書名，発行所，年，頁。

方式②：注記は，文中の該当部に(1)，(2)…と表記し，論文末に一括して記載する。また，引用文献は，文中に「…である（有田　1995，15頁）。ところが，新井（2003，25頁）によれば，…」などのように示し，アルファベット順に並べた引用文献のリストを，注の後ろにまとめて記載する。なお，引用文献の記載方法は次の様式を準用する。

　[論文の場合] 著者，年，論文名，雑誌名，巻号，頁。

　[単行本の場合] 著者，年，書名，発行所，頁。

附則：この要項は，平成21年11月1日から施行する。

　　　この要項の改正は，平成23年12月20日から施行する。

　　　この要項の改正は，平成27年7月19日から施行する。

　　　この要項の改正は，平成29年6月19日から施行する。

　　　この要項の改正は，平成30年12月17日から施行する。

投稿に際してのチェックリスト

投稿に際して,「日本学校教育学会機関誌編集規程」及び「日本学校教育学会機関誌『学校教育研究』投稿要項」を再度熟読いただき,下記の事項を確認・チェックの上,本チェックリストを原稿とともに提出して下さい。下記以外にも,規定を満たさない原稿については,受理できない場合もありますので,十分にご注意ください。

【論文題目】

Ⅰ　投稿資格及び論文書式について

☐1 執筆者全員が本学会の会員資格を有している。

☐2 図表・注・引用文献を含めて,A4判1枚を40字×30行として,10枚以内におさめている。
（プリントアウトした原稿によって,1行の文字数等を確認して下さい。注や引用文献一覧についても40字×30行のページ設定を変えないで下さい。キーワードは分量に含みますが,表紙は分量に含みません。）

☐3 キーワードは日本語及び英文の両方が表記されている。

☐4 本文に執筆者名を記載したり,引用文献一覧等に「拙稿」「拙著」等を記載したりするなど,投稿者が判明するようにはなっていない。

☐5 表紙及びプリントアウト原稿4部のほかに,投稿申込書,「投稿に際してのチェックリスト」を郵送物として同封している。（投稿要項7「⑨その他電子公開に必要な事項」,8「③電子媒体（原稿及び投稿申込書の電子データを保存したCD,USBメモリー等）の郵送」について,今号は必要ありません。）

☐6 郵送物とは別に,投稿申込書,表紙,原稿のPDFファイルを電子メール（jase.edit@gmail.com）に添付して送っている。

Ⅱ　研究倫理について

☐1 調査等をする前に,研究対象者などから同意（インフォームド・コンセント）を得ている。

☐2 上記に関する事項について,原稿中に明記し,研究対象者のプライバシー等への配慮を十分に行っている。

□3投稿する原稿は，投稿者のオリジナルなものであり，他誌への二重投稿や剽窃・盗用はしていない。

□4投稿原稿と先行研究との関係について十分に説明するとともに，既刊の論文等の引用に際しては，出典を明記している。

以上の通り，相違ありません。

年　　　　月　　　　日

投稿者署名

●入会のご案内●

　日本学校教育学会は，昭和60年9月15日，学校教育に関する実践と理論の緊密化さらには両者の統合をめざす小・中・高等学校，盲・聾・養護学校（現在の特別支援学校）等の教師，教育センター，教育研究所の研究員，教育委員会の指導主事，大学の研究者等によって，盛大な発会式の下に創立されました。学校教育の実践と理論の統合という，一見ごく平易にして当然な課題は，実際には，きわめて困難な課題として，その解決の方向が本格的に検討されることなく今日に至っているように思われます。学校教育の内容及び組織が一段と高度化，複雑化するに及んで，学校教育の実践を理論的に検証し，また一方では，学校教育に関する理論の実践上の有効性と限界を検証し，新たな実践上及び理論上の地平をきり拓いていくことが，ますます重要な課題となってきております。このような時期に，本学会が設立されたことの意義をあらためて確認し，一人でも多くの，心ある教育関係者が入会されることを学会員一同，衷心より切望しております。

入会手続きは，次の通りです。

⑴　会員の推薦を得て申し込む場合

　知人に本学会の会員がおられる場合には，その会員の推薦（1名）を得て，申込用紙（次頁）に所定の事項を記入の上，事務局宛にご郵送ください。また，同時に下記の口座宛に会費をお振込ください。

⑵　知人に会員がいらっしゃらない場合

　この場合は，お手数でも，直接，郵送または電子メールにて，住所，氏名，所属（勤務先）を記入し，入会の意思があることを学会事務局までお知らせください。折返し，事務局より入会申込みの諾否の返事を致しますので，その後に，入会申込みを行ってください（推薦人の記入は不要です。事務局が推薦人となります）。

　入会申込みは随時受けております。お問い合せは，学会事務局まで。

―――― 日本学校教育学会事務局 ――――

所在地	〒943-8512　新潟県上越市山屋敷町1番地
	上越教育大学 内
電話番号	025－521－3360　（蜂須賀研究室直通）
E-mail	jase@juen.ac.jp
郵便振替口座番号	00130－6－292778
加入者名	日本学校教育学会
学会ホームページ	http://www.jase.gr.jp/

日本学校教育学会 入会申込書

日本学校教育学会の趣旨に賛同し，[　　　　　]年度から会員となることを希望します。

※学会年度は，会則に定める，毎年8月1日から翌年7月31日の期間です。
たとえば，2022年度は，2022年8月1日から2023年7月31日までとなります。

【申込者】				
ふりがな				
氏　名				
連絡先住所等	〒		◀半角数字でハイフンを入れてください。例)123-4567	
	電話		◀半角数字でハイフンを入れてください。例)123-456-7890	
	E-mail			
所属・勤務先等	所属・勤務先		職名等	
	所在地			
研究関心分野				

【推薦者】※推薦者がいない場合は，事前に事務局 (jase@juen.ac.jp) までご連絡ください。	
ふりがな	
氏　名	
所属・勤務先	

日本学校教育学会事務局
　　　所在地：〒943-8512　新潟県上越市山屋敷町１番地
　　　上越教育大学 内

　　　Tel：025-521-3360　（蜂須賀研究室直通）
　　　E-mail：jase@juen.ac.jp

　　　年会費：7,000円　　　郵便振替口座：00130−6−292778

Bulletin of the Japanese Association of School Education
Vol.37,2022
Contents

Nobutaka WATANABE

The Growth of Teachers and Teacher's Cognition about Students
: Focusing on Teachers' Cognitive Complexity

Tomohiko MIYASAKA

C. S. Peirce's "Abduction" in Classroom Practice
: Media-Theorical Reexamination of the "Huge Bread" Practice

Section 3

Mamoru NAGAKURA, Shohei KANAZAWA

A Practical Study on Development of Unit Curriculum that Uses Geographical Perspectives and Ways of Thinking
: On the Case of "World Geography Study" in Junior High School Social Studies

Kaoru YAMAMOTO

The Effect of Class-Making Training Using "Learning Map" on Teachers' Groups at Special Needs Schools for Intellectual Disabilities
: Focusing on the Number of Years of Experience of Teachers

Section 4

Osamu MOTOYAMA

A Trial of Interactive Learning Using Google Workspace Based on the Research of Kierkegaard and J.S. Mill, and Some Reflections on It

Masato USHIROKOJI

A Practical Study of Mentoring Using Strengths Finder
: Focusing on the Strengths of Teachers

■編集後記■

　今年度も関係者各位のご尽力・ご協力を賜りまして，こうして『学校教育研究』第37号を無事刊行できました。心より御礼申し上げます。

　さて，本号には，自由研究論文28編，実践的研究論文4編，実践研究ノート8編の投稿がございました。厳正な審査を重ねた結果，自由研究論文5編，実践的研究論文2編（うち自由研究論文からの区分変更1編），実践研究ノート2編の掲載という結果に至りました。年度末のお忙しい中査読にご協力くださいました会員の皆様に，心より感謝申し上げます。

　また，特集論文，研究大会報告，研究余滴，図書紹介につきましても，執筆者の皆様のご協力・ご尽力を賜りましたこと，心より感謝申し上げます。

　『学校教育研究』第35・36・37号を担当した今期編集委員会は，新型コロナウイルス感染症（COVID-19）の影響を受け，オンライン環境の整備と更新，執筆者との連絡方法の見直しなど，新しい事態に直面しながらも数々の困難を乗り越えてきました。それに伴い編集業務の電子化を進め，執筆者や査読者の皆様との連絡も電子メールを中心に行ってまいりました。執筆者や査読者の皆様にはお手数をおかけしましたが，ご理解・ご協力を賜り誠にありがとうございました。また，今期編集委員会の経験が今後のウィズコロナ・ポストコロナにおける機関誌編集過程の一助となれば幸いです。

　他方，今期中には，様式（字数×行数）や頁数，キーワードの有無，投稿者が特定できる表記等の不備が幾度となくみられたことから，機関誌編集規程および投稿要項の改善に向けた議論を重ねてきました。今後，新しい投稿要項の内容にも目を通していただけますようお願い申し上げます。

　一定の経験や成果もありつつ，その一方課題を残したままの任期終了となり恐縮ではございますが，会員の皆様には，今後ともご協力をお願い申し上げます。

　最後になりましたが，教育開発研究所編集部・尾方篤様には，これまでに引き続き細部にわたるご配慮・ご点検をいただきました。この場を借りて，厚く御礼申し上げます。

（編集幹事・木下豪）

学校教育研究　　第37号

■2022年8月31日　発行
■編集者　　日本学校教育学会機関誌編集委員会
■発行者　　日本学校教育学会
■発売元　　㈱教育開発研究所

日本学校教育学会事務局　　　　　　　　　教育開発研究所
〒943-8512 新潟県上越市山屋敷町1番地　　〒113-0033 東京都文京区本郷2-15-13
上越教育大学内　　　　　　　　　　　　　TEL. 03 − 3815 − 7041㈹
TEL.025-521-3360（蜂須賀研究室直通）　　FAX. 03 − 3816 − 2488
ISSN 0913 − 9427

ISBN978-4-86560-559-4 C3037